Une histoire
de la langue de bois

Dans la même collection

Anne Boquel et Étienne Kern, *Une histoire des haines d'écrivains*.
Stéphane Giocanti, *Une histoire politique de la littérature*.

Christian Delporte

Une histoire
de la langue de bois

Champs histoire

© Flammarion, 2009
© Flammarion, 2011 pour la présente édition
ISBN : 978-2-0812-4955-4

Avant-propos

> La parole a été donnée à l'homme pour déguiser ses sentiments.
>
> Talleyrand

Il est 20 heures. Demain, dimanche 12 mars 1978, les Français se rendront aux urnes pour le premier tour d'élections législatives cruciales : la gauche, au vu des sondages, peut l'emporter. L'heure est si grave que le chef de l'État, Valéry Giscard d'Estaing, a décidé d'intervenir à la télévision et à la radio, pour indiquer le « bon choix » aux citoyens, la veille du scrutin :

> Il faut que vous sachiez par qui et vers quoi la France sera gouvernée. [...] Vous avez entendu beaucoup de promesses, nombreuses, tentantes. Peuvent-elles être tenues ? [...] J'ai le devoir de vous prévenir, de manière que vous ne puissiez pas dire plus tard que vous avez été trompés. L'économie va mieux, mais elle est encore fragile. Le choc que lui causerait l'application massive de ces promesses la précipiterait à nouveau dans la crise. [...] Je n'ai dans ce que je vous dis aucun intérêt à défendre, ni aucune ambition à satisfaire. Mais je suis préoccupé du sort de la France.

Trois jours plus tard, à 2 500 kilomètres de là. Leonid Brejnev, le secrétaire général du parti communiste d'Union soviétique, prononce un discours au Kremlin, à l'occasion de la remise de l'ordre de la Révolution d'octobre au quotidien *Izvestia*, organe du praesidium du Soviet suprême, créé le 13 mars 1917. Un discours comme tant d'autres, ni meilleur ni pire :

> Les *Izvestia* ont un passé glorieux. Depuis le triomphe de la Révolution d'octobre, le journal sert fidèlement la révolution socialiste, la cause du pouvoir soviétique. […] Notre presse est une tribune populaire quotidienne, accessible à tous les citoyens soviétiques. On y parle ouvertement des joies et des peines qui sont les nôtres, des acquis et des insuffisances, de tout ce qui nous passionne, nous fait rêver, de tout ce qui touche à notre travail. […] Que la liberté soit menacée quelque part dans le monde, que les forces de la réaction et du progrès se trouvent confrontées, que les droits de l'homme soient enfreints, elle élève toujours sa voix en faveur de la juste cause. Et cette voix fait autorité. Elle est très écoutée de par le monde.

Applaudissements… Le lendemain, chacun pourra lire l'intégralité de l'allocution dans *Pravda* et, bien sûr, dans *Izvestia*.

Pourquoi rapprocher ces deux discours, qui n'ont, *a priori*, strictement rien à voir ? Quel peut bien être le rapport entre les propos de Giscard d'Estaing, chef d'un État démocratique, et ceux de Brejnev, leader d'un État totalitaire ? Leur point commun, c'est la langue de bois, tout simplement.

Prenons le discours de Giscard : le président cultive le langage codé, évitant soigneusement de désigner les adversaires, socialistes et communistes ; il ne peut le faire sans sortir de son rôle de « président arbitre ». Mais, sous les « promesses tentantes », jamais définies, les plus naïfs auront pu reconnaître Mitterrand et Marchais. En glissant « l'économie va mieux », il a repris le slogan gouvernemental qui tient moins des faits que de la méthode Coué ; et il n'a avancé aucune preuve du risque d'un retour de la crise en cas de victoire de la gauche. Le président a servi aux Français le vieux lieu commun politique du désintéressement : « Je n'ai aucune ambition à satisfaire. » Pourtant, si l'opposition gagnait, c'en serait fini de son pouvoir, et on dit même qu'il quitterait l'Élysée pour la résidence présidentielle du château de Rambouillet, s'infligeant ainsi une sorte d'exil intérieur. Quant à la petite phrase « je suis occupé du sort de la France », elle appartient au répertoire des formules toutes faites : quel responsable public prétendrait sa totale indifférence au destin du pays ? Bref, Giscard d'Estaing a parlé dix minutes pour ne pas dire grand-chose, esquivant, dans son discours subliminal, la seule phrase qui eût été sincère : « Sauvez-moi : votez pour les candidats de la majorité ! »

Brejnev, lui, ne s'est pas embarrassé de ces précautions, puisant dans les antiques clichés de la langue de bois soviétique, ceux du « triomphe de la Révolution d'octobre », de la confrontation entre « les forces de la réaction et du progrès », de la « juste cause » défendue par l'URSS. Combien de fois ont-ils été entendus ou lus dans la presse, et notamment *Izvestia* ! Passages obligés de tout discours, expressions de la pensée unique, signes de dévotion au socialisme, ils dessinent les contours d'un monde imaginaire où les hiérarques du Kremlin font mine de croire que le journal est le champion de la vérité. Certes, on lit le quotidien à l'étranger (comme

Pravda), mais pour décrypter, derrière les mots creux de la propagande et les phrases figées de l'idéologie, la stratégie et la tactique de Moscou.

Deux postures, deux langages, deux modèles de langue de bois dont les ressources ne se limitent pas, loin de là, aux extraits choisis.

On pourrait définir la langue de bois comme un ensemble de procédés qui, par les artifices déployés, visent à dissimuler la pensée de celui qui y recourt pour mieux influencer et contrôler celle des autres. Convenu, généralisant, préfabriqué, déconnecté de la réalité, le discours de la langue de bois reconstruit le réel en mobilisant et répétant inlassablement les mêmes mots et formules stéréotypés, les mêmes lieux communs, les mêmes termes abstraits. Pas d'information vérifiable, pas d'argument susceptible d'être contredit, mais des affirmations non étayées, des assertions immobiles, de fausses évidences, des questions purement rhétoriques, des approximations et omissions volontaires, des euphémismes à foison, des métaphores vides de sens, des comparaisons vagues, des tautologies comme s'il en pleuvait, des formules impersonnelles, des généralisations portées par la précieuse voix passive qui ôte toute responsabilité individuelle (« il a été décidé… »), et puis des mots chocs, des mots fétiches, néologismes et expressions faussement savantes qui impressionnent… Les ressources de la langue de bois sont inépuisables, pour cacher en feignant de montrer, pour esquiver en donnant l'illusion de l'engagement, pour intoxiquer par de trompeuses vérités, pour manipuler l'autre en flattant sa raison.

Écrit il y a vingt-cinq ou trente ans, ce livre se serait sans doute limité à observer à la loupe le discours communiste.

AVANT-PROPOS 11

À cette époque, en effet, la langue de bois était exclusivement associée au totalitarisme soviétique et à une phraséologie figée qui reflétait le dogmatisme idéologique de la propagande officielle. Et c'est à son analyse que s'attachèrent les travaux pionniers conduits par les linguistes, comme Patrick Sériot [1] ou Françoise Thom [2], ou l'historien Alain Besançon [3]. Aujourd'hui, le monde communiste paraît bien lointain et on en viendrait même à oublier les origines totalitaires du phénomène. Pour chacun, en effet, la langue de bois est d'abord celle que pratiquent les hommes politiques dans les pays démocratiques, pour délivrer des vérités partielles et partiales.

L'origine même de l'expression « langue de bois » reste mystérieuse : les racines seraient-elles russes ou polonaises ? Dans la Russie tsariste, semble-t-il, on raillait le caractère hermétique du style bureaucratique en le qualifiant de « langue de drap » ou de « langue de chêne » : mais personne n'a pu véritablement le démontrer. Sous le stalinisme, le « chêne » se serait transformé en « bois ». Cependant, rien n'indique la généralisation de l'expression, tout au contraire : les intellectuels dissidents préféraient opposer la « langue soviétique » à la « vraie langue », c'est-à-dire à la langue russe. Et si la formule était née en Pologne [4] ? Là aussi, on repère des mots pour

1. Patrick Sériot, *Analyse du discours politique soviétique*, Paris, Institut d'études slaves, 1985.
2. Françoise Thom, *La Langue de bois*, Paris, Julliard, 1987.
3. Alain Besançon, *Les Origines intellectuelles du léninisme*, Paris, Gallimard, 1977.
4. « Expression traduite du polonais dans les années cinquante », écrit *Le Monde* du 30 décembre 1983 dans un article consacré à George Orwell.

stigmatiser le langage officiel. On parle de « langue de propagande », de « langue herbeuse », de « langue engourdie », et bien plus tardivement (dans les années 1970-1980) de « nouvelle langue », traduisant ainsi la *newspeak* (novlangue) de George Orwell, dans *1984*[1]. Mais toujours pas de « langue de bois », comme le confirment les écrits de Patrick Sériot !

Alors, d'où vient l'énigmatique expression ? Y verra-t-on l'influence de *La Pensée captive. Essai sur les logocraties populaires*, que publie Czeslaw Milosz, réfugié à Paris, en 1953 ? L'écrivain polonais écrit, en effet, à propos d'un des personnages soumis au régime : « Il hurlera de désespoir, parce qu'il sait que ce qu'il écrit, c'est du bois ! » Quelques années plus tard, en 1961, le sociologue Edgar Morin rédige un article sur la Chine, pour la revue *Arguments*, qui regroupe des chercheurs de gauche, en marge du marxisme. Le sociologue note, à cette occasion : « La "langue de bois" utilisée par le parti traduit, comme toute langue rituelle, un refus ou une impuissance à formuler la réalité des faits. » Difficile d'établir un lien direct entre les deux textes. Reste qu'entre-temps le mot s'est discrètement transformé en expression.

Au début des années 1970, la voici qui prend de l'ampleur. En 1971, Gilles Martinet, dans *Les Cinq Communismes*, parle de « l'"affreuse" langue de bois des *apparatchiki* qui rappelle le jargon des médecins de Molière ». En 1974, la formule apparaît à deux reprises dans *Le Nouvel Observateur*. Tandis qu'Emmanuel Le Roy Ladurie distingue par langue de bois le langage spécifique des

---

1. On connaissait *1984* dans les milieux intellectuels polonais, mais il n'a été traduit en Pologne qu'en 1989.

pays communistes, qu'il assimile à une logocratie (1er avril), Claude Roy brocarde la reparution, au Portugal, de l'organe du PCP, *Avante !*, « désolant de platitude, de langue de bois, de clichés dogmatiques » (1er juin).

La banalisation de l'expression est plus tardive, prenant corps à la suite du mouvement *Solidarnosc*, en 1978-1981, qui dénonce l'opacité de la langue de propagande officielle, de la « novlangue » du pouvoir, et y consacre même des séminaires et colloques universitaires. Tout se passe comme si, brusquement, les intellectuels et journalistes français, sous l'effet du printemps polonais, s'étaient aperçus qu'ils disposaient d'une expression particulièrement imagée et parlante pour dénoncer le langage totalitaire communiste. Désormais, elle s'installe dans le vocabulaire médiatique et politique français, bénéficiant même d'une sorte de reconnaissance officielle : en août 1981, elle fait son entrée dans le *Larousse encyclopédique*, qui la définit comme la « phraséologie stéréotypée utilisée par certains partis communistes et par les médias de divers États où ils sont au pouvoir ».

Et puis, très vite, son acception dépasse les frontières du bloc de l'Est. La langue de bois pénètre dans le débat politique français. Le 10 mai 1982, Olivier Chevrillon, dans *Le Point*, s'en saisit pour stigmatiser le « double langage du parti communiste [français] » et « la langue de bois de *L'Humanité* ». Que les lecteurs soient capables de comprendre la formule souligne l'ampleur de sa banalisation. À partir de 1984, elle dépasse le monde strictement communiste pour s'appliquer, dans un esprit polémique, à la logomachie (l'art de parler pour ne rien dire !) des adversaires politiques. Le 26 octobre, dans *L'Express*, par exemple, Jacqueline Rémy rapporte les propos d'Henri

Weber, qui aurait dit : « Fabius, c'est l'"anti-tribun de gauche". Nous avions la nausée d'un discours qui, plus qu'une langue de bois, était une "langue de caoutchouc"[1]. » On en est déjà à créer des néologismes à partir d'une expression devenue familière. La langue de bois n'est plus une curiosité sémantique, mais un argument politique qu'on s'envoie à la tête.

Plusieurs mots ou formules étrangères, souvent hérités du temps de la guerre froide, s'apparentent à la « langue de bois », comme *Betonsprache* (« langue de béton ») en allemand, *double-speak* ou *double-talk* en anglais, *politichese* en italien, *guan qiang* (« ton du mandarin ») et, plus récemment, « langue de plomb », en chinois. Dans l'après-guerre, les Américains parlaient de *Gobbledegook* pour désigner les mots pompeux des bureaucrates de Washington. Mais aucune expression n'est aussi englobante que la « langue de bois » française. Car c'est bien en France qu'elle est née. Rien d'étonnant à cela. L'image est si évocatrice... Et puis le bois, depuis le XVIIe siècle, est à l'origine d'un nombre considérable de locutions du même type : être nez de bois, saint de bois, avoir la gueule de bois, déménager à la cloche de bois, n'être pas de bois, toucher du bois, tête de bois, chèque en bois... Sans compter que « langue de bois » fait elle-même partie de vocabulaires spécialisés, en médecine vétérinaire et en menuiserie.

On pourrait alors distinguer deux facettes de la langue de bois, l'une totalitaire, l'autre démocratique, qui participent néanmoins d'une même réalité ou d'un même

---

1. Pas rancunier, Fabius fait entrer Weber dans son cabinet comme conseiller technique en 1986.

objectif : dissimuler la vérité. Dans le premier cas, où l'expression collective est impitoyablement encadrée, où la parole politique est exclusive, elle est un pur instrument de contrôle de la pensée et un levier au service de l'hégémonie du groupe dominant. Les mots sont là pour cacher les réalités, conditionner les esprits, interdire toute réflexion autonome, réduire la raison à une croyance collective préfabriquée. Le transfuge soviétique Victor Kravchenko, dans son livre *J'ai choisi la liberté* (1947), explique bien comment la langue de bois a été mobilisée en 1932-1933 pour dissimuler la famine des Ukrainiens (qui fit plus de trois millions de victimes) : « Nous autres, communistes, avions toujours grand soin d'éluder ou de tourner adroitement, à grand renfort d'euphémismes ronflants empruntés au sabir du parti : nous parlions du "front paysan", de la "menace koulak", du "socialisme de village" ou de "lutte de classes"… Pour n'avoir pas à nous désarmer nous-mêmes, il nous fallait bien cacher la réalité sous un camouflage de mots… » Et voilà comment on bâtit par le langage une vérité, *la vérité* qu'on doit porter et qu'on doit croire.

En situation démocratique, les choses sont bien différentes. Là, l'espace public est marqué par un échange permanent entre les responsables politiques, les médias et l'opinion. La parole politique étant plurielle et concurrentielle, la langue de bois emprunte des voies plus complexes. Pour assurer sa prééminence sur la pensée collective, l'homme politique doit rassembler, séduire, convaincre, tout en disqualifiant son adversaire. Du coup, la langue de bois en démocratie nécessite une fine connaissance du groupe auquel on s'adresse (*a fortiori* lorsque ce groupe s'élargit à l'opinion publique), beaucoup de doigté et de prudence aussi dans la recherche du consentement collectif. Dans la quête de la persuasion, elle est alors un instrument de contrôle de sa propre pensée pour ménager son auditoire et comporte, dans sa construction même, une part d'autocensure. Surtout ne pas choquer ! Et, au besoin, aller jusqu'à la flatterie en cultivant les idées simples et le bon sens populaire, ouvrant ainsi les portes aux formes variées de la démagogie.

Contrôler, mais comment ? En contournant les questions embarrassantes tout en affectant d'y répondre, en cachant avec soin ses véritables objectifs ou ses réelles ambitions sous le vague des formules mécaniques ou pompeuses, en donnant l'impression de décrire une réalité alors qu'on la dissimule, en feignant de s'intéresser à la vie de M. ou Mme Tout-le-Monde et de partager leurs préoccupations, en omettant soigneusement de fournir les informations les plus importantes et en valorisant celles qui n'ont guère d'intérêt, en masquant la fragilité de son argumentaire derrière des généralités peu compromettantes, pour, finalement, assener comme une évidence ce qui n'est qu'un point de vue partisan et idéologique. Redoutable paradoxe : parce qu'elle porte en elle le mensonge, le trucage, la dissimulation, la langue de bois est incompatible avec l'idéal de transparence de la démocratie, avec la libre expression d'une opinion publique éclairée ; pourtant, dans les faits, elle est au cœur du combat politique, qui repose amplement sur la guerre des mots.

On pourrait chercher les origines de la langue de bois en remontant à l'Antiquité grecque puis romaine, où le discours devient un « outil politique par excellence, la clé de toute autorité dans l'État, le moyen de commandement et de domination sur autrui [1] ». En nourrissant l'éloquence de ruses persuasives, en enseignant l'art du raisonnement faux, l'école sophiste de Protagoras et de Gorgias écrit, en quelque sorte, la première grande page de l'histoire de la manipulation de la parole. Mais la langue de bois moderne repose sur des facteurs qui dépassent de beaucoup l'exercice rhétorique que les sophistes, dans leur recherche de l'efficacité des mots sur l'auditoire, menaient volontiers jusqu'à l'absurde.

Il me semble, en effet, que l'apparition du phénomène est au centre de plusieurs convergences, parmi lesquelles l'émergence d'un espace public, le surgissement de l'opinion publique avant celle des masses, l'affirmation des idéologies de progrès, qui s'appuient sur une vision scientifique, voire mécaniste, du monde et de l'aventure humaine, la construction d'une sphère politique autonome où l'affrontement est une règle et la conquête des esprits un impératif, comme le souligne le poids formidable de la propagande. De l'opinion ou des masses, on attend l'adhésion et la fidélité, et les mots, renvoyant à des images et cultivant les émotions, sont mobilisés pour garantir sur elles l'influence décisive, voire la domination la plus étroite.

La langue de bois est fille de modèles de pensée, c'est pourquoi cet ouvrage s'ouvre sur la Révolution française. Période d'invention et de normalisation du langage politique, elle perçoit l'opinion publique, pour la première

---

1. Jean-Pierre Vernant, *Entre mythe et politique*, Paris, Seuil, 2000, p. 121.

fois, comme un enjeu d'influence. Des groupes antagonistes s'affrontent à coups de mots et leur discours, où la foi le dispute à la raison, est marqué par l'abus pervers de la langue, par les rigidités, les feintes, les subterfuges du langage. Autant de signes qui décèlent la naissance d'une langue de bois.

Ce livre, qui ne prétend nullement à l'exhaustivité, ne propose pas d'analyse linguistique savante ni un énième bêtisier des hommes politiques. Il considère la langue de bois comme un phénomène historique indissociable des sociétés politiques depuis plus de deux siècles, dont l'apparition, le développement, les transformations, la pluralité, la mise en œuvre, la technicisation parfois, relèvent de circonstances qu'il faut connaître si l'on veut comprendre l'importance du phénomène et en mesurer la portée jusqu'à nos jours. C'est à une histoire pratique de la langue de bois que je convie le lecteur, à une histoire des stratégies idéologiques et des tactiques politiques qui la portent, à une histoire de ses usages au service de projets collectifs ou d'ambitions individuelles. Du coup, ce livre est aussi une contribution à l'histoire du mensonge et de la sincérité, de la manipulation et de la transparence, des propagandes et de la communication politiques. Mon vœu est que le lecteur en ressorte, non pas blasé, non pas désenchanté à l'égard du discours des puissants qui nous gouvernent, mais plus lucide et mieux armé pour exercer sa légitime citoyenneté.

I
La Terreur et les mots

Citoyens, apprenons à reconnaître notre ennemi ! Et commençons par le pire d'entre eux, l'aristocrate, « synonyme de mauvais citoyen, de pire encore ; il désigne un fauteur de complots, un ennemi de la liberté : c'est le *haro* qui ordonne, qui oblige, qui force tout bon Français à courir sus, à s'emparer de l'individu quelconque taxé ou prévenu d'*aristocratie* ».

Derrière le vibrato patriotique d'une telle définition se cache toute l'ironie d'un jeune grammairien de vingt-trois ans, Pierre-Nicolas Chantreau, qui, en 1790, un an tout juste après la prise de la Bastille, propose le premier *Dictionnaire national et anecdotique* du mouvement révolutionnaire en marche. En fin observateur, il a tout de suite compris que la révolution politique était aussi celle des mots. Pour mesurer le chambardement du vocabulaire, pour en comprendre l'origine, l'usage commun, la portée quotidienne, il a compulsé fiévreusement les comptes rendus des assemblées et les articles de presse, il est allé respirer le parfum des tribunes, il a tendu l'oreille dans la rue et noté ce qui se disait dans les cafés parisiens. Finalement, il en a tiré un tableau édifiant du nouveau langage dominant, celui qui s'est imposé en quelques mois, celui que tout citoyen avisé doit faire sien. Un dictionnaire de l'air du temps et de ses conformismes. Mais comme on n'est jamais trop prudent en période d'agitation, Chantreau a choisi de se dissimuler derrière le pseudonyme burlesque de « M. de l'Épithète ».

Peu ou pas de néologismes en cette première année de rupture révolutionnaire. En revanche, et Chantreau l'a bien saisi, les mots ont subi, en un temps très court, un bouleversement d'une formidable ampleur. Les mots ne sont pas neutres : c'est pourquoi ceux qui appelaient hier le respect et l'admiration, ceux qui permettaient au régime déchu d'imposer naturellement son autorité, sont aujourd'hui porteurs de servitude, d'opprobre, de bassesse. Comme l'écrit Chantreau, le mot « *aristocrate* est devenu une injure que les gens du peuple même entre eux se prodiguent », la flèche qu'un « cocher de fiacre » lance à un « cocher de remise » – personnages peu réputés, on le sait, pour l'élégance de leur langage.

Les mots sont devenus des armes pour distribuer les louanges ou pour stigmatiser l'adversaire. Ils nourrissent l'imaginaire révolutionnaire et leur emploi situe celui qui les prononce : dans quel camp es-tu ? Es-tu avec nous, les « démocrates » (antonyme d'« aristocrate », selon Chantreau), les « citoyens », les « patriotes » ? Ou es-tu avec eux, les ennemis, les tièdes, les fourbes, les « démagogues » ?

Démagogue : voici un mot, venu de l'Antiquité – référence majeure de la Révolution –, appelé à une longue carrière. Un terme commode, jamais vraiment défini, presque magique, qu'on jette à la tête de l'adversaire lorsqu'on est à bout d'arguments. Le démagogue, c'est toujours l'autre. « Chaque fois que je me sers du mot de *démagogue*, note Chantreau, je le prends dans le sens où il signifie un aristocrate hypocrite qui cherche à étouffer son frère *démocrate* en le serrant dans ses bras. »

Il se trouve que le « patriote » d'aujourd'hui est peut-être le « démagogue » de demain, car on a vite fait de se retrouver dans le camp des traîtres qui rejoignent la « conjuration » des ennemis, infatigables artisans du « complot » ourdi pour renverser la Révolution. Une obsession terrorisante que relève l'auteur du *Dictionnaire* par une formule malicieuse : « La providence qui veille sur [la] liberté n'a pas permis qu'aucun complot fût mis à exécution. » Le « complot », un mot bien utile, sans cesse repris par la presse, pour se débarrasser des gêneurs, caractéristique du climat de propagande qui s'installe dans le pays.

S'il y a des termes qui s'imposent dans le paysage révolutionnaire, il en est d'autres qui, attestant la profonde rupture provoquée par 1789, tombent dans l'enfer des accessoires. Chantreau en dresse la liste. Finis le « servage » ou le « privilège », disparus le « bourgeois » ou la « populace », superflu même l'« homme » sous toutes ses formes : « homme de rien », « homme du peuple », « homme comme il faut » ou même « homme comme moi » ; car on ne connaît plus que des « patriotes » et des « citoyens ».

Il n'oublie pas de relever des expressions qui éclairent les nouvelles opacités du discours, typiques de la langue de bois moderne, comme l'anglicisme « prendre en considération ». « Prendre en considération, note l'impertinent grammairien, c'est s'occuper de quelque chose ou simplement concevoir le projet de s'en occuper » ; bref, c'est faire de belles promesses qu'on saura scrupuleusement oublier…

En 1790, le vocabulaire révolutionnaire et ses usages supportent encore le persiflage. Mais, à mesure que le mouvement se radicalise et que s'affirment les logiques d'exclusion, les peurs paralysent l'expression.

« Tous les partis abusent des mots pour tromper les hommes simples et crédules », se lamente le député Ernest Duquesnoy dans *L'Ami des patriotes* dès 1791. Juste remarque qui reflète les stratégies et les arrière-pensées politiques de la rhétorique révolutionnaire. C'est bien pourquoi les mots se font de plus en plus menaçants. Marat, directeur du très influent *Ami du peuple*, connu pour son intransigeance et ses coups de gueule, est l'un de ceux qui les inventent ou les promeuvent, avec toujours le même objectif : conforter la pureté révolutionnaire en écartant l'ennemi. Aussi fleurissent sous sa plume les termes qui accusent et qu'adoptent, à leur tour, les journalistes, les parlementaires, les sans-culottes : il n'est pas bon d'être qualifié d'« antirévolutionnaire » ou d'« affameur », de se montrer « antipopulaire », de faire preuve de « modérantisme », c'est-à-dire, en fait, de vouloir freiner le mouvement qui conduit tout droit à la Terreur.

Le sens vrai de tous ces mots compte moins que la charge émotive qui les anime. Nommant le bien et le mal, l'authentique et le faux, ils forgent une langue révolutionnaire qui procède par surenchère, par répétition, par contagion. La faire sienne, c'est indiquer qu'on pense juste ; s'en éloigner attire mécaniquement sur soi la suspicion. Il ne s'agit pas à proprement parler d'un système élaboré d'en haut, mais d'une machine qui s'emballe et finit par broyer la pensée.

À bas les jean-foutre !

Nous devons parler la « langue du peuple », affirment les révolutionnaires, se gardant bien, néanmoins, de la définir. Les robespierristes, dès 1792, l'exaltent comme le fondement démocratique de la nouvelle langue politique qu'ils appellent de leurs vœux. Avant eux, un homme s'est saisi du langage de la rue pour devenir l'un des plus redoutés chefs de faction parisiens : Jacques-René Hébert, ultra de la Révolution et rédacteur du populaire *Père Duchesne*. Ce fils d'un riche maître orfèvre, exclu du collège de jésuites où son père l'avait placé pour sa conduite « hargneuse », qui vivait d'expédients avant la Révolution, est un fin tacticien. Pour s'imposer sur la scène publique, il lance, en septembre 1790, un journal qui cultive avec science la vulgarité, l'insulte, l'intransigeance, et puise aux sources populaires de l'humour, celui de l'homme du pavé parisien qui « ne prend pas les vessies pour des lanternes », celui de Rabelais, du théâtre de boulevard et des inversions burlesques du carnaval où, sans vergogne, « on montre son cul ». *Le Père Duchesne* sera l'« aboyeur du peuple ».

« Je suis le véritable père Duchesne, foutre ! », proclame le personnage qui figure en couverture, pipe à la bouche et carotte de tabac à la main. « Véritable » ? Oui, parce que *Le Père Duchesne* d'Hébert n'est pas le premier du genre dans le Paris révolutionnaire. Mais le sien finit par marginaliser les autres, grâce à la nuée de crieurs qui alpaguent le passant en hurlant « Il est bougrement en colère aujourd'hui le père Duchesne ! », grâce aussi à ses relations qui lui assurent une diffusion massive dans les armées, sensibles au style de corps de garde du journal, grâce enfin à un opportunisme politique qui lui permet de s'affirmer comme l'organe d'expression des sans-culottes.

L'univers mental du journal repose sur une vision manichéenne de la marche révolutionnaire qu'expriment des mots et des formules figées, sans cesse rabâchés. Du bon côté de la barrière voisinent les « braves sans-culottes », les « braves bougres », les « braves défenseurs de la patrie », les « braves Montagnards », « les braves intrépides », les « francs républicains », les « meilleurs patriotes [ou] citoyens » qui savent faire fonctionner la « sainte guillotine ». De l'autre se dresse la masse des « ennemis du dedans ou du dehors », des « jean-foutre » qu'il faut « exterminer » : les « brigands couronnés » et autres « têtes à perruques », les « brigands de la Vendée », les « calotins » et les « cagots », les « fripons soudoyés », les « affameurs du peuple », les « piqueurs d'assiette de la Gironde », les « crapauds du Marais », la « clique des modérés », les « traîtres » et « intrigants » de tout poil.

Le supposé langage du peuple se confond avec celui de la haine la plus crue. En octobre 1793, par exemple, au lendemain de l'exécution de Marie-Antoinette, le père Duchesne ne manifeste pas sa légendaire « colère », mais la « plus grande de toutes les joies », « après avoir vu, de ses propres yeux, la tête du Veto femelle séparée de son foutu col de grue ». Et d'annoncer le sommaire d'un numéro qui reviendra sur « le jugement de la louve autrichienne » et développera une charge en règle contre les avocats « qui ont osé plaider la cause de cette guenon ». La feuille d'Hébert ne s'embarrasse pas d'argumentation ou de nuance ; il assène, il frappe et, surtout, il dénonce. Que le père Duchesne vous cloue au pilori, et craignez pour vous-même !

Ici, pas question de définir le bon et le mauvais, le « brave » ou le « fripon » ; le mot, à lui seul, honore ou avilit. Il agit comme une injonction et on l'adopte comme une évidence. Le discuter, d'ailleurs, conduirait le raisonneur téméraire dans le mauvais camp, celui des futurs « raccourcis ». Au contraire, user de ces expressions stéréotypées dans une banale « assemblée du peuple » – ce qui ne manque pas, en cette période –, c'est faire preuve d'une lucidité politique qui vous situe parmi les plus authentiques révolutionnaires. Mais c'est aussi contribuer à un mouvement implacable de surenchère à l'intransigeance qui nie celui qui pense mal.

De l'audace !

Dans les autres tribunes, celles de la Convention, des clubs partisans ou des journaux politiques qui se multiplient, on prétend, sinon parler la langue du peuple, du moins exprimer ses sentiments profonds. Tout en restant fidèle à l'éloquence des Anciens, teintée du vernis des Lumières, on se livre à une guerre des mots. L'orateur cherche à briller, à impressionner son auditoire, mais aussi à imposer son point de vue de vrai révolutionnaire par de véritables slogans réducteurs dont l'emphase cache souvent la pauvreté du fond. Voici donc venu le temps des « petites phrases ».

Les orateurs de la France nouvelle ont lu Quintilien et son *Institution oratoire* ; ils savent qu'une habile sentence valorise le discours le plus creux en frappant les esprits. Alors, on en use et abuse avec méthode. La plus célèbre d'entre elles, peut-être, est prononcée en 1792 par Danton : « De l'audace, encore de l'audace, toujours de l'audace, et la France est sauvée. » Ses amis font beaucoup pour sa renommée, jusqu'à la travestir pour le besoin de la cause. Le 3 décembre 1793, aux Jacobins, alors que l'ancien président du Comité de salut public est menacé par la Terreur, Merlin de Thionville se lève pour le défendre. « Le 10 août, hurle-il, il sauva la République avec ces paroles : "De l'audace, encore de l'audace, et puis encore de l'audace !" Voilà Danton. » Ses mots déclenchent un tonnerre d'applaudissements et éloignent – provisoirement – le cou du suspect de la sainte guillotine. Mais la mauvaise foi est flagrante. La phrase a été lancée non pas le 10 août 1792, jour de la prise des Tuileries et de la suspension du roi, mais le 2 septembre, de triste mémoire, où Verdun tomba aux mains des Prussiens, entraînant la plus lourde défaite de la jeune Révolution. Pour la gloire de Danton, dont le nom reste attaché au fameux 10 août, mieux vaut associer sa formule à la victoire qu'au désastre ! Sa tête valait bien qu'on mutilât les mots et qu'on leur offrît un décor plus illustre.

Au fond, si la manipulation fut si facile, n'est-ce pas aussi que, derrière l'effet, se distinguait une formule si abstraite qu'on pouvait l'appliquer à de multiples situations ? Le mot « audace », terme chéri de la langue de bois contemporaine, entame alors une longue carrière politique.

Un autre orateur célèbre, Saint-Just, est réputé pour ses maximes : « On ne peut régner innocemment » ; « Si le peuple se trompe, il se trompe moins que les hommes »… Mais son ingéniosité est sans doute ailleurs. Car Saint-Just n'est pas un farouche adepte de tous ces clichés, moins encore de toutes ces injures qui émaillent l'éloquence révolutionnaire. Sa virtuosité consiste plutôt à désarmer l'auditoire par des formules générales, pour mieux lui faire admettre des décisions qui, elles, très concrètes, viennent tisser la toile de la Terreur.

Prenons un exemple. Le 15 avril 1794, avant d'annoncer un train de mesures répressives, il dresse le portrait de l'« homme révolutionnaire ». Le voici paré de toutes les vertus, « irréconciliable ennemi de tout mensonge, de toute indulgence, de toute affection », citoyen « plein d'honneur », « en paix avec son propre cœur » ; « il croit que la grossièreté est une marque de tromperie et de remords et qu'elle déguise la fausseté sous l'emportement ». La vague enfle. L'homme révolutionnaire est « intraitable aux méchants », mais « sensible », et « défend l'innocence dans les tribunaux » ; « il dit la vérité afin qu'elle instruise, et non pas qu'elle outrage ». Finalement, « sa probité n'est pas une finesse de l'esprit, mais une qualité de cœur et une chose bien entendue ». Qui ne se reconnaîtrait dans cette flatteuse description ? Qui renverserait la proposition, affirmant : je suis ami du mensonge, fieffé hypocrite, insensible par vocation, partisan de l'injustice, sans le moindre scrupule ?

L'éloquence subtile de Saint-Just ne saurait cacher une propension à la langue de bois, dès lors que l'orateur énonce des « vérités » si générales qu'elles appellent mécaniquement l'adhésion de son public. Pourtant, ces propos apparemment ordinaires et flous sont lourds de menace. Qui sont ces « méchants », sinon ceux que le pouvoir, dans sa grande sagesse, envoie devant le Tribunal révolutionnaire ? Qui oserait contester ses jugements, puisque l'homme révolutionnaire a pu y défendre l'innocence ? Fouquier-Tinville, l'accusateur public, patriote vertueux s'il en est, ne peut expédier à la guillotine que des coupables, fourbes et fripons !

Petite musique de Robespierre

Et Robespierre ? En 1895, dans *Psychologie des foules*, le psychosociologue Gustave Le Bon, dressant la typologie des meneurs d'assemblées, pose sur lui un diagnostic d'une rare brutalité : « Lieux communs et redondances de l'éloquence pédagogique et de la culture latine au service d'une âme plutôt puérile que plate, et qui semble se borner, dans l'attaque ou la défense, au : "Viens-y donc !" des écoliers. Pas une idée, pas un tour, pas un trait, c'est l'ennui dans la tempête. »

Le même mot d'« ennui » revient sous la plume d'Hippolyte Taine, qui voue à l'Incorruptible, « suprême avorton et fruit sec de l'esprit classique », une détestation toute particulière. Comme il l'écrit dans le volume des *Origines de la France contemporaine* qu'il consacre à la Révolution française (1901), le discours de Robespierre se borne à de « vagues généralités », à une « enfilade de sentences abstraites et vagues », d'où n'émergent que des « idées postiches » : « Alors, avec étonnement, on se demande ce qu'il dit et pourquoi il parle ; la réponse est qu'il n'a rien dit et qu'il parle pour parler. » Derrière la logomachie robespierriste, Taine ne voit que l'expression désolante de la vanité littéraire, là où on pourrait déceler une tactique de dissimulation.

On est frappé, en effet, par la rigueur mécanique de l'éloquence de Robespierre qui fait sans doute du chef montagnard l'un des précurseurs de la langue de bois. Le 25 décembre 1793, par exemple, il expose les principes du gouvernement révolutionnaire. Comme à son habitude, il enchaîne les sentences : « Les succès endorment les âmes faibles ; ils aiguillonnent les âmes fortes » ; « Les défenseurs de la République adoptent la maxime de César : ils croient *qu'on n'a rien fait tant qu'il reste quelque chose à faire*. » Qui dirait le contraire ? Et puis, d'un jeu de mots métaphorique – assez pauvre, il faut bien le dire –, il interdit tout autre choix que le sien : le modérantisme « est à la modération ce que l'impuissance est à la clarté », et l'excès « comme l'hydropisie à la santé ».

Au-delà, il use d'images stéréotypées et de mots flous mais magiques, source de pensée unique. Il en va ainsi des « conspirateurs » qui, selon Robespierre, se multiplient et menacent : « Ce n'est point dans le cœur des patriotes ou des malheureux qu'il faut porter la terreur ; c'est dans les repaires des brigands étrangers où l'on partage les dépouilles et où l'on boit le sang du peuple français. » Le propos fonctionne selon un strict schéma manichéen où s'opposent les « bons citoyens » et les « ennemis du peuple » ou « les ennemis de la patrie » qu'il faut « épouvanter », les « amis de la République » et les « scélérats couverts de sang », les « défenseurs de la liberté » et tous les autres. L'unique remède, alors, est de lutter contre la « division » nourrie des « perfides insinuations de nos ennemis ». Formules impitoyables et répétées qui corsètent toute critique éventuelle, renvoyant leurs auteurs dans le camp de l'ennemi.

Le lyrisme de Robespierre est si figé que, bien longtemps après le 9 thermidor qui l'emporte, des dramaturges de sous-préfecture comme Villiet-Marcillat (l'expression est d'autant moins abusive qu'il officie comme secrétaire de la sous-préfecture de Gannat, dans l'Allier !) imitent son verbe avec un humour involontaire. En 1858, dans sa tragédie en vers intitulée *Charlotte Corday*, Villiet-Marcillat fait ainsi parler Robespierre, qui loue la vertu : « Il en faut, Vergniaud, dans ces graves moments/Où le peuple affranchi terrasse ses tyrans/Et, quand ils ne sont plus, il faut chercher encore/À frapper l'ennemi que la Montagne abhorre. »

Infâmes conspirateurs

L'ennemi, justement. Il est l'objet d'une surenchère sémantique qui rythme l'histoire de la Révolution. D'« aristocrate » à « conspirateur », d'« intrigant » à « suppôt du tyran », en passant par toutes les variantes, l'ennemi désigne, bien sûr, les émigrés et les cours étrangères coalisées en guerre contre la France, mais de plus en plus aussi l'ennemi intérieur, silencieux et agissant, qui organise le complot « contre-révolutionnaire ».

Les mots qui stigmatisent l'ennemi intérieur sont les mêmes qui délivrent le blanc-seing à son extermination, notamment à l'été 1792, alors que l'effroi se répand devant l'imminence d'une invasion austro-prussienne. Aux premiers jours de septembre déferle une vague d'exécutions sommaires dans les prisons de Paris, Meaux, Orléans, Reims et Versailles, justifiée d'avance, légitimée après. Un terme revient qui euphémise le massacre : « débarrasser ». « Les prisons regorgent de scélérats, écrit *L'Orateur du peuple* ; il est urgent d'en débarrasser la société. » Après coup ne reste plus qu'à expliquer l'événement en le relativisant [1], en jouant sur l'imprécision et l'opposition des mots, « coupables » et « innocents » : « Les coupables ont péri, les innocents ont été épargnés » (*Annales patriotiques*) ; « Tous les conspirateurs, tous les scélérats ont vécu ; tous les innocents sont sauvés » (*Le Courrier des départements*). Euphémisation, relativisation, minimisation, flou volontaire du vocabulaire : autant de procédés qui commandent et commanderont la langue de bois.

Car il y a le grand dessein qui dépasse le citoyen, source de lyrisme et d'emphase, celui qui convoque, dans la lutte contre l'ennemi, la pureté révolutionnaire. L'un de ceux qui l'expriment le mieux est peut-être Jacques Roux, ce « curé rouge », ce « prêtre socialiste » – comme le qualifiait Albert Mathiez, historien de la Révolution française –, auteur du *Manifeste des enragés* (juin 1793), dont l'extrémisme inquiète suffisamment Robespierre pour qu'il le fasse arrêter. Emprisonné en septembre 1793, il préfère se suicider en prison plutôt que de se soumettre aux accusations mensongères du Tribunal révolutionnaire.

Près d'un an plus tôt, en décembre 1792, Roux prononce un discours devant la section révolutionnaire de l'Observatoire. « Purgeons la terre des monstres qui la souillent », lance-t-il, appelant à « l'effusion légale du

---

[1]. On estime aujourd'hui à environ 1 100 à 1 400 le nombre des victimes des « massacres de septembre ».

sang impur des rois [1] », dénonçant les « tigres cachés sous le masque et le manteau de la religion » comme les modérés qui « intimident, calomnient et dégradent le peuple, afin de le corrompre et mieux le dépouiller ». Ici, l'incantation efface tout fait argumenté et la lutte contre l'ennemi, conduite par le « Français régénéré », semble tenir de la nature, comme la révolution elle-même. La langue de bois de Jacques Roux prend appui sur la foi révolutionnaire de la vertu et son appropriation de la vérité : « Celui qui n'a pas le courage de dire la vérité aux hommes qui sont indignes de l'entendre n'est pas digne de défendre la cause du peuple. »

La foi est poussée jusqu'à l'absurdité, celle d'une religion révolutionnaire construite de toutes pièces, le culte de l'Être suprême, en juin 1794. Le grand ordonnateur en est Robespierre lui-même, qui aligne les fadaises avec les mots les plus emphatiques et sur le ton le plus pompeux. Qui pourrait contester la Révolution ? Elle est la volonté de la « main immortelle » qui, « dès le commencement des temps », avait « décrété la République » et prononcé la « sentence de mort des tyrans » ! Alors rassemblons-nous, croyons et prions en silence.

Les fanatiques, c'est vous !

Robespierre guillotiné passe brusquement du paradis à l'enfer. Ce qu'on adorait hier sans discernement est aujourd'hui maudit sans plus de lucidité. Certains, pourtant, cherchent à comprendre la Terreur et, parmi eux, quelques-uns pointent

---

1. Rappelons que Louis XVI est guillotiné le 21 janvier 1793.

les ravages des mots ; du coup, ils opèrent confusément la première critique de la langue de bois. C'est le cas d'Edme Petit. Chirurgien et député de l'Aisne, Petit présente à la Convention, le 18 fructidor an II (4 septembre 1794), un rapport d'une surprenante clairvoyance qui vise à souligner le rôle du langage dominant dans le phénomène de Terreur. Robespierre et ses émules, explique-t-il, « ôtèrent à tous les mots de la langue française leur véritable sens », à commencer par celui de « révolution ». « Rappelons-nous, poursuit le parlementaire, qu'après avoir ainsi jeté partout le trouble, l'incertitude et l'ignorance ils introduisirent une foule de mots nouveaux, de dénominations avec lesquelles ils désignaient à leur gré les hommes et les choses à la haine ou à l'amour du peuple trompé. » Petit ne se contente pas de cela ; il veut que le phénomène ne puisse jamais plus se reproduire et propose un décret qui commence ainsi : « Il est défendu à tous les membres de la Convention, sous peine de réclusion jusqu'à la paix, d'employer, à compter de ce jour, dans leurs rapports ou dans leurs discours, les mots inventés pour exciter le trouble ou les divisions. » Prudents ou incrédules, les députés rejettent son projet. Trop « révolutionnaire », sans doute...

La critique d'Edme Petit, oublié de l'Histoire, n'est pas isolée. Le grand philosophe Jean-François de La Harpe, ami de Voltaire, l'un des maîtres d'œuvre du *Mercure de France*, tribune des Lumières, publie en 1797 un ouvrage incendiaire : *Du fanatisme dans la langue révolutionnaire ou de la persécution par les barbares du dix-huitième siècle contre la religion chrétienne et ses ministres*. Les barbares, ce sont Robespierre et ses amis qui ont trahi les philosophes, et la langue visée est celle de la haine antireligieuse, de l'intolérance et de l'oppression qui violentent la conscience et transforment la Révolution en une nouvelle tyrannie.

Cette langue, La Harpe l'appelle la « langue inverse » : « Le propre de la langue révolutionnaire, observe-t-il, est d'employer des mots connus, mais toujours en sens inverse ; cela ne souffre point d'exception. » Prenez le mot « fanatisme ». Dans la « langue de bon sens » – celle des Lumières –, il désigne le « zèle de religion, aveugle et outré », et toutes les « sottises » qu'il engendre. Mais dans la « langue inverse », cette « langue monstrueuse », il vise la religion elle-même et promet les prêtres, par nature « conspirateurs », à l'extermination. « Vous n'avez jamais accusé que par des généralités vagues et par conséquent calomnieuses, s'indigne La Harpe. Vous avez toujours proscrit en *masse*[1], par des dénominations *révolutionnaires*, qui étaient des arrêts de mort. » Et de dénoncer le « charlatanisme banal » de phrases « répétées cent mille fois à la tribune », comme celle des « *vastes complots dont les ramifications embrassent toute la France* ». Le philosophe questionne : « Combien de fois avez-vous promis de *dévoiler la grande conspiration* ? Et l'avez-vous jamais fait ? L'avez-vous jamais essayé ? » De même, à propos des Vendéens : « Combien de fois avez-vous peint ces malheureux peuples comme des *anthropophages, des cannibales, qui mangeaient les petits enfants, qui rôtissaient les vieillards, qui violaient et massacraient les femmes, mutilaient les hommes*, etc. ? » Avec colère, La Harpe relève méthodiquement les mots et formules de la langue révolutionnaire, et singulièrement ces expressions vides de

---

1. En italique dans le texte.

sens apparent qui pourtant, à l'instar d'« *exaspérer les haines* », masquent la réalité des « assassinats ». Ces amphigouris meurtriers « provoquent le vomissement », clame avec dégoût le disciple de Voltaire.

Bien sûr, c'est du côté des intellectuels contre-révolutionnaires, comme Louis de Bonald, fin connaisseur de la langue, que se manifeste le plus grand nombre de charges contre le lexique de la Révolution. Mais même une ardente républicaine comme Mme de Staël n'est pas en reste. En 1798, dans *Des circonstances actuelles qui peuvent terminer la Révolution et des principes qui doivent fonder la République en France*, elle perçoit les mots comme les outils qui conduisirent à une forme nouvelle de despotisme : « une kyrielle de phrases usées » et des « images exagérées [...] enrobant des idées fausses peuvent, prises au pied de la lettre, provoquer des débordements sanguinaires ». Mme de Staël analyse avec subtilité combien ce qu'on ne nomme pas encore la langue de bois constitue un instrument de contrôle de l'esprit au profit d'un clan. Les républicains doivent en tirer les leçons et bannir tout abus de mots, sans quoi pèserait le risque d'introduire à nouveau le « fanatisme dans le raisonnement ». Voilà le défi qui leur est lancé.

2

La république des verbomanes ?

L'affiche couvre les murs de Paris et porte la signature de l'homme dont la popularité, en ce début d'année 1889, fait trembler la République : le général Boulanger, ex-ministre de la Guerre. Voyant en lui un futur dictateur, le gouvernement a cru pouvoir le neutraliser un temps ; peine perdue : la foule de ses partisans n'a cessé de gonfler. Maintenant, Boulanger le défie au cœur de la capitale, à l'occasion d'une élection législative partielle, et lance cet ardent appel aux ouvriers de la Seine, placardé dans les rues du Paris populaire : « En votant pour moi, vous voterez pour la République démocratique et vous signifierez à vos exploiteurs que vous ne voulez plus donner vos enfants pour d'inutiles et dangereuses conquêtes, ni vos impôts pour doter leurs sinécures. »

Dans sa proclamation solennelle, Boulanger brouille les repères : l'exploiteur n'est plus le patron capitaliste, comme le prétendent les socialistes, mais « le gouvernement d'une classe égoïste et corrompue ». Il joue sur le mot de « démocratie », qui, à force d'être répété par les uns et les autres, et récupéré par tous, a fini par ne plus rien signifier. Il fait vibrer la corde sensible de la proximité en s'autoproclamant « démocrate sorti du peuple ». Pour couronner le tout, il caresse l'électeur dans le sens du poil : « Votre robuste bon sens et le sentiment de l'honnêteté qui est en vous »... Ah, le bon sens populaire... Ah, l'honnêteté naturelle, instinctive, viscérale du citoyen... Combien de fois ce genre de flagornerie, typique de la langue de bois électorale, a-t-elle été sollicitée, depuis les débuts de la République, pour gagner un canton, une municipalité, une circonscription ou mieux encore ? Il faut croire, en tout cas, qu'un tel langage paie puisque Boulanger bat largement le candidat adoubé par le gouvernement. Victoire de courte durée car, menacé de poursuites pour complot contre l'État, il préfère s'enfuir en Belgique et éviter ainsi l'arrestation. Triste fin de l'aventure boulangiste.

Manuel du démagogue

Le général Boulanger a-t-il lu le *Manuel du démagogue*, publié en 1884 par l'écrivain et journaliste Raoul Frary ? Rien n'est moins sûr. Pourtant, l'ex-ministre ou ses amis qui lui ont tenu la plume semblent en avoir retenu toutes les leçons.

Plaisant, ironique et cependant bien informé – même s'il ne cite aucun nom –, l'ouvrage de Frary traduit à sa manière le procès à charge conduit contre les mœurs électorales des débuts de la IIIe République. Car l'activisme méthodique que déploie le démagogue afin de gravir les échelons de la notoriété renvoie aux ficelles des candidats des cités et des champs pour tromper l'électeur et conquérir leur mandat.

La démagogie bien pensée, explique Frary, est surtout un art de plaire. Comment s'y prendre ? Il faut d'abord clamer son désintéressement, oublier que les problèmes supposent qu'on les hiérarchise, savoir parler de tout à tout propos et manier la louange avec virtuosité : « Persuader à un poltron qu'il a du courage, à un débauché qu'il a de la sagesse, à un sot qu'il a de l'esprit, c'est le comble de l'art. » Bien sûr, quand on s'adressera à la foule, on bannira tout esprit critique et toute nuance intempestive : « Le démagogue connaît les préjugés de son public, il les respecte et les flatte, il les considère surtout comme un ensemble de connaissances certaines qui permet à ce public de se prononcer sur les choses et les hommes. » Bref, le mieux est encore de se soumettre au jugement de ceux auxquels on s'adresse, en cajolant leur fameux bon sens. Mais attention à la confusion, car le bon sens varie selon les publics : « Il y a un bon sens pour la ville et un bon sens pour la campagne, un bon sens protectionniste et un bon sens libre-échangiste, un bon sens radical et un bon sens modéré. »

Cependant, toutes ces recettes qui guident le discours demeureront sans effet si on se montre incapable de faire rêver l'opinion en lui promettant des lendemains qui chantent. Ici, pour éviter toute déconvenue, il convient de rester vague : il faut savoir parler de l'avenir, le trémolo dans la voix, sans se risquer à lui dessiner des contours trop fermes ! Soyons-en sûrs, néanmoins : la magie du mot « espérance » opère sur les esprits cultivés comme sur la masse ignorante, car tout le monde veut croire au progrès infini de l'humanité. Du coup, « l'une des fonctions essentielles du démagogue, orateur ou écrivain, est de donner satisfaction au besoin d'espérance et au désir de réforme qui possèdent tous les cœurs français ».

Si, au bout du compte, le *Manuel du démagogue* ne cite pas d'exemples précis de la langue de bois qu'il vise dans son habile description, il démonte bien certains principes sur lesquels elle repose. La République est dans sa ligne de mire, comme elle est dans celle de tous ces polémistes contre-révolutionnaires qui, depuis le second Empire, stigmatisent le discours républicain en le qualifiant, avec mépris, de « phraséologie », c'est-à-dire d'assemblement de mots ronflants et vides de sens, de mots trompeurs, masquant de nuisibles intentions. Comme le note Lorrain dans *Le Problème de la France contemporaine*, en 1879, « l'abus calculé des expressions vagues de la langue politique, l'emploi des mots démocratie, liberté, progrès, civilisation, science, esprit moderne, tout ce fatras de la phraséologie, destiné à préparer les révolutions, a eu un résultat pire que les révolutions, celui de pervertir, peut-être de manière irrémédiable, l'esprit public ».

À peine la République est-elle mise en place que s'abat sur elle le soupçon de mensonge et de dissimulation. Publiées dès 1875, les *Observations, pensées et maximes* du journaliste Paul Bellet (alias Paul Tayac) en disent long sur le discrédit de la parole publique : « Les orateurs politiques ont toujours à la bouche ces grands mots : le *salut du pays*, le *bien général*, la *prospérité publique*, l'*opinion*, la *morale éternelle*. Ils semblent s'oublier eux-mêmes et ne travailler que pour leurs concitoyens, mais ces mots ne sont que des appâts et de vaines formules. »

Or, à en croire certains, plus le temps passe, plus la situation se dégrade. Le monde politique serait pris dans un tourbillon de « verbomanie » ! Cette fois, ce n'est plus un polémiste, mais un philosophe et universitaire, Ossip-Lourié, professeur en psychologie sociale à l'Université libre de Bruxelles, qui l'affirme. Dans *Le Langage et la verbomanie. Essai de psychologie morbide*, qu'il publie en 1912, il ne mâche pas ses mots : « L'opinion publique est faite par les verbomanes aux paroles creuses, aux sentiments non sentis, aux idées non pensées. » Qui les répandent ? Les hommes politiques, bien sûr, ces « orateurs verbomanes [qui] pratiquent l'hypocrisie, la mauvaise foi, l'abus de confiance, le mensonge, la calomnie ». Et où les trouve-t-on de préférence ? Dans les enceintes parlementaires, où « moins une phrase a un sens, plus elle est accueillie avec faveur ».

Effets de tribune

Abuser des mots pour tromper son monde, parler pour ne rien dire : le blâme n'est pas nouveau ; il se nourrit désormais du poids de l'opinion et du suffrage universel. On se souvient de la manière dont Flaubert, en 1857, dans *Madame Bovary*, ridiculisait le discours de Lieuvain aux comices agricoles d'Yonville. Devant un public médusé (« toutes les bouches de la multitude se tenaient ouvertes, comme pour boire ses paroles »), le conseiller de la préfecture s'était lancé dans un hymne à l'agriculture aussi emphatique dans la forme qu'il était creux sur le fond : « Qui donc pourvoit à nos besoins ? Qui donc fournit à notre subsistance ? L'agriculteur, messieurs, qui, ensemençant d'une main laborieuse les sillons féconds des campagnes, fait naître le blé, lequel broyé est mis en poudre au moyen d'ingénieux appareils, en sort sous le nom de farine et, de là, transporté dans les cités, est bientôt rendu chez le boulanger qui en confectionne un aliment pour le pauvre comme pour le riche. » Sa vibrante péroraison était à la hauteur de ce qui avait précédé : « Que les comices soient pour vous comme des arènes pacifiques où le vainqueur, en sortant, tendra la main au vaincu et fraternisera avec lui, dans l'espoir d'un succès meilleur ! » Modèle caricatural de langue de bois, passé à la postérité sous la péjorative expression de « discours de comices agricoles ».

Des discours de comices agricoles, la République en produit beaucoup et partout en France, dans les hôtels de ville et les plus modestes mairies, lors de voyages officiels, dans les préaux des écoles, lors de campagnes électorales, à l'occasion des multiples inaugurations de monuments ou de fêtes de village, sur toutes les estrades qu'ont à gravir les élus du peuple pour flatter l'opinion.

Sauf à vouloir cultiver la polémique, on ne saurait réduire le discours politique au burlesque de ces exercices imposés. L'éloquence des orateurs se déploie d'abord à la Chambre des députés. Bien sûr, il serait abusif d'affirmer qu'en toutes circonstances les propos de tribune voisinent avec les sommets, mais réduire les débats du Palais-Bourbon à du « bavardage » constant, comme s'emploient à les définir les ennemis du parlement, tiendrait de l'aveuglement ou de la mauvaise foi.

Feuilletons rapidement les comptes rendus de la Chambre. D'un côté, le regard est arrêté par des affirmations savoureuses qui nous rappellent combien la langue de bois des hommes politiques de notre temps est redevable aux grands anciens, par exemple s'agissant de l'indépendance de la justice. Un gouvernement qui pèserait sur l'attitude des juges ? Mais vous n'y pensez pas ! Le 4 décembre 1897, au début de l'affaire Dreyfus, à propos de l'enquête sur Esterhazy, hâtivement lavé de tout soupçon, le ministre de la Guerre clame devant les députés, la main sur le cœur : « Vous comprendrez que le ministre de la Guerre, que le gouvernement, que la Chambre elle-même excéderaient leur droit et manqueraient à leur devoir s'ils venaient, en une manière quelconque, influencer l'action de la justice. » Cette assertion méritait bien les applaudissements nourris de la majorité.

D'un autre côté, nombre de discours marquent l'histoire de la République, comme celui de Georges Clemenceau défendant, le 1er février 1881, la liberté absolue de la presse (« Il ne peut se concevoir de République démocratique sans liberté ») ou celui de Jean Jaurès, le 7 mars 1895, dénonçant la mécanique de guerre du système capitaliste : « Votre société violente et chaotique, même quand elle veut la paix, même quand elle est à l'état d'apparent repos, porte en elle la guerre, comme la nuée dormante porte l'orage. »

L'impression d'éloquence figée des hommes politiques d'alors tient sans doute à leur attachement commun à une rhétorique classique revisitée par certains auteurs du XIXe siècle dont la démarche, essentiellement technique, fut de fournir une panoplie de formes et de figures propres à mieux convaincre l'auditeur : utilisées sans discernement, elles finirent par verser dans le stéréotype. C'est pourtant l'objectif inverse qui était visé, comme le montre Timon dans son *Livre des orateurs*, paru en 1835 et objet de quinze éditions ! C'est dire s'il fut pour beaucoup un livre de chevet… Louis-Marie de La Haye, vicomte de Cormerin, dit Timon (1788-1868), connu pour ses pamphlets, eut lui-même une longue carrière de député, siégeant à l'extrême gauche en 1830, étant membre de la Constituante en 1848 et hostile au coup d'État de Louis-Napoléon Bonaparte en 1851. Un homme cultivé et respecté.

Timon donne des conseils : par exemple, quand vous vous adressez au peuple, dit-il à l'apprenti orateur, « soyez naturel avec lui et ne faites pas le comédien. […] Parlez-lui de patrie, de justice et de liberté, si vous voulez qu'il vous entende, qu'il vole dans vos bras et que son cœur soit avec vous ». Il classifie aussi les hommes de tribune selon leur spécialité. Il y a les Imaginatifs, qui « vous éblouissent par la richesse de leurs métaphores » ; les Pathétiques, qui « doivent tour à tour élever et abaisser leur vol, s'oublier eux-mêmes, du moins le paraître » ; les Malins, « sans cesse occupés à repasser leurs flèches sur la meule » ; les Juristes, les Réglementaires, les Généralisateurs… Et puis il y a la catégorie formée par ces incorrigibles Phraséologues : « Ils brodent sur tous les thèmes le chant de leur prose ; ils l'alourdissent, pour qu'elle imite le roulement du tambour ; ils la lancent à toute volée, pour qu'elle sonne comme un bourdon de cathédrale ; ils la découpent et la juxtaposent, pour que toutes ses notes s'entrechoquent comme des clochettes. » Conclusion : « Le Phraséologue ne se pique pas de raisonner. Il est vide d'idées, mais il est fourni en mots. » Quelle proportion de phraséologues au Palais-Bourbon ? Il n'existe pas de statistiques sur le sujet.

Leçons de propagande

Reste que la République ne se réduit pas à une musique des mots. Elle constitue d'abord un projet qui s'infléchit au fil du temps et qui, pour s'imposer, recourt à ce qu'il faut bien appeler une propagande, comprise comme le déploiement d'un système de persuasion et la mobilisation d'outils destinés à ancrer l'idée républicaine dans l'imaginaire collectif. La République indique la voie qu'il convient de suivre, schématise les enjeux, distingue avec insistance le bien du mal. Multiples sont les espaces où cette propagande s'exerce. La presse y joue son rôle, mais l'école, creuset de formation du citoyen, constitue sans doute le levier primordial. Les manuels scolaires, par le caractère sélectif de leurs contenus, par la répétition des mêmes assertions, dont certaines seront apprises par cœur, sont alors indicatifs de ce qu'il est « politiquement correct » – osons cette formule anachronique – de dire et de penser. Car aucune leçon dispensée en classe n'est gratuite.

Prenons l'histoire de France. Si, au bout du compte, l'écolier « ne devient pas un citoyen pénétré de ses devoirs et un soldat qui aime son fusil, l'instituteur aura perdu son temps », explique en 1885 Ernest Lavisse, universitaire renommé et auteur attitré des manuels d'histoire de la République, dans son recueil de recommandations aux jeunes professeurs, *Questions d'enseignement national*. Les mots doivent guider la pensée de l'élève, comme le montre son *Histoire de France* en cours élémentaire, qui, page après page, bâtit le récit continu de la nation en marche. Une histoire où les grands personnages, traités par la morale républicaine, héros ou réprouvés, accèdent au paradis ou sont rejetés en enfer. « Tous les Français doivent aimer de tout leur cœur l'admirable Jeanne d'Arc, qui mourut pour son roi, pour la France, pour nous » ; et, dans une moindre mesure, Henri IV, « que les Français pleurèrent ». En revanche, Louis XV est un « mauvais roi » qui, enfant, « s'amusait à égorger les oiseaux » et qui « ne devint pas meilleur en grandissant ». « Très égoïste, il n'aima que lui. Il resta paresseux et ne s'occupa que de ses plaisirs. » Moralité ? « Avant lui, la France était le premier pays du monde. Par sa faute, elle perdit beaucoup de sa puissance. » On salue 1789, bien sûr, et les « braves soldats » de l'an II, mais on condamne 1793 et la Terreur : « Il n'y a pas eu de plus affreux moment dans toute l'histoire de France. »

Puis on en arrive au contemporain, c'est-à-dire à la défaite de 1870 et à ses douloureuses conséquences. Inutile de chercher la Commune, elle n'est même pas citée. Mais, si le mot « revanche » n'apparaît pas, il est en filigrane d'une ode patriotique aux accents germanophobes : « Les Alsaciens et les Lorrains étaient de bons Français. Ils aimaient la France comme vous l'aimez. Ils ont été forcés de devenir allemands ; mais ils aiment toujours la France et, à cause de cela, les Allemands les font souffrir. Les Allemands sont un peuple très orgueilleux. Ils cherchent toutes les occasions de nous faire du mal. » Soudain, le drapeau s'élève : « La France n'a pas perdu courage après la malheureuse guerre. […] Nos fusils, nos canons sont meilleurs qu'en 1870. Nous sommes beaucoup mieux préparés à la guerre […]. Généraux, officiers, fantassins, cavaliers, aérostiers, tous savent leur métier. Si la France est attaquée, tous feront leur devoir. *La France est bien défendue.* » Les mots de la pensée unique sont des mots guerriers et qui désignent clairement l'ennemi héréditaire. Nul jargon ici, nulle formule ronflante, nulle expression creuse ou masquante, mais les phrases répétées d'une langue de bois patriotique qui marque les générations des écoliers de la République.

Il y a peut-être encore mieux que l'Histoire pour propager, dès le plus jeune âge, la propagande républicaine : les leçons de « morale » et d'« instruction civique », distillées au travers des livres de lecture (cours moyen et supérieur), dont G. Bruno (pseudonyme d'Augustine Tuillerie) s'est fait une spécialité. Dans *Francinet*, par exemple, elle s'applique à nourrir son récit – celui d'un jeune garçon qui quitte sa famille pour entrer en apprentissage – des directives officielles qui insistent sur les devoirs des futurs citoyens et les règles de la morale sociale. L'ouvrage, des dizaines de fois réédité, couronné par l'Académie française, distribué gratuitement dans les écoles, s'adapte, depuis sa première parution en 1876, aux exigences ministérielles [1].

N'en retenons qu'un aspect, l'un des plus éclatants peut-être : l'exaltation du modèle socioéconomique républicain face au contre-modèle socialiste et collectiviste. *Francinet* salue la division du travail, la justice et les bienfaits de la propriété : « Quelle injustice voyez-vous à ce que deux hommes laborieux, intelligents et prévoyants, aient épargné les fruits légitimes de leur travail ? Quel tort vous ont-ils fait en acquérant ces richesses, en se privant du repos présent pour assurer l'avenir de leurs familles ?

---

1. On utilisera ici l'édition de 1885 (la 55e, parue chez Eugène Belin), conforme au programme scolaire de 1882.

N'êtes-vous pas libres de les imiter, de *travailler*[1] comme eux, d'être vous aussi intelligents et *prévoyants*, de vous *associer* et de *diviser* entre vous le travail, de faire des *échanges* et *contrats* avec vos voisins, et tout cela sans violer la liberté d'autrui ? Quel tort vous font-ils en étant heureux ? » Dans ces conditions, le bénéfice, le profit, le capital ne sont pas de vilains mots : « *Capitaliser*, c'est épargner et tirer profit de ses épargnes ; et c'est là le meilleur usage qu'on puisse en faire, n'est-il pas vrai, mes enfants ? » Et encore : « Plus il y a d'argent ou de *capital* dans une société, plus la société fait faire du *travail* aux ouvriers, et plus aussi elle peut les payer. Le capital est comme une bourse où on prend de quoi payer et bien payer le travail. » Tout le monde a donc les moyens de s'enrichir. Cela peut demander du temps et alimenter les impatiences ; mais rien ne saurait justifier la brutalité stérile des révolutions.

Le texte de G. Bruno est conçu à une époque où la République est teintée de morale chrétienne. Du reste, les « devoirs envers Dieu » font partie du programme de 1882 : « L'instituteur apprend aux enfants à ne pas prononcer légèrement le nom de Dieu ; il associe étroitement à l'idée de Cause première et de l'Être parfait un sentiment de respect et de vénération. » Nous sommes alors au temps des républicains modérés. Vingt ou vingt-cinq ans plus tard, le paysage politique est totalement bouleversé : les radicaux au pouvoir sont des « bouffeurs de curés ». « À bas la calotte ! » La séparation des Églises et de l'État, en 1905, se fait dans la douleur, et la République laïque révise en profondeur son vocabulaire comme la galerie des héros de la nation. On épure les mots d'hier, car une nouvelle

---

1. En italique dans le texte.

pensée unique se substitue à celle qui dominait jusque-là. G. Bruno est alors sommée de conformer ses récits au nouvel esprit du temps. Et c'est son célèbre *Tour de la France par deux enfants* qui en fait les frais.

Tous les écoliers de la République connaissent l'itinéraire d'André et de Julien, qui ont quitté clandestinement la Lorraine annexée, en quête de leur mère et de leur oncle. Voyageant de province en province, ils découvrent, émerveillés, les richesses infinies de la patrie et honorent, à chaque étape, les héros de la nation. Mais les enfants des classes de 1905 se sont-ils aperçus qu'ils ne lisaient pas exactement le livre qui avait fait les délices de leurs aînés ? Cette année-là, une édition nouvelle procède à un grand coup de balai qui, discrètement mais sûrement, épure toutes les références spirituelles et religieuses, devenues intolérables aux yeux des radicaux. Qu'on en juge.

D'abord, le mot « Dieu » devient tabou, même employé sous forme d'interjection. Les « Mon Dieu ! » et les « Dieu merci ! » sont systématiquement remplacés par de laïques « Heureusement ! ». Même le terme « église » est banni. La gravure illustrant l'épopée de Bayard est devenue politiquement incorrecte. Figurant l'armement d'un chevalier, elle portait en légende : « Après s'être baigné et avoir passé la veillée en prières à l'église, le futur chevalier était présenté au seigneur qui devait l'armer ». On lui préfère désormais l'image patriotique de la mort du grand personnage, en 1524, lorsque, dans un ultime soupir vengeur, il déclare au traître qui l'a terrassé, le connétable de Bourbon : « N'ayez point pitié de moi, connétable, mais plutôt de vous-même, qui portez les armes contre votre patrie. Moi, c'est pour ma patrie que je meurs ! »

Aucun des passages où André et Julien sollicitent Dieu, comme à Marseille, où ils le remercient de les accompagner dans leur périple, ne résiste aux ciseaux de la censure. Des héros d'autrefois qui ont le tort d'avoir porté la robe ecclésiale sont désormais impitoyablement ignorés : Fénelon et saint Vincent de Paul sont rayés de l'histoire de la Gascogne. De même, les enfants évitent dorénavant soigneusement de faire halte dans un lieu de culte, comme Notre-Dame-de-la-Garde, à Marseille. Enfin, à Paris, plus question de visiter Notre-Dame, la Sainte-Chapelle ou l'Hôtel-Dieu. On leur préfère le Louvre, les palais de la République, voire le Jardin des plantes : les grands carnassiers à quatre pattes sont moins nuisibles aux jeunes esprits que les prédateurs bipèdes en soutane !

Notons que ce bel exercice de mémoire sélective s'achève par un long additif aux éditions précédentes où sont loués les bienfaits de la République, des découvertes de Pasteur aux conquêtes coloniales : « La IIIe République nous a constitué un nouvel empire colonial, le plus grand des empires après ceux de l'Angleterre et de la Russie. » Bel enthousiasme, en vérité. Pourtant, aux deux extrémités de l'échiquier politique, on ne le partage pas. Et les contestations nourrissent, à droite comme à gauche, un discours radicalisé qui entretient d'autres formes de langue de bois.

Le « péril juif »

« Le simplisme des opinions est une de leurs caractéristiques les plus importantes », écrit Gustave Le Bon en 1895, dans *Psychologie des foules*, à propos des assemblées parlementaires. En fait, le propos avancé par le père fondateur de la psychologie sociale s'applique à tout orateur ou tout mouvement cherchant à capter ce monstre influençable et versatile qu'il appelle « les foules ». « Quelles que soient les idées suggérées aux foules, elles ne peuvent devenir dominantes qu'à la condition de revêtir une forme très absolue et très simple. Elles se présentent alors sous l'aspect d'images et ne sont accessibles aux masses que sous cette forme. » Ces « idées-images » dont parle Le Bon fondent le succès des slogans et la magie de mots clés qui, lorsqu'on les prononce, agissent sur les foules comme s'ils « contenaient la solution à tous les problèmes ». « L'affirmation pure et simple, dégagée de tout raisonnement, est un des plus sûrs moyens de faire pénétrer une idée dans l'esprit des foules », souligne Le Bon. Suffisamment répétée, elle peut nourrir un mouvement d'opinion et se développer avec rapidité grâce à l'implacable puissance de la contagion. Cette analyse, qui vaut pour tout phénomène de masse, s'applique bien à la haine antisémite que l'extrême droite et une certaine extrême gauche, essentiellement anarchisante, entretiennent et qui s'exprime puissamment au moment de l'affaire Dreyfus.

Mêmes assertions, mêmes mots accolés, mêmes formules, mêmes insultes qui se répètent à l'infini : enfonce-toi bien cela dans la tête ! Il suffit de se promener dans la presse au tout début de l'Affaire, en novembre 1894, pour mesurer l'ampleur de la contagion. « Dreyfus est l'agent de ce pouvoir occulte, de cette haute juiverie internationale qui a décidé la ruine des Français et l'accaparement de la terre de France » (*L'Intransigeant*, 3 novembre) ; « C'est l'ennemi juif trahissant la France. […] C'est la fatalité du type » (*La Croix*, 3 novembre) ;

« Le juif n'est qu'un mélange de voleur, de ruffian et de porc » (*La Libre Parole*, 3 novembre). Certains traduisent leur antisémitisme en maxime : « Tout juif trahit celui qui l'emploie » (*Le Triboulet*, 11 novembre) ; façon de parler au fameux bon sens populaire...

Si l'éclosion de telles formules est aussi prompte, c'est qu'elles relèvent d'une langue de bois savamment entretenue depuis des années par les antisémites et, au premier chef, par Édouard Drumont, leur grand prêtre, l'auteur de *La France juive* (1886), cent cinquante fois réédité. Celui que Maurras qualifia de « chroniqueur merveilleux, historien et prophète » poursuit inlassablement les juifs de sa haine et publie à tour de bras des ouvrages pour marteler son message. Profitant de l'air du temps, il donne même à celui-ci un parfum scientifique, comme l'atteste le livre qu'il fait paraître en 1890, *La Dernière Bataille*, sous-titré *Nouvelle étude psychologique et sociale*. Prétendument hymne nationaliste, il exprime exclusivement l'obsession de Drumont pour le juif, observé sous toutes facettes, poursuivi à toutes les pages ou presque. Des affirmations stéréotypées aux jugements définitifs, tous les poncifs les plus répugnants y passent : « Pour comprendre la façon de travailler du juif, il faut le regarder à l'œuvre quand il était à l'état de demi-primitif » ; « l'inconscience totale du juif pour tout ce qui touche à la délicatesse et à l'honneur » ; « le juif ne se fâche pas ; il masque sa colère sous un sourire jaune ». Hypocrite et calculateur, le juif envoûte, hypnotise, ensorcelle : « Le juif agit sur ceux dont il prend possession ; il n'exerce sur eux aucune violence apparente, mais il trouble la coordination de leurs mouvements ; il dissocie leurs éléments vitaux, il les décompose, il les cadavérise, il leur donne une contorsion d'agonisants. » Comment s'étonner qu'aujourd'hui, avec sa « puissance hypnotisante », « le juif payé par l'Allemagne [...] se dresse triomphant » sur les débris de ce que fut la France ?

La série antisémite de Drumont est loin d'être achevée. En 1892, un an à peine après avoir publié un nouveau pamphlet aux accents prophétiques, le *Testament d'un antisémite*, il crée un journal, *La Libre Parole*, dont le sous-titre est à lui seul un cri de haine : *La France aux Français*. C'est précisément dans ses colonnes qu'en 1897 est lancé un grand concours sur « les moyens d'arriver à l'anéantissement de la puissance juive en France. » Le lauréat en est l'abbé Augustin Jacquet, un proche de Drumont qui, préconisant un gouvernement antisémite, écrit fièrement : « Pour tout homme qui sait et qui veut ouvrir les yeux, le péril juif est une évidence manifeste. » « Évidence manifeste » : vieille ficelle de la langue de bois ! Mais que fera le gouvernement antisémite pour « anéantir la puissance juive » ? Louis Vial a son idée là-dessus et la proclame hardiment, en 1899, dans *Le Juif roi : comment le détrôner*. Il faut adopter des mesures très concrètes, clame-t-il : révision des titres de la propriété juive ; retrait du décret de naturalisation de 1791 ; pour les chrétiens, revenir au droit canon, qui leur interdit notamment de servir chez les juifs, de prendre des juifs à leur service, de consulter des médecins juifs ou d'en recevoir les médicaments, d'assister aux mariages des juifs ou d'en accepter l'invitation à dîner, etc. Et Vial de noter : « Si ces conditions déplaisent aux juifs, qui les empêche de chercher une terre plus hospitalière, l'Angleterre ou les États-Unis par exemple, où les mœurs ont tant d'analogies avec celles d'Israël ? » Ce dernier exemple indique que la langue de bois, pour figée ou stéréotypée qu'elle soit, peut être aussi une arme stratégique pour convaincre et faire agir. Derrière la logorrhée de Drumont et de ses disciples, qui jouent avec habileté sur l'aveuglement collectif, se cache la haine, voire l'appel au meurtre.

L'avenir est au prolétariat

« Vive la Sociale ! », « Vive la Révolution ! », « Vive le prolétariat universel ! » : à l'extrême gauche aussi on sait manier le slogan et, grâce à Jules Guesde, on n'est pas avare de langue de bois. Ce journaliste à la plume un peu lourde, anti-bonapartiste virulent, réfugié en Suisse puis en Italie pour avoir participé à la Commune (il avait vingt-cinq ans), joue un rôle plus important que Jaurès dans la construction du socialisme au XIXe siècle. C'est lui, notamment, qui lui donne son lexique de base.

Guesde n'est pas ce qu'on appelle un théoricien du socialisme. En revanche, il est un habile organisateur et un propagandiste hors pair. À force de ténacité, il impose son parti (le parti ouvrier, créé en 1882, et devenu le parti ouvrier français en 1893) comme la première organisation socialiste et fait de l'éducation par la propagande l'arme absolue de la conquête des masses. Surtout, c'est lui qui introduit le marxisme en France. À sa manière, comme une conversion brutale après avoir rencontré Marx à Londres, en 1880, et en ne s'embarrassant pas de trop fines subtilités philosophiques. Guesde a compris schématiquement le marxisme et le restitue tout aussi schématiquement par le discours figé de la propagande.

En 1878 encore, s'il est loin de la rhétorique de Marx, il montre de vraies dispositions pour la langue de bois. Cette année-là, il publie un *Essai de catéchisme socialiste* où, répondant à un questionneur imaginaire, il fait le tour des grandes questions qui agitent l'humanité : l'homme, l'individu, le libre-arbitre, la liberté, etc. On appréciera avec sa définition de la liberté son surprenant sens du concret : « La liberté a été le plus souvent confondue avec le droit, dont elle est complètement distincte [...]. Je puis, en effet, avoir le droit de marcher et – si je suis cul-de-jatte ou que je me trouve à quelques milliers de mètres au-dessus du niveau de la mer dans la nacelle d'un ballon – ne pas avoir la liberté de marcher. » Il fallait en effet y penser. Et puis arrive une question parfaitement obscure, à propos des rapports entre capitaliste et prolétaire : « Répondent-ils à ce que la science actuelle démontre du plus grand intérêt sinon pour quelques hommes-individus au moins pour l'homme-espèce ? ». Pardon ?... Alors, le lecteur, retenant son souffle, suit Guesde et s'enfonce avec lui dans les ténèbres : « Non. La science établit au contraire que la division des membres de la société en minorité seule développée comme facultés et seule possesseur des instruments de travail ou de production, et en majorité aussi inculte que subordonnée dans sa capacité productive au bon plaisir d'autrui, est moins utile, moins productrice d'utilités qu'un état social dans lequel les facultés et les forces de chacun, complètement c'est-à-dire également développées, trouveraient dans les instruments de travail libérés ou désindividualisés la certitude en même temps que la liberté de leur application. » Ouf ! On doutera que quiconque ait compris cette pompeuse analyse qui confine au charabia. Derrière le verbiage guesdien, on notera surtout la fascination pour la démonstration scientifique qui explique, en partie, l'attirance pour la pensée de Marx.

L'idée selon laquelle le socialisme est une science qui permet de définir les lois commandant une société et les moyens de la changer n'est pas nouvelle. En 1848 déjà, *L'Atelier*, « organe spécial des ouvriers rédigé par des ouvriers exclusivement », affirmait : « Le socialisme, c'est la science par laquelle l'état économique d'une société sera modifié de telle sorte que tout ce qui peut travailler trouvera du travail, et que le produit sera suffisant pour assurer la subsistance du travailleur et de sa famille » (*L'Atelier*, 7 août 1848). Avec Karl Marx, cette science dispose enfin d'un vrai corps de doctrine, ferme, cohérent, infaillible. Du coup, pour les guesdistes, pas de doute : il suffit d'étudier l'œuvre de Marx et, immanquablement, on deviendra socialiste. Encore faut-il disposer de l'outil qui diffusera la bonne parole, guidera les convertis et préparera la révolution : le parti, avant-garde du prolétariat. Avec Marx, le prolétariat accède à la « conscience » de classe ; avec le parti, il est enfin « organisé ». « Le prolétariat conscient et organisé » : voici le modèle, voici le mot d'ordre, voici aussi la périphrase qui, sans le nommer, désigne en fait le parti [1].

Au fond, de Marx Jules Guesde a surtout retenu quelques têtes de chapitre : la lutte des classes, l'effondrement programmé du capitalisme, la prise du pouvoir par la révolution prolétarienne, l'appropriation collective des

---

1. Cf. Marc Angenot, *La Propagande socialiste. Six essais d'analyse du discours*, Montréal, Éditions Balzac, 1996.

moyens de production et d'échange et, au bout du processus historique, une société sans classe dont les contours restent assez flous. De l'auteur du *Capital* il s'est aussi approprié le vocabulaire et les formules qu'en doctrinaire de la propagande il popularise dans ses meetings, dans ses journaux, dans ses livres et ses brochures. Il les assène comme des slogans que les militants apprennent et reprennent mécaniquement. Les expressions se figent, prononcées comme des incantations mobilisatrices, manifestant la foi commune, identifiant l'appartenance au groupe, rendant superflue, voire suspecte, toute recherche du sens des mots prononcés. « Travailleurs de tous les pays, unissez-vous ! » ; « L'émancipation des travailleurs sera l'œuvre des travailleurs eux-mêmes ! » ; « D'eux seuls, de leur cohésion, de leur entente, les travailleurs peuvent attendre leur émancipation véritable, réelle », etc.

L'idée que deux camps ennemis s'affrontent, en soi, n'est pas neuve. En 1848 on opposait déjà les « forçats » et leurs « garde-chiourme », les « bagnards » et leurs « geôliers », « les opprimés » et leurs « oppresseurs », comme le clamait Étienne Cabet, le père du communisme utopique. Avec le guesdisme, les mots viennent rigidifier l'antagonisme de classes : le nier, écrit Guesde dans *Le Socialiste*, en mai 1889, « c'est nier le soleil ou le choléra ». « L'ordre social actuel divise le monde en deux classes, les exploiteurs et les exploités » (*L'Écho ouvrier*, 1889) ; « Bourgeoisie et prolétariat sont deux classes antagonistes, opposées d'intérêts aussi bien moraux que matériels » (*Le Cri du travailleur*, 1890) ; « Cette lutte fatale, tant que bourgeois et prolétaires seront en face, existera et l'antagonisme des classes ne finira qu'avec la Révolution économique » (*L'Égalité*,

1890) : autant de formules stéréotypées reprises par vagues incessantes.

La langue de bois guesdiste, qui se prolonge dans la propagande du parti socialiste-SFIO, créé en 1905, ne se manifeste jamais mieux que lorsqu'elle définit la place du parti. Comme l'explique Bracke dans *L'Humanité* du 20 septembre 1907, celui-ci « reste comme toujours l'ennemi irréconciliable de la classe capitaliste. Il travaille, comme toujours, à organiser le prolétariat pour la lutte en vue de la révolution ». C'est pourquoi seul le parti exprime la « vraie conscience de classe » du prolétariat, c'est-à-dire, comme l'explique Henri Ghesquière dans *Le Socialiste*, « la conscience socialiste et internationaliste » (24 novembre 1907). La « vraie » conscience de classe : parce qu'il y en a une « fausse » ? Sous l'apparence de la nuance, un simple mot glissé distingue la voie juste de l'erreur, la certitude des errements, la vérité du fourvoiement, voire du mensonge. L'une des marques de la langue de bois se situe là, dans cette façon d'utiliser, ici un adjectif, ailleurs un adverbe (comme le définitif « objectivement » qui annihile toute réplique), pour transformer une assertion en évidence absolue, pour fonder l'orthodoxie.

Formules de la foi, expressions toutes faites, réserve inusable d'arguments ressassés, mots magiques qui marquent l'attachement à l'orthodoxie socialiste, usage d'un vocabulaire au vernis scientifique qui fixe le décor d'un monde manichéen : bon nombre de caractères de la langue de bois soviétique sont déjà repérables dans la propagande guesdiste. Mais en URSS, ce qui compte d'abord, c'est leur usage et leur rationalisation au service du projet totalitaire.

3
Sovietlangue

Il y a mille ans, explique D-503, le constructeur de l'Intégral, formidable fusée de verre, nos héroïques ancêtres avaient réduit la terre au pouvoir de l'État unique ; bientôt, grâce à cet engin, les peuples des autres planètes, encore « à l'état sauvage de la liberté », seront soumis « au joug bienfaisant de la raison ». Et s'ils refusent le « bonheur mathématique » ? Eh bien, « notre devoir est de les forcer à être heureux ». Mais, ajoute aussitôt D-503, « avant toute arme, nous emploierons celle du Verbe... Vive l'État unique ! Vive les numéros ! Vive le Bienfaiteur ! ».

Ainsi commence le roman-fiction d'Evguéni Zamiatine, *Nous autres*, écrit en 1920, publié en Occident mais interdit en Russie soviétique. La société utopique qu'il dépeint, tenue d'une main de fer par le Bienfaiteur, où les hommes sont réduits à des numéros, où les mots sont des armes pour contrôler la pensée, s'appuie sur l'expérience totalitaire qui se construit sous ses yeux, et Zamiatine transcrit dans l'univers de la fiction les métaphores léninistes annonçant, jour après jour, le triomphe inéluctable de la révolution socialiste. Staline ne s'y trompe pas : l'écrivain sera surveillé, ses œuvres interdites, ses livres confisqués. La persécution ira jusqu'à l'emprisonnement et il ne devra son salut qu'à l'intervention de Maxime Gorki : en 1931, libéré, il quittera l'URSS pour Paris, où il mourra six ans plus tard.

Le roman de Zamiatine annonce celui, bien plus célèbre, que George Orwell publie en 1948 sous le titre *1984*. À cette époque, aucun soviétologue, même les plus subtils analystes de la propagande stalinienne (à commencer par Tchakhotine, l'auteur du *Viol des foules par la propagande politique*, paru en 1939 et réédité après guerre), n'a compris l'extraordinaire poids du langage totalitaire pour neutraliser toute pensée alternative. Or, aux yeux d'Orwell, l'URSS est une logocratie, un régime qui, pour asseoir sa domination idéologique sur les cerveaux, monopolise les mots et le sens qu'il faut leur donner, jusqu'à les créer de toutes pièces.

Les habitants de l'Océania ne sont pas seulement abreuvés de l'image de Big Brother et de ses slogans absurdes, à rebours de toute valeur morale (« La guerre, c'est la paix/La liberté, c'est l'esclavage/L'ignorance, c'est la force »). Leur expression est encadrée par les règles de l'Angsoc, cette langue nouvelle – ou *novlangue* – qui se substitue à la langue d'hier, l'ancilangue, condamnée à disparaître. En novlangue, le mot *pensée* lui-même n'existe pas, et si le terme *libre* n'est pas aboli il ne peut être employé dans le sens de « liberté intellectuelle » ou de « liberté politique ».

Toute une équipe travaille à transformer mais surtout à appauvrir le vocabulaire, notamment le philologue

Syme, qui participe activement à la onzième édition du dictionnaire novlangue. Fièrement, il présente l'objectif final : « restreindre les limites de la pensée ». « À la fin, nous rendrons littéralement impossible le crime par la pensée, car il n'y aura plus de mots pour l'exprimer », s'enthousiasme Syme, avant d'ajouter : « La Révolution sera complète lorsque le langage sera parfait. »

Derrière le masque de la novlangue, c'est le langage de la vérité officielle, la langue de la propagande stalinienne, la langue de bois soviétique qu'Orwell pointe dans son viseur ; la sovietlangue qui, en fait, est née avant Staline et se perpétue longtemps après sa mort.

La sovietlangue est un filtre implacable qui vise à conformer la réalité à l'idéologie. Tous les moyens sont bons pour la déguiser, la modeler, la contraindre, la faire entrer dans les cases rigoureusement alignées du marxisme-léninisme. Tous les registres sont sollicités pour paralyser la pensée : ceux de la science, qui écrasent, ceux de la foi, qui dépassent. Toutes les ressources de la langue sont mobilisées pour scander l'idéologie, la métaphore comme la métonymie, la métalepse comme la tautologie.

Les mots n'ont plus de sens en tant que tels. Figés dans des associations immuables, empilés dans des formules stéréotypées, leur emploi signale l'infaillibilité du parti et la fermeté de la ligne. La sovietlangue aime ainsi à cultiver l'épithète, dont l'usage obéit toujours à des règles strictes. André Gide en fait l'amère expérience, qu'il rapporte dans *Retour d'URSS*, en 1936. Au cours de son voyage dans la « patrie du socialisme », il doit prononcer un important discours à Leningrad, devant les écrivains soviétiques. Impossible d'échapper à l'*imprimatur* officiel. Et voici ce qu'il raconte : « X... m'explique qu'il est de bon usage de faire suivre d'une épithète le mot "destin", dont je me servais, lorsqu'il s'agit du destin de l'URSS. Je finis par proposer "glorieux", que X… me dit propre à rallier tous les suffrages. Par contre, il me demande de bien vouloir supprimer le mot "grand" que j'avais mis devant "monarque". Un monarque ne peut pas être grand. » Vexé, furieux, Gide désapprouve, mais s'exécute. Personne n'échappe à la sovietlangue.

Derrière les mots et les expressions du langage officiel, mécaniquement rabâchés, derrière l'apparente cohérence des démonstrations « dialectiques », constamment répétées, derrière la froideur ou les émotions du vocabulaire, se cache une inflexible volonté : contrôler la raison. Au fond, la force de la langue de bois soviétique n'est pas d'empêcher de penser, mais de donner l'illusion qu'on pense. Quoi qu'il arrive, on reste enfermé dans un système rigoureusement codifié. Tout part de schémas idéologiques (et tout y revient) précisément établis pour ne pas laisser le moindre espace au doute.

Histoire et contes de fées

En régime totalitaire, l'Histoire est faite de vérités officielles qui servent d'abord à justifier l'action du pouvoir et à légitimer la pertinence idéologique de son programme. Son écriture constitue donc un magnifique terrain d'exercice pour la langue de bois. Un exemple ? *L'Histoire du parti communiste de l'Union soviétique*, publiée à Moscou en 1961. Pas moins de dix éminents historiens ont été mis à contribution, sous la direction de Boris Ponomarev, idéologue du parti et de l'Académie des sciences, pour bâtir ce monumental manuel – neuf cents pages – traduit dans toutes les langues.

Ce n'est pas le premier ouvrage de ce type, car à chaque infléchissement du régime correspond une nouvelle somme de vérités officielles sur le « rôle dirigeant » du parti communiste : au manuel d'histoire de diffuser les nouvelles tables de la loi. « Manuel » au sens où, diffusé à des millions d'exemplaires, il est le bréviaire de tout bon communiste. Or, précisément, le manuel de 1961 correspond à la période de déstalinisation, puisque sa parution suit de cinq ans le fameux rapport du XXe congrès où Khrouchtchev dénonça le « culte de la personnalité »[1] du Petit Père des peuples – bel exemple d'euphémisation d'une réalité sanguinaire. Sans attendre un exercice accompli d'esprit critique, on pourrait supposer que les historiens de 1961 s'appliquent, même prudemment, à desserrer l'étau de la langue de bois. Après tout, Khrouchtchev lui-même a semblé donner l'exemple. On l'a vu, dans ses discours, sembler improviser, chercher une certaine complicité avec son auditoire, manier l'anecdote, user d'un langage familier, et même rire... de ses plaisanteries ! Mais, à lire Ponomarev et ses collaborateurs, il semble que sa joyeuse nature ne soit pas vraiment communicative. À l'Académie des sciences, on a le sens du sérieux, on applique fidèlement la ligne et on la traduit dans une langue de bois admirable par sa pureté.

La préface est à cet égard édifiante. Dès le départ, le livre enferme le lecteur dans un système de mots et de valeurs dont il lui est impossible de sortir, sauf à nier l'évidence,

---

1. Formule tirée d'une expression de Karl Marx.

c'est-à-dire à se situer hors des « lois » scientifiques de l'Histoire, qu'on se garde bien d'expliciter : « L'étude de l'histoire du PCUS, du chemin victorieux parcouru par le parti, l'étude de la théorie du marxisme-léninisme arme les travailleurs de la connaissance des lois du développement social, des lois de la lutte de classes et des forces motrices de la révolution, des lois de l'édification de la société socialiste, du communisme. » À partir de là, tout paraît clair. Le parti a permis au socialisme de remporter des « victoires *historiques* [1] sur le capitalisme mondial » ; il a ébranlé « les piliers du système *impérialiste* mondial » ; il a assuré « le *triomphe* du marxisme-léninisme » ; et, du coup, il inspire à tous les communistes, à tous les citoyens soviétiques, un « sentiment de *fierté légitime* ». La victoire n'est jamais une simple victoire : elle est nécessairement *historique*, quand elle n'est pas un *triomphe*. Elle s'inscrit dans la lutte contre un ennemi ; mieux, contre un *système* conquérant qualifié d'*impérialiste*. Et elle est obligatoirement la victoire de tous les Soviétiques. On pourrait admettre ne pas s'associer à la *fierté* du PCUS ; mais ici, la *fierté* est *légitime* ; la refuser, c'est s'exclure de la communauté des Soviétiques.

Venons-en à la période stalinienne. Là est notamment repris le fervent discours prononcé en 1936 par Staline, qui figurait déjà dans le manuel d'histoire du parti en 1938 : « Le système socialiste a triomphé. La propriété sociale des moyens de production s'est affirmée comme la base inébranlable du régime nouveau, socialiste, dans toutes les branches de l'économie nationale. On a vu disparaître à jamais en URSS des phénomènes aussi douloureux et pénibles pour le peuple que les crises, la

---

1. C'est nous qui soulignons.

misère et le chômage. Les conditions ont été réunies pour donner à tous les membres de la société une vie aisée et belle. » Ah, la belle mécanique du socialisme scientifique qui mène vers des lendemains radieux... Mais aucun des mots, aucune des expressions ne sont jamais expliqués ou justifiés. Les « phénomènes » comme les « conditions » sont des termes creux tant qu'on ne les explicite pas : c'est précisément pour éviter d'analyser ce qu'ils dissimulent qu'on en use.

Et puis, avançant dans le temps, nous en arrivons à la « Grande Guerre patriotique », autrement dit la Seconde Guerre mondiale. Là, les choses deviennent plus concrètes. Tout d'un coup, le vocabulaire est largement débarrassé de toutes les pesanteurs de la phraséologie communiste ; on n'en conserve que l'essentiel. Il ne s'agit plus de cacher la réalité derrière des formules stéréotypées : ici, on décline le mensonge avec méthode et invention. La mémoire se fait sélective : on a curieusement oublié que le pacte germano-soviétique d'août 1939 comportait des clauses secrètes, c'est-à-dire de futures annexions. Pour le reste, le récit de la mainmise sur les pays Baltes ou la Finlande a les accents du conte de fées.

Les pays Baltes étaient, nous dit-on, travaillés par des « intrigues antisoviétiques » : « Ces pays risquaient d'être entraînés dans des aventures impérialistes, néfastes pour eux. » C'était sans compter sur la grande sagesse des peuples qui attendaient d'être libérés par les Soviétiques ! En effet, « les masses laborieuses des républiques baltes exigèrent la reconstitution immédiate, dans leur pays, du pouvoir des soviets aboli par l'Entente en 1919 et la réunion à l'Union soviétique ». Les « masses laborieuses » ? Une formule magique qui écarte évidemment toute demande d'explication… Et donc, « sous la pression des masses populaires », en juin 1940, eut lieu « un remaniement des gouvernements dans les trois républiques baltes ». Résultat ? « Le pouvoir est passé aux forces progressistes. » « Les forces progressistes » : voilà une autre expression vague mais bien utile pour minimiser le rôle des « communistes ». On reste évidemment admiratifs devant le maniement de l'euphémisme élevé au niveau d'un art. Car la langue de bois permet de cacher la triste réalité : des pays soumis par la force à l'Union soviétique.

Le cas de la Finlande est plus vite expédié. On ne dira pas que le voisin fut agressé, moins encore qu'il résista héroïquement, ébranlant l'armée soviétique. Mais plutôt : « C'est en Finlande que les impérialistes ont pu enregistrer un certain succès temporaire. Ils sont parvenus à inciter, en 1939, les réactionnaires finlandais à une guerre contre l'Union soviétique. » Et l'annexion ? Parlons plutôt d'un « traité de paix » signé à Moscou en mars 1940.

Il faut dire un mot sur l'euphémisme qui, avec l'omission, forme le couple infernal de la langue de bois soviétique. Dans le discours habituel, on n'échoue jamais. Au pis est-on confrontés à des *problèmes*, à des *obstacles*, à des *situations complexes* ; on subit des *difficultés* ou des *complications* ; temporaires, bien sûr. La minimalisation est alors une règle : il suffit d'affirmer « on croit parfois… » pour que l'auditeur comprenne aussitôt qu'il faut éviter d'adhérer à cette version de l'Histoire. Au besoin, le recours aux périphrases est un outil précieux pour éviter l'écueil du concret. On parlera des *événements récents* ou de *ce qui vient de se passer* ; chacun saura à quoi on fait référence, mais on évitera ainsi de l'expliciter.

Lorsque les historiens en arrivent à Staline et au culte de la personnalité, leur embarras se manifeste par un festival d'euphémismes et de formules floues : « le divorce entre ses paroles et ses actes allait croissant » ; « dans les dernières années de sa vie, son culte porta un grave préjudice à la direction du parti et de l'État ». Mieux encore : « Ces erreurs et ces défauts entravaient le développement de la société soviétique, lui causaient un grand dommage, empêchaient l'essor de l'initiative des masses. » « Préjudice » ? « Dommage » ? « Essor de l'initiative des masses » ? Quel sens donner à ces termes ? Peu importe, le langage officiel exige qu'on les reprenne sans discernement. Pour s'en sortir, on fait appel à la vieille ficelle : quand on tape sur l'adversaire, cela marche toujours ! On invoque alors les « mensonges des ennemis du socialisme » (quels mensonges ? quels ennemis ?) qui, malgré leurs efforts, ne sont pas parvenus à dénaturer « le caractère authentiquement populaire » du régime soviétique (« populaire » ne suffit pas : « authentiquement » lui donne un caractère sacré). La conclusion, aussi vide que ce qui la précède, porte un jugement définitif : « La politique du parti restait juste, elle exprimait les intérêts du peuple. » Un point, c'est tout.

Non, en 1961, la langue de bois stalinienne n'est certainement pas morte, et la musique qui l'accompagne revient dans les ultimes pages du livre, lorsque, sans jamais évoquer les procès, le manuel s'en prend aux « menées capitulardes des trotskistes, zinoviévistes, boukhariniens, des fauteurs de déviations nationalistes et d'autres résidus du menchevisme déchu », à l'« opportunisme » dans le parti, alimenté par « la résistance opiniâtre des résidus des classes capitalistes, des koulaks avant tout », et par « l'encerclement capitaliste hostile ». Eh bien, malgré tout cela, grâce à sa « volonté commune », sa « force cohérente », sa « discipline de fer », le parti a tout de même triomphé !

On le voit au travers de cette bible du parti communiste qui s'applique scrupuleusement à conformer l'Histoire à l'idéologie : constituée d'un bloc, énoncée à coups de vérités, la sovietlangue est une machine à recomposer le réel, afin que l'imaginaire commun, corseté par les mots, admette comme une évidence la réalité créée et figée par le pouvoir.

Vipères lubriques

On aurait tort de croire qu'en huit décennies d'histoire soviétique la sovietlangue n'a pas évolué. Elle suit, au contraire, les variations stratégiques et tactiques du pouvoir qu'elle sert avec fidélité. Le temps de la révolution de 1917 fixe le cadre, avec ce principe intangible : le parti a toujours raison. Même en 1924, à l'époque où, pour lui, le vent tourne à l'orage, Trotski, l'un des fondateurs de l'orthodoxie bolchevique, le confirme solennellement : « Je sais qu'on ne peut avoir raison contre le parti […] car l'histoire n'a pas créé d'autre moyen pour la réalisation de ce qui est juste. » Bel exercice de langue de bois. C'est bien pourquoi Orwell fait de Trotski (de son vrai nom Bronstein) le modèle du personnage de Golstein, avec son « maigre visage de juif, largement auréolé de cheveux blancs vaporeux », portant « une barbiche en forme de bouc » et, à l'extrémité de son « long nez mince », une « paire de lunettes ». Ennemi juré de Big Brother (Staline), dont il dénonce la dictature, criant hystériquement que la révolution a été trahie, il use dans ses diatribes bien davantage de « mots novlangue » qu'aucun autre orateur du parti « dans la vie réelle ».

Reste que c'est bien Lénine qui a fixé le cadre liturgique du langage totalitaire. À de multiples occasions, il s'insurge contre ce qu'il appelle le discours trop « lisse », trop « distingué » des intellectuels. Pour lui, les mots doivent trancher, indiquer la bonne voie, c'est-à-dire l'unique voie possible, le bon et le mauvais camp, marquer la frontière entre « eux » et « nous », et pour cela puiser dans le vocabulaire de la révolution marxiste. Le 7 novembre 1918, par exemple, il inaugure un monument à Marx et à Engels. Quel fut leur « grand mérite, d'une portée historique mondiale » ? Celui d'avoir « prouvé » (premier verrou à une pensée alternative), par une « analyse scientifique » (second verrou : la science ne peut se tromper), d'un côté « la faillite inévitable du capitalisme », de l'autre « le passage inévitable au communisme ». Lyrique, Lénine annonce que « se lève l'aurore de la révolution socialiste mondiale », alors que « les horreurs sans nom de la tuerie impérialiste » provoquent partout « l'élan héroïque des masses opprimées ». La langue de bois de Lénine navigue entre rationalité révélée et émotion religieuse, et les mots sont devenus des sources de vénération dont l'emploi est un signe d'orthodoxie.

Cependant, c'est Staline qui fait de la sovietlangue une arme aux mains du pouvoir. Relayée par la *Pravda*, l'organe officiel du parti, et toute la presse aux ordres, scandée par les slogans inscrits sur les murs des villes, inlassablement reprise par les cadres (« Les cadres décident de tout ! », clame une affiche de 1936 à l'effigie de Staline), elle indique aux Soviétiques ce qu'il faut penser et ce qu'il est prudent de dire. Elle inscrit dans le marbre le triomphe du socialisme, grâce à la « justesse de la ligne du parti », grâce à sa « discipline de fer ». Dans ce domaine, il n'y a pas de limite aux mensonges. Il serait imprudent de contrarier la *Pravda* qui, le 2 août 1936, illustrant la « phase heureuse de développement » dans laquelle est entrée l'Union soviétique, écrit sans complexe : « Il suffit de voir les foules d'acheteurs qui entrent dans les magasins et qui en ressortent avec des sacs pleins de produits les plus variés, avec des boîtes de gâteaux et de friandises [1] ! »

La sovietlangue fonde aussi l'unanimisme des travailleurs, non pas *rassemblés derrière*, mais, dans un registre mystique, « *inspirés par* le camarade Staline ». Elle réduit les échecs à des « sabotages » et justifie la condamnation des « négligents » – « violateurs de discipline à la placidité petite-bourgeoise » –, des « corrompus », des « carriéristes », des « moralement dégénérés », ou des... vrais « saboteurs ». Car seule la « conspiration » souterraine de l'ennemi, manipulé par les capitalistes, peut expliquer les retards de production dans les champs et dans les usines : il faut donc « démasquer » et « exterminer » cet « individu hideux, à double face », cet « ennemi camouflé » au sein même de nos rangs, qui crée « un climat de méfiance dans le parti » et porte préjudice aux « bons communistes », comme l'affirme le Comité

---

1. Cité par Nicolas Werth, *Les Procès de Moscou*, Bruxelles, Complexe, 2006, p. 92.

central en janvier 1938. On peut alors compter sur la langue de bois pour justifier l'injustifiable, comme au temps des grandes purges du milieu des années 1930.

C'est bien par elle que Staline dissimule ses fiascos et se débarrasse de ses adversaires au sein même du parti, ces « monstres », ces « chiens galeux », ces « chiens enragés du capitalisme », ces « roquets », ces « vipères lubriques », ces « maudits reptiles », ces « pygmées misérables », ces « débris contre-révolutionnaires », comme les qualifie Vychinski, accusateur public au large répertoire d'injures, lors de procès truqués à grand spectacle. Prenons le premier, conduit en 1936 contre le « centre terroriste trotskiste-zinoviéviste » et destiné à éliminer les compagnons de Lénine (seize accusés au total, dont Zinoviev, Kamenev, Evdokimov et Mratchkovski). C'est un véritable feu d'artifice de langue de bois, et pas seulement par les insultes que Vychinski enfile comme des perles. D'abord, il y a la logique scientifique, qui fonde l'accusation et prouve l'infaillibilité du chef du parti : « Il y a trois ans, clame Vychinski, le camarade Staline a prévu la résistance des éléments hostiles à la cause du socialisme [...]. Ce procès a démontré pleinement la grande sagesse de ses prévisions. » Ensuite, il y a les aveux des accusés récitant une leçon apprise par cœur dans le plus pur style de sovietlangue. Oui, nous sommes des « traîtres » ; oui, nous sommes des « assassins fascistes ». « Mon bolchevisme défaillant se transforma en antibolchevisme, et, par l'intermédiaire du trotskisme, j'en vins au fascisme » (Zinoviev) ; « Quel que soit le verdict, je le considère d'avance comme juste. [...] Continuez votre route. À l'instar du peuple soviétique, suivez Staline ! » (Kamenev). Aveux absurdes et non récompensés :

Zinoviev, Kamenev et leurs coaccusés, condamnés au châtiment suprême, sont (à l'exception de trois) exécutés dès le lendemain.

Pour ce procès, comme pour les autres – car il y en eut bien d'autres, nationaux ou locaux –, les rédactions des journaux, de Moscou aux plus petites bourgades, sont abreuvées d'instructions. Les comptes rendus de la presse font l'objet de lectures publiques, dans les usines, dans les kolkhozes. Mais les accusations sont si aberrantes que les journaux, affolés à l'idée de commettre l'impair, ne savent pas toujours quel registre de la langue de bois il faut adopter. En 1936, par exemple, ils font dans la surenchère d'insultes et assombrissent tant qu'ils peuvent le portrait des traîtres. Staline est furieux : tout ramener à des « méchants qui veulent prendre le pouvoir et des gentils au pouvoir » est un « fatras puéril ». Ce n'est pas cela qu'il fallait dire, et il l'explique sans ménagement à la *Pravda* : « La *Pravda* a échoué avec éclat. La *Pravda* n'a pas fait un seul article expliquant de manière marxiste le processus d'abaissement de ces salauds, leur visage sociopolitique, leur véritable plate-forme. » Le journal du parti, qui inspire tous les autres, a retenu la leçon. La prochaine fois, il dénoncera les fondements théoriques de la trahison des vipères lubriques...

Il est un autre aspect de la sovietlangue que Staline privilégie, dès lors que tout opposant a disparu à l'horizon : elle tient à son propre culte. Dès les années 1930 fleurissent dans la presse des poèmes et des lettres de Soviétiques anonymes destinés à montrer l'amour passionné du peuple pour son guide, comme dans *La Gazette de Leningrad*, en 1935 : « Si ma femme bien-aimée met au monde un enfant, le premier mot que je lui apprendrai sera Staline. » La langue de bois... jusqu'aux larmes. Avec sa victoire sur le nazisme, à l'issue de la « Grande Guerre patriotique », le maréchal Staline rationalise le langage de la dévotion, qui se fige dans des formules mécaniquement reprises. On les retrouve dans les slogans, les discours officiels, les communiqués du Comité central, dans les pages des journaux comme sur les murs des villes soviétiques. Le sommet est sans doute atteint en 1949, lors des somptueuses festivités organisées à l'occasion du soixante-dixième anniversaire du Petit Père des peuples. Le parti voit grand : « Le nom du camarade Staline est le nom le plus cher pour notre peuple, pour les centaines de millions de travailleurs sur tout le globe terrestre. » Le maître du Kremlin est devenu, au choix, le « Drapeau de la lutte pour le bonheur futur de l'humanité » ou la « Lumière d'espoir de tous les travailleurs et opprimés ». Dans ces conditions, on imagine mal qu'il puisse être un simple chef, un simple guide ou un simple stratège. Non, il est un chef *génial*, un guide *génial*, un *génial* stratège.

Jadis, la langue de bois exaltait les passions ; désormais, elle chloroforme les cerveaux. Hier dénonciatrice, la vérité officielle se fait aujourd'hui paternaliste, comme en attestent les slogans qui accompagnent l'image de Staline : « Grâce à notre bien-aimé Staline, nos enfants grandissent dans la joie et la prospérité » ; « Staline, le bien-aimé, est le bonheur du peuple ». Pour le reste, les discours des bureaucrates de Moscou sonnent creux. Toujours ces mêmes formules sur les propos « historiques » du chef, sur « l'enthousiasme au travail » qui gagne « en force et en ampleur », sur « l'essor ininterrompu de la production » – grâce, notamment, aux

« grandioses centrales hydro-électriques » –, sur les communistes, « avant-garde éprouvée et aguerrie des travailleurs », fière de montrer à tout le peuple soviétique « l'exemple exaltant de la lutte pleine d'abnégation pour la réalisation des tâches fixées par le grand Staline ».

Ces mots tant entendus sont exactement ceux qu'utilise *La Pravda* en mars 1953, au moment de la mort de Staline. À cet instant, le naïf pourrait s'attendre à quelques pleurs, à l'expression sincère et démonstrative d'un immense chagrin : après tout, ne nous a-t-on pas dit que chacun éprouvait plus que de l'affection, de l'amour pour le cher disparu ? Eh bien, pas du tout ! La douleur est enfermée dans des formules toutes faites et dans les mots ambigus de la langue de bois bureaucratique du parti communiste. Car, sur fond de guerre froide, c'est un sentiment de peur du lendemain qui semble saisir le Comité central lorsqu'il en appelle à la « plus grande unité et cohésion », « à la fermeté d'âme et de vigilance » du peuple soviétique. La langue de bois n'est pas seulement un outil pour endormir la pensée ; elle est aussi une arme pour prévenir le réveil des opinions, jamais assez verrouillées.

Écouter Brejnev et s'assoupir

Projetons-nous près de trente ans plus tard, en novembre 1982. On a tant annoncé, en Occident, le décès imminent de Leonid Brejnev que, lorsqu'il survient, il ne suscite aucune surprise. Il a régné pendant dix-huit années sur l'URSS et, pendant dix-huit années, le régime s'est usé avec lui. Durant tout ce temps, les Soviétiques ont été abreuvés du même discours stéréotypé, diffusé chaque soir à la télévision. Car l'ère brejnevienne est aussi celle du développement du petit écran : cent vingt-cinq millions de Soviétiques en sont équipés à la fin des années 1960, deux cents millions dix ans plus tard. Tous les journaux télévisés se ressemblent, nourris d'interminables communiqués des autorités, de soporifiques déclarations des dirigeants, d'images répétitives de rencontres, de réunions, de visites officielles dans les pays frères ou dans les usines et kolkhozes du pays, de remise de médailles aux ouvriers modèles et agriculteurs de choc, invariablement alimentés par des commentaires aussi lourds qu'interchangeables. Et puis, comme l'espace de l'information ne suffit pas à l'expression de la sovietlangue, on crée des émissions à prétention éducative dont les titres, à eux seuls, donnent une idée de leur contenu : *Je sers l'Union soviétique*, pour les militaires, *L'Université léniniste des millions*, pour les étudiants et leurs professeurs, *L'Homme et la loi*, cours de morale sur la vie sociale, etc. Ces programmes et les autres, qu'ils touchent au sport – socialiste –, à la culture – socialiste –, au divertissement – socialiste –, donnent une image déformée de la réalité, appuyée sur un discours qui recompose le réel. Le tout est, disons-le, rigoureusement uniforme, parfaitement ennuyeux, définitivement accablant ; à l'instar de la langue de bois brejnevienne que les Soviétiques – au moins les plus critiques – finissent… par ne plus écouter.

La touche de Brejnev à la sovietlangue est bien là, dans ce ronron recherché qui engourdit et qui désarme. Comme le note Bernard Fréron dans *Le Monde* du 12 novembre 1982 : « À l'entendre ou à lire ses discours, on s'assoupissait parfois tant il avait souci d'empêcher les remous. » Ce qu'il dit est totalement lisse, ne laissant sur ses propos aucune possibilité de prise. Une déclaration de Brejnev n'est pas seulement interminable : elle est à ce point figée que son écriture semble décalquée sur celle qui l'a précédée, et qu'elle-même servira de modèle à la suivante. Le 22 décembre 1972, par exemple, il prononce un discours à l'occasion du cinquantenaire de l'URSS. C'est une marée de formules magiques qui glorifient « l'unité indestructible de l'Union soviétique », ses « réalisations historiques », « la profonde confiance en la cause de notre parti léniniste », « la paix et le progrès des peuples », « l'avenir beau et radieux ». Enfin, Brejnev s'accorde toujours une petite envolée lyrique dont on appréciera ici l'invention : « Puisse la conscience du noble but à atteindre être toujours l'étoile conductrice pour chacun de nous et pour nous tous ensemble, pour tout notre peuple multinational. »

La sovietlangue brejnevienne n'est pas seulement engourdissante, elle peut aussi se révéler menaçante. En avril 1978, le leader soviétique est à la tribune du XVIIIe congrès des Jeunesses communistes (Komsomols). Le pays, incapable de s'autosuffire, manque de tout. Impossible de l'avouer. Mieux vaut désigner des boucs émissaires et, grâce aux précieux euphémismes de la langue de bois, distiller les fausses solutions : la délation et la répression. Il faut, dit-il, « bien travailler, de manière à ce que tous se respectent les uns les autres pour leur travail et se respectent eux-mêmes ». Cela, c'est pour la pommade. Puis vient le gant de crin : « Cela veut dire faire régner dans les collectivités de travail une *atmosphère morale et psychologique* telle que chacun considère comme un devoir naturel [...] de travailler avec le meilleur rendement ; une atmosphère telle que la présence de fainéants, d'absentéistes, d'auteurs de malfaçons, de pilleurs du bien public devienne réellement insoutenable. »

Cette menace se confirme un peu plus loin dans le discours, lorsqu'il s'agit de distinguer le bon du mauvais jeune, dans un pays où les rapports sexuels ou la drogue sont des tabous, où tout est fait pour endiguer l'influence de la musique occidentale, où, plus généralement, la critique du régime est interdite et périlleuse. Face aux « bons » jeunes des Komsomols, Brejnev indique le chemin : la lutte contre les « phénomènes antisociaux, l'indigence intellectuelle et ses conséquences », comme l'« ivrognerie » et la « délinquance » (dont la définition est particulièrement vague), mais aussi contre les « signes d'amoralité, pas toujours visibles au premier coup d'œil » et qui, pourtant « n'en sont pas moins dangereux », c'est-à-dire l'« indifférence », le « parasitisme », le « cynisme », la « prétention à obtenir plus de la société qu'on ne lui en donne ». Tous ces mots figent des réalités préconstruites, conformes à l'idéologie, aux lois décrétées d'en haut, et créent un monstrueux amalgame : il sont autant de signaux propres à épouvanter ceux qui, par leur pensée ou leur attitude, se démarquent du parti.

La reconstruction du réel par les mots de la sovietlangue fonde aussi la justification des invasions extérieures de l'Union soviétique, de la Hongrie (1956) à l'Afghanistan (1979), en passant par la Tchécoslovaquie (1968). Dans la nuit du 20 au 21 août, les troupes soviétiques et du pacte de Varsovie (Pologne, Hongrie, Bulgarie, RDA) pénètrent en Tchécoslovaquie pour étouffer le printemps de Prague. Devant l'indignation internationale, l'URSS explique tout bonnement au président du Conseil de sécurité de l'ONU que « les unités des pays socialistes » sont intervenues en Tchécoslovaquie « sur la requête du gouvernement de cet État », ce que dément formellement ledit gouvernement. Mais, au fait, pourquoi aurait-il lancé cet appel au secours ? La réponse est toute trouvée : « du fait des menaces créées par la réaction extérieure et intérieure pour le système socialiste » ; bref, le pays frère serait menacé non seulement par des contre-révolutionnaires (l'ennemi intérieur !), mais peut-être, même, par une invasion étrangère ! C'est un comble !

Or, moins de trois ans plus tard, en mai 1971, Leonid Brejnev se rend en voyage officiel en Tchécoslovaquie, totalement « normalisée », pour le XIVe congrès du parti communiste. Là, il n'évoque pas l'invasion, mais donne l'interprétation officielle de la crise, à graver dans le marbre. « Il est certain, dit-il, que le nouveau régime, véritablement populaire [*voici qui doit annihiler toute objection !*], de votre pays ne plaît pas à tous. Le renforcement du socialisme en Tchécoslovaquie n'arrange pas tout le monde. » Puis il explique ce qui s'est passé en 1968 : des « contre-révolutionnaires » avaient tenté d'« isoler la Tchécoslovaquie des pays frères ». Heureusement, les « meilleures forces » du parti « ont endigué les flots fangeux d'hystérie antisocialiste, les accès de nationalisme bourgeois, provoqués par les forces réunies de la contre-révolution intérieure et extérieure ». Bien sûr, les « contre-révolutionnaires » de l'intérieur ne pouvaient qu'être manipulés de l'extérieur… Enfin, « une lutte victorieuse a été engagée pour rétablir le rôle dirigeant du parti dans la société » ; ainsi n'a pu être brisée « l'union fraternelle de la Tchécoslovaquie et des pays du socialisme ».

Nul ne pourrait relever la moindre divergence, la plus petite différence entre les mots du parti tchécoslovaque, ceux de tous les partis communistes des pays satellites de l'URSS, ceux de tous les journaux, toutes les radios, toutes les télévisions du bloc de l'Est. Lorsque la vérité a été énoncée, elle doit être répandue partout, dans les termes identiques qui fondent la sovietlangue.

Glasnost

L'arrivée au pouvoir, en 1985, de Mikhaïl Gorbatchev, l'homme de la *glasnost* (transparence), annonce-t-elle la mise à mort de la sovietlangue ? La presse occidentale l'espère et le dit, mais elle a peut-être tendance à prendre pour argent comptant les sourires et l'allure décontractée d'un leader qui soigne sa communication.

Le 25 février 1986, par exemple, il s'adresse aux hiérarques du parti, lors du XXVIIe congrès du PCUS. Certains le regardent avec espoir, beaucoup d'autres avec circonspection, méfiance ou hostilité. Gorbatchev adopte alors une attitude prudente.

C'est vrai, les mots « concret », « acte », « pratique » reviennent souvent dans son discours. La priorité est de s'intéresser aux « gens concrets qui ont des intérêts concrets », à « l'homme de chair et d'os ». Fini le « verbiage », au diable les « bavardages », aux orties les « sermons fastidieux ». « Si les communistes, au lieu de rabâcher des lieux communs, s'occupent de questions concrètes, le succès est garanti », clame Gorbatchev. Plus de lieux communs, donc, mais des faits, de la réalité ! Sauf qu'au bout de deux heures de tribune l'auditeur attentif a bien du mal à dessiner le début d'un exemple concret ! Les banalités se sont succédé, les « problèmes » qu'on n'explicite pas, les « difficultés » qu'on laisse dans le vague, et ces tautologies qu'on ne peut qu'applaudir : « Nul ne saurait nier l'énorme impact de paroles sages et véridiques. » Il a même cité Lénine à plusieurs reprises, au plus grand plaisir de la vieille garde soviétique, choisissant de préférence les plus belles lapalissades de Vladimir Ilitch : « Les phrases fausses et les fanfaronnades, c'est la ruine morale et le gage certain de la ruine politique. » Bref, il a avancé à tâtons et, s'évertuant à ne pas blesser les gardiens du Temple, a cultivé en maître tous les charmes éprouvés de la langue de bois.

Il a eu raison, sans doute, car la *glasnost*, annoncée dès avril 1985, passe mal auprès des tenants de l'orthodoxie soviétique, surtout lorsque la nouvelle liberté de parole s'exprime dans les médias. Mais pas de confusion, ici : la télévision, la radio, la plupart des journaux restent contrôlés par le pouvoir, et la liberté qu'on leur donne doit d'abord servir les projets de Gorbatchev. Comme il l'explique en mai 1988, la presse demeure un « instrument de l'éducation communiste », l'expression de la « fidélité aux idéaux communistes, à l'internationalisme, au patriotisme soviétique ». Quant à la radio et à la télévision, elles sont toujours sous la coupe du secrétariat du Comité central chargé de la presse et de l'audiovisuel, à la tête duquel Gorbatchev nomme un fidèle, en février 1986 : Alexandre Iakovlev.

Pourtant, c'est une véritable tempête qui souffle sur l'information et emporte, bloc par bloc, l'édifice de la sovietlangue. Soudain, plus de tabous. Les sujets hier interdits abondent dans les pages des journaux : les échecs économiques, les déficits alimentaires, la corruption, les carences du système de santé (si célébré naguère !), les crimes staliniens et les « blancs » de l'histoire du pays, bientôt la drogue ou l'homosexualité ! Pour en parler, on emploie les mots de tous les jours, les mots qui ont un sens, ceux qu'utilisent les lecteurs dans les lettres qu'ils envoient aux rédactions : de vraies lettres, cette fois, non truquées, qui dénoncent toutes les tares du régime. L'Union soviétique découvre l'opinion publique, et les très officielles *Izvestia*, organe du parlement, lancent même la mode des sondages. Signe du cataclysme, *La Pravda* elle-même, dès août 1985, dénonce les ridicules mensonges et la pathétique langue de bois de la presse soviétique, avant d'entamer son « autocritique ».

Les plateaux de télévision deviennent des forums où intellectuels, témoins, anonymes débattent en permanence, y compris du corps sacré de Lénine : en avril 1989, un invité d'une émission télévisée ose même proposer qu'on enlève sa momie du mausolée de la place Rouge ! L'Histoire, en ces années de *glasnost*, rejoint ce qu'on appelle alors les « sujets brûlants » – entendez l'actualité – comme thème central de débat : on reconnaît enfin que le pacte germano-soviétique de 1939 comportait des accords secrets et, en août 1989, dans *Les Nouvelles de Moscou*, l'historien Roy Medvedev établit à quarante millions le nombre des victimes des purges staliniennes.

Durant toute cette période, on s'arrache les journaux les plus critiques et, de 1985 à 1989, les abonnés des *Izvestia* nouvelle manière passent de six à dix millions. Chaque soir, neuf Soviétiques sur dix suivent assidûment le journal télévisé *Vremia* (« le temps »), qui, il est vrai, est relayé sur toutes les chaînes nationales et locales. On y parle enfin, et sans jargon, sans formules creuses, des questions du moment. Reste que l'émission la plus populaire est sans doute *Vzgliad* (« le regard »), sur la première chaîne, chaque vendredi soir, à partir de l'automne 1987. De jeunes présentateurs en jean et sans cravate y font leur show : adulés par le public, quelques-uns deviennent même députés. Prostitution, drogue, mafia, terreur stalinienne, guerre d'Afghanistan : tous les sujets y sont abordés, dans des débats souvent animés, ponctués de sketches satiriques et de clips musicaux.

Une parole totalement libérée, donc, plus de langue de bois ? Ce n'est pas si simple. Car Gorbatchev veille : la « critique constructive » doit justifier ses réformes, non mettre en cause le régime ; et puis, il doit faire face aux conservateurs, de plus en plus exaspérés par l'insolence des médias. Dès juillet 1987, le secrétaire général du parti prévient : la *glasnost* « ne doit pas détruire le socialisme ». En novembre, dans le discours qu'il prononce pour le soixante-dixième anniversaire de la Révolution, il ne manque pas de souligner le rôle déterminant de Staline dans la construction industrielle de l'URSS. Pourtant, Gorbatchev a lancé une machine qui finit par lui échapper : la *glasnost* est devenue un phénomène autonome qui se retourne contre lui, car, désormais, la presse « réformiste » n'hésite plus à le viser directement. En 1989, il décide que c'en est trop. En mai, il nomme Leonid Kravtchenko à la tête de la radio-télévision : d'abord sous surveillance, l'émission *Vzgliad* est supprimée sept mois plus tard. En octobre, le secrétaire général du PCUS dénonce avec virulence l'« irresponsabilité » des propos de certains journaux, comme *Argoumenty i fakty, Izvestia* ou *Ogonok*.

Peu à peu, le mot *glasnost* disparaît du vocabulaire de Gorbatchev et la prudence prévaut dans les médias sous contrôle. *Vremia*, par exemple, s'en tient désormais à la ligne officielle des réformes ; les 13 et 14 janvier 1991, couvrant intégralement l'offensive soviétique en Lituanie, le journal télévisé ne fournit aux téléspectateurs qu'une seule version des faits, celle du Kremlin.

La chute du communisme, en décembre 1991, et l'arrivée, notamment, de chaînes privées, dont *NTV*, changent considérablement la donne. Mais les vérités officielles ont la vie dure, comme en témoigne la première guerre en Tchétchénie, en 1994. La position de Boris Eltsine est claire : la guerre n'est pas une « guerre », mais une « crise » ou une simple « opération de police », et les médias qui disent le contraire « fonctionnent avec de l'argent tchétchène ». C'est le cas de *NTV*, la première a avoir parlé de « guerre ». Dans les télévisions gouvernementales, la langue de bois est de rigueur, appuyée sur les déclarations du Kremlin et les images russes. Quant aux autres médias, ils se heurtent au poids de la censure. Décidément, il est bien difficile de sortir de la sovietlangue.

Poutine, tsar de Russie

« Tsar de la nouvelle Russie » : c'est ainsi qu'en décembre 2007 la couverture de *Time* qualifie Vladimir Poutine : le magazine vient de l'élire « homme de l'année ». Il n'est pas rare que la presse internationale loue son franc-parler, confondant brutalité et transparence des propos. Car, indéniablement, il sait renvoyer les importuns dans les cordes. En janvier 2009, par exemple, à Davos, au Forum économique mondial, sous l'œil des caméras, il dialogue avec les chefs de puissantes entreprises, dont le numéro un de l'informatique, Michael Dell. Aimable, sourire aux lèvres, plein de compassion, le Texan lance à Poutine : « Comment pouvons-nous vous aider ? » Piqué au vif, le visage plus sombre qu'à l'accoutumée, le Premier ministre russe réplique de manière cinglante : « Nous n'avons pas besoin d'aide. Nous ne sommes pas des invalides. Nous ne souffrons pas de capacités mentales limitées. » Le sourire de Dell se fige : il n'interviendra plus. L'échange, grâce à Internet, fait le tour du monde et parvient évidemment en Russie : faire vibrer la fibre patriotique, voici l'un des secrets de la popularité de Poutine.

En matière de langue de bois, le leader russe, formé à l'école du parti et du KGB, ne craint personne, comme en atteste l'interview qu'il donne à *Time* à l'occasion de sa célébration. Par exemple, sur Anna Politkovskaïa, journaliste opposante à Poutine, assassinée en octobre 2006 à Moscou, il répond : « Insinuer qu'elle représentait un danger pour le pouvoir est une absurdité. Je pense que son assassinat est tout simplement une provocation contre le pouvoir. » Et, en réduisant l'importance de la victime, d'écarter d'un revers de main l'implication du pouvoir dans son étrange exécution. *Time* revient aussi sur l'arrestation de Gary Kasparov lors d'une manifestation, le 24 novembre 2007 : « Pourquoi, d'après vous, Kasparov, lorsqu'il a été arrêté, s'exprimait-il en anglais et non en russe ? À mon avis, c'est parce qu'il s'adressait à un public occidental. Quelqu'un qui veut être dirigeant de son pays doit penser aux intérêts de son propre peuple et parler dans sa langue natale. » Après ce signe lancé à son opinion publique et cet exercice de dénigrement dignes des leçons apprises au KGB, il ajoute que les manifestants veulent « provoquer le pouvoir pour le pousser à agir avec cruauté ».

« Provocation » : voici un mot qu'affectionne particulièrement Vladimir Poutine, un mot typique de la sovietlangue qui soude contre l'ennemi et transforme l'agression en légitime défense. Hier, les provocateurs étaient les dissidents ou les leaders du printemps de Prague ; aujourd'hui, ce sont les opposants politiques, les indépendantistes et tous ceux qui contestent l'hégémonie russe. Provocateurs, les Tchétchènes ; provocateurs, les Géorgiens.

Poutine s'arrange aussi avec les mots. Quand, le 11 février 2003, sur TF1, Patrick Poivre d'Arvor évoque devant lui la « guerre » en Tchétchénie, la riposte est immédiate : « Premièrement, vous n'êtes absolument pas précis dans vos termes. Vous avez dit que là-bas, c'était une dure guerre sans merci. Il n'y a aucune guerre. » Et quand le journaliste évoque les « tortures » de l'armée russe, il renvoie le mot dans le camp des « criminels » tchétchènes, précisant que des enquêtes « de droit commun » sont en cours contre les militaires russes ayant « enfreint la loi ». En matière de langue de bois, la meilleure défense, c'est l'attaque. Elle permet de ne pas répondre sur le fond, tout en compromettant l'adversaire. Là aussi, même si la scène où sont prononcés les mots est internationale, l'écho attendu est avant tout intérieur.

Sous Brejnev, lorsque la France ou les États-Unis parlaient des libertés en URSS, ils se voyaient aussitôt répliquer : et vos immigrés ? et les Noirs ? Ce qui était plutôt bien vu… Poutine est passé maître dans l'art de l'objection-réfutation, chaque fois que la presse internationale l'interroge sur les droits de l'homme en Russie. Le 4 juin 2008, interviewé sur ce sujet par huit médias représentant les pays du G8, il répond : « Quant aux droits de l'homme, je ne veux offenser personne, mais le rapport d'Amnesty International affirme que les États-Unis sont le plus grand pourfendeur des droits de l'homme à l'échelle internationale. » Et la situation en Russie ? Il n'en dira rien. Le 6 février 2009, dans la langue de bois diplomatique qui sied au président de la Commission européenne, Manuel Barroso évoque prudemment les « inquiétudes de l'opinion publique européenne à la suite d'événements récents en Russie ». Riposte ferme mais habile de Poutine : « Nous savons qu'il y a des violations des droits des immigrés dans les pays d'Europe. Nous connaissons l'état des systèmes carcéraux dans certains pays européens. Nous aussi, on a ces problèmes. » Bref, occupez-vous de vos droits de l'homme et laissez-nous nous occuper des nôtres.

Mais la langue de bois poutinienne a bien d'autres ressources. Le leader russe sait, à l'occasion, user de formules fortes sur la forme et floues sur le fond, lorsqu'il a décidé de contourner la question. Lorsqu'en septembre 2008 Étienne Mougeotte, pour *Le Figaro*, évoque devant lui les « crimes contre les journalistes » commis en Russie, Poutine répond : « Nous travaillons avec acharnement à retrouver les coupables. » « Acharnement » ? Mais, concrètement, que faites-vous pour les « retrouver » ? La question ne sera pas posée.

La Russie poutinienne ne s'est pas entièrement débarrassée des mécanismes et parfois des contenus de la sovietlangue. Pour s'en convaincre, il suffit de feuilleter certains manuels scolaires d'Histoire. Le vocabulaire a le cuir dur. Le mot « progressiste », par exemple, vénéré pendant des décennies, peut ainsi être employé dans un contexte inattendu : « L'adoption du christianisme fut un phénomène progressiste dans le jeune État russe », lit-on dans un livre pour des enfants de onze à douze ans. Les prières nationalistes remplacent parfois les incantations communistes, comme dans ce manuel pour collégiens : « Est russe celui qui n'oublie jamais qu'il est russe. [...] Qui vénère les héros de la patrie. [...] Qui croit en Dieu, qui est fidèle à l'Eglise orthodoxe russe. » Dans cet autre livre, pour enfants de huit ans, la Russie n'est jamais l'agresseur mais toujours l'agressée : on se défend contre les « envahisseurs » et on « élargit les frontières ».

Le plus inquiétant est, sous prétexte de donner aux jeunes générations le sens patriotique de leur histoire, le retour en grâce de la période stalinienne. Pour ce faire, certains manuels récents, destinés aux enseignants, comme ceux d'Alexandre Danilov ou d'Alexandre Filippov, n'hésitent plus à réhabiliter les vieilles formules de la sovietlangue, comme celle de la « forteresse assiégée » ou de la « modernisation » stalinienne [1]. Du coup, Danilov en arrive à justifier la terreur des années 1930, devenue un « instrument pragmatique de résolution des problèmes économiques » (entendons : un moyen utile pour écarter ceux qui empêchaient la « modernisation » = il fallait bien bousculer les obstacles, au nom de l'intérêt général...). Quant à Filippov, il délivre un satisfecit

---

1. *Le Temps*, 22 décembre 2008.

à Staline : « Le développement forcé des années 1930-1940 a transformé l'URSS en un puissant État industriel capable de vaincre l'Allemagne, géant industriel de l'Europe. » Enlevez « forcé », vous retrouvez la vérité officielle des manuels brejneviens.

Par bonheur, aujourd'hui, en Russie, les professeurs sont libres de leur enseignement et du choix des manuels… Reste que, entre les traces de la sovietlangue, la novlangue nationaliste et les habiletés poutiniennes, la Russie d'aujourd'hui est encore un espace où la langue de bois la plus brutale s'épanouit sans complexe.

Tac-tac Pas de régime communiste sans langue de bois. Dans sa version stalinienne ou brejnevienne, la sovietlangue s'exporte, s'adapte aux coutumes du lieu et aux climats locaux, se nourrit d'elle-même, parfois jusqu'à la caricature.

Prenons le cas de Cuba, où, soit dit en passant, le *1984* d'Orwell est aujourd'hui toujours interdit (ce qui ne l'empêche pas de circuler sous le manteau). Depuis 1959, Fidel Castro dénonce l'impérialisme incarné par l'ennemi américain. Voici pour la constante. Mais, au-delà, pour décrire les enjeux de la révolution cubaine, le vocabulaire a beaucoup changé. La langue de bois accompagne l'opportunisme politique du Líder Máximo, qu'on peut illustrer par trois discours, saisis à trois moments différents de l'histoire de Cuba.

Le 8 janvier 1959, entré triomphalement à La Havane, le commandant Fidel Castro prononce un vibrant discours devant la foule de ses partisans. Deux mots reviennent sans cesse : le « peuple », d'abord ; la

« vérité », ensuite. Sur eux se bâtissent slogans et sentences, comme « dire la vérité est le premier devoir de tout révolutionnaire » ou « c'est le peuple qui a gagné la guerre, personne d'autre ».

Quatorze ans plus tard, le 26 juillet 1973, Castro prend la parole à Santiago de Cuba où l'on fête le vingtième anniversaire de l'attaque de la caserne Moncada, échec cuisant des révolutionnaires castristes, mais considéré comme l'acte fondateur de la révolution. Entre-temps, Cuba s'est rapproché de l'Union soviétique. Il y a eu l'affaire des missiles (1962), la visite de Castro à Moscou (1964), la création officielle du parti communiste cubain (1965), l'adhésion de Cuba au COMECON, l'organisation économique pilotée par l'Union soviétique (1972). L'heure est donc à la phraséologie marxiste. Il n'est plus question que de lutte « héroïque », d'« action consciente et conséquence, ajustée aux lois de la société humaine » ou de « mission historique de la classe ouvrière ». Castro cite Marx, Engels, Lénine, salue « la prouesse immortelle du peuple soviétique », reprend à son compte le « grand rêve de marcher vers la société communiste », précisant : « La tâche la plus difficile qui s'impose dans la marche vers le communisme est peut-être la science consistant à savoir concilier dialectiquement les formules qu'exige le temps actuel avec l'objectif final de notre cause. »

Après la chute de l'Union soviétique, en 1991, il faut bien adapter la sémantique aux nouvelles circonstances. La langue officielle s'épure des références marxistes, et si la lutte contre l'impérialisme revient comme un leitmotiv elle prend bientôt des accents quasi humanitaires. Ce qui ne change pas, en revanche, c'est l'ancrage du discours dans la certitude révolutionnaire. On assène des vérités officielles ; on retient du bilan ce qui arrange ; on écarte ce qui gêne. Le 1er mai 2003, Fidel Castro n'hésite pas à affirmer que Cuba est « le pays dont le peuple est le plus instruit et le plus cultivé du monde », que « les Cubains disposent du meilleur système médical au monde » et même, à une époque où les questions écologiques inquiètent la planète, que la population tout entière est mobilisée dans la lutte pour la « protection de l'environnement ». Et les difficultés quotidiennes ? Elles sont à ce point niées que Castro n'évoque même pas l'embargo américain pour les expliquer. Et la liberté d'expression ? Castro ne parle pas des prisonniers politiques, préférant clamer que Cuba n'a jamais « recouru à des exécutions extrajudiciaires ou appliqué la torture ». Bien sûr, il ne dit rien de la censure : « nos médias éduquent » et « ne pratiquent pas de publicité commerciale ». Il faut se contenter de cela.

Quel que soit son registre, la langue de bois berce les Cubains depuis un demi-siècle ; ils lui ont même trouvé un nom : la *teque-teque*, le « tac-tac » des mots qui frappent les crânes dans un bruit sourd. La parole officielle est relayée dans chaque village, dans chaque quartier, par les comités de défense de la Révolution. Distribué gratuitement, le quotidien du parti communiste, *Granma* (du nom du navire par lequel arrivèrent de Mexico les combattants castristes pour renverser Batista, en 1956), énonce chaque jour ce qu'il faut dire et penser. Les messages de la propagande fleurissent sur d'immenses panneaux urbains ou sur les murs peints qui longent les routes : « Dévouons-nous à l'accomplissement strict et quotidien de notre devoir » ; « Il n'y a pas de trêve » ; « Nous exigeons la liberté »… Avec le « nous », la langue de bois évite l'impersonnalisation du slogan et intègre celui qui le lit à la réalité voulue par le régime. De même réussit-elle, au quotidien, à susciter des automatismes : un Cubain n'emploiera pas le mot « révolution » ; il lui accolera un terme glorieux qui en effacera la neutralité sémantique. Il parlera, alors, de « triomphe de la révolution ».

La langue de bois ne laisse aucun répit, même dans les instants de loisirs. Prenez un lieu de promenade, par exemple un jardin public en ville. En France, vous y croiserez sans doute un panneau « Défense de marcher sur la pelouse ». Le képi du gardien de square et l'amende guettent le contrevenant. À Cuba, les messages ont des allures éducatives : « Un peuple cultivé prend soin de ses espaces verts » ; « Des espaces verts soignés contribuent à la bonne santé de tous ». Bien sûr, on trouvera plutôt sympathique ces couplets aux accents « écolos » et « citoyens ». Mais, derrière les sentences morales, on décèlera aussi la volonté d'intégrer chaque geste de la vie quotidienne au modèle collectif, de telle sorte que, par son attitude, le Cubain ne puisse se dégager du « nous » social et, du coup, contester la bonne marche du pays.

Pas de régime communiste sans langue de bois, disions-nous. De ce point de vue, la Chine de Mao et de ses successeurs n'a rien à envier à la Russie de Staline, même si le Grand Timonier a suivi les leçons du Génial Stratège. Les dissidents lui ont même trouvé un nom, la « langue de plomb ».

Le paroxysme est sans doute atteint au moment de la Révolution culturelle (1966-1969), destinée à effacer dans les esprits l'échec du Grand Bond en avant, et, sous prétexte d'écarter les corrompus et les tièdes, d'éliminer les adversaires de Mao, comme son modèle Staline l'avait fait trente ans plus tôt. Pour conduire cette mutation brutale, confiée aux gardes rouges, qui entraîne la mort d'un million de personnes, la Révolution dispose d'une arme : les paroles sacrées du Chef, rassemblées dans le *Petit Livre rouge*. « Un mot de Mao vaut mille mots », affirme le slogan. La nouvelle bible est distribuée gratuitement à trois cents millions d'exemplaires. Chaque Chinois doit l'avoir lue ; chaque ouvrage scientifique doit y faire référence. On l'étudie en groupe à l'école, dans les usines, dans les fermes, dans les administrations, dans les casernes, dans les prisons où l'on rééduque, respectant ainsi la recommandation du ministre de la Défense et chef de l'Armée populaire, Lin Biao : « Étudier les vœux du président Mao, suivre ses enseignements et agir selon ses directives. »

Avec les *Citations du président Mao Zedong*, classées en trente-trois chapitres, on a réponse à tout, quitte à répéter les tournures tautologiques du Guide, par exemple à propos du parti : « Toute action d'un parti révolutionnaire est l'application de sa politique. S'il n'applique pas une politique juste, il applique une politique erronée ; s'il n'applique pas consciemment une politique, il l'applique aveuglément. Ce que nous appelons expérience, c'est le processus d'application d'une politique et son aboutissement. » Certaines formules rappellent confusément ce que, bien plus tard, en France, on nomma « raffarinades » : « Il n'y a pas de routes droites dans le monde ; nous devons être prêts à suivre une route tortueuse » ; « l'avenir est radieux, mais notre chemin est tortueux ». D'autres confinent à la maxime creuse ou à la banalité généralisante :

« C'est à travers les difficultés et les vicissitudes que grandit le nouveau. Ce serait pure illusion de croire que sur la voie du socialisme on peut éviter les difficultés et les détours, qu'on peut se passer de faire un maximum d'efforts, qu'il suffit de se laisser pousser par le vent et que le succès vient facilement. » Pourtant, toujours, on en revient au rôle dirigeant du parti. Et là, la tautologie se fait pleine de menace : « Pour faire la révolution, il faut qu'il y ait un parti révolutionnaire. » Quel sens donner à ce dernier mot ? Eh bien, notamment : la « pratique consciencieuse de l'autocritique ». Nous y voilà : « Dans l'esprit de nos camarades et le travail de notre parti, bien de la poussière peut aussi s'amasser, c'est pourquoi nous devons balayer et laver. » Il ne suffit pas de se débarrasser de ceux qui complotent ; il faut aussi épurer les cerveaux.

En 1981, le parti communiste chinois parle d'« erreur généralisée et prolongée » pour évoquer la Révolution culturelle. Pourtant, la langue de bois reste encore un outil meurtrier, ce dont témoigne le massacre de la place Tianan-men, en 1989. Le nouveau maître chinois, Deng Xiaoping, justifie la répression en qualifiant les victimes (étudiants contestataires) de « masse de déchets sociaux » et de « clique contre-révolutionnaire ». Depuis, la stratégie économique planétaire de la Chine a assoupli la sinolangue, mais elle reste rigide dès qu'il s'agit des libertés démocratiques. Souvenons-nous de ce que disait Jiang Zemin, en septembre 1997, à propos des droits de l'homme : à l'instar de la théorie d'Einstein, ce sont « des concepts relatifs et non absolus ».

De droits de l'homme, il n'est évidemment pas question en Corée du Nord. Quant à la langue de bois, associée au culte de la personnalité, elle s'y est fossilisée de manière étonnante. En 1994, après un demi-siècle de règne, disparaît le « Grand Leader », la « Lumière qui guide le Peuple », l'« Étoile polaire de l'humanité », le « Grand Soleil de l'humanité qui éclaire de son intelligence foudroyante la Corée, l'Asie et le reste de la planète » ou, si vous préférez, Kim Il-sung. Lui succède le « Grand Leader », le « Soleil de la nation », le « Plus grand des hommes que le Ciel ait jamais produits », son fils, Kim Jong-il. En matière de langue de bois, il n'a aucune leçon à recevoir. Il est même passé maître dans l'art de la diffuser. Lorsqu'il n'était encore que le dauphin, Kim Jong-il déterminait lui-même le contenu des émissions de télévision, afin de donner la meilleure image de son père.

Au fond, toute la langue de bois coréenne est contenue dans la *Biographie sommaire de Kim Jong-il* (1998), voire dans cet extrait où la louange et le mensonge le disputent au vide abyssal des mots : « Obligé de soutenir une confrontation constante et de longue haleine avec les forces impérialistes internationales coalisées et de poursuivre une lutte acharnée contre les ennemis de classes, l'enjeu étant le triomphe du socialisme ou du capitalisme, Kim Jong-il a tout fait, en tant qu'aide zélé et le plus proche compagnon d'arme du camarade Kim Il-sung, pour défendre la révolution et le socialisme, et a conduit la révolution coréenne de victoire en victoire en lui assurant un essor constant, grâce à son art prodigieux de transformer les désavantages en avantages. »

4

Maurice, Georges et les autres

Un liseré noir de deuil encadre l'immense portrait du cher disparu : « Staline est mort », titre *L'Humanité* du 6 mars 1953. Radio-Moscou a diffusé la nouvelle dans la nuit, à 2 h 15. Depuis quelques jours, les lecteurs savaient le camarade Staline, victime d'une hémorragie cérébrale, dans un état désespéré. Les multiples messages parvenus à la rédaction du quotidien témoignaient de l'inquiétude des communistes, comme celui du maire de Gentilly, Charles Frérot : « Au nom de la population laborieuse de Gentilly, je vous exprime la douloureuse émotion que nous ressentons à l'annonce de la maladie du maréchal Staline, notre guide et notre ami. Je vous prie de bien vouloir transmettre à M. le président du soviet de Moscou nos sentiments de fraternelle et indéfectible solidarité. »

La veille, *L'Humanité* publiait les témoignages des ouvriers du chantier Ruault, à Saint-Ouen, dans la banlieue parisienne : « Staline, c'est notre lumière. Le peuple, là-bas, avec lui, a réalisé le socialisme, ils vont vers le communisme » ; « Encore, il y a quelques mois, il nous a dit : "Relevez le drapeau des libertés démocratiques et de l'indépendance nationale…" Il nous a montré la ligne juste ». Cher et généreux Staline… Ces travailleurs anonymes avaient peut-être encore en tête l'ode émouvante de Paul Eluard, composée en 1950 :

> Brûlant d'un feu sanguin dans la vigne des hommes
> Staline récompense les meilleurs des hommes
> Et rend à leurs travaux la vertu du plaisir
> Car travailler pour vivre est agir sur la vie
> Car la vie et les hommes ont élu Staline
> Pour figurer sur terre leurs espoirs sans bornes.

« C'est un grand malheur qui frappe tous les peuples, déclare Jacques Duclos, secrétaire général du PCF par intérim [1]. Ils perdent en Staline le plus grand défenseur de la liberté et de l'indépendance des nations. Nous perdons en Staline le génial continuateur de Marx, Engels et Lénine, le géant de la pensée et de l'action, bâtisseur du socialisme en marche vers le communisme. La mort vient de foudroyer le plus grand homme de ce temps. » Le 14 mars, on lira dans *France nouvelle*, l'hebdomadaire du Comité central : « Le nom sublime du maître génial du communisme mondial resplendira d'une flamboyante clarté à travers les siècles et sera toujours prononcé avec amour par l'humanité reconnaissante. À Staline, à tout jamais, nous resterons fidèles. »

Au-delà de la douleur exprimée dans la plus pure sovietlangue, *L'Humanité* n'oublie pas les enjeux idéologiques qui la fondent. Reconstituant pour ses lecteurs le

---

1. Malade, le secrétaire général en titre, Maurice Thorez, est alors soigné à Moscou.

magnifique bilan de Staline, elle célèbre tout et justifie tout, la Constitution de 1936, « la plus démocratique du monde », comme les purges des années 1930 : « En 1937, les procès de la bande boukharinienne et trotskiste des espions, des saboteurs et des assassins de l'espionnage étranger ont montré que, dès les premiers jours de la révolution soviétique, ces bandits obéissaient aux ordres de leurs maîtres impérialistes. Staline a appris au parti communiste et à tout le peuple soviétique à démasquer les ennemis du peuple. » À quelques colonnes de là, le quotidien ne manque pas de fustiger la radio française et sa « honteuse évocation » de Staline aux informations parlées de la veille, « déformant les faits » et « glorifiant les ennemis de l'Union soviétique » ; mais il se garde bien de dire en quoi consistaient les mensonges du journaliste Paul Péronnet, qui, lui, en revanche, est livré à la vindicte des lecteurs.

On comprend mieux, alors, le désarroi des communistes français lorsque, trois ans plus tard, au XXe congrès du PCUS, Khrouchtchev révèle les crimes staliniens. *L'Humanité* admet du bout des lèvres les « erreurs » et le « culte de la personnalité » de Staline. En 1964, encore, *L'Histoire du parti communiste français*, manuel officiel du PCF, évoque les « crimes auxquels a conduit le culte de la personnalité », sans chercher le moins du monde à expliquer ce qu'ils recouvrent ou à en montrer l'ampleur. Il faudra attendre 1982 pour que les Éditions sociales publient enfin le fameux rapport secret de Khrouchtchev.

La ligne & la langue

Même allongée de sauce française, même enrichie de stratégie ou de tactique nationale, la recette du discours du parti communiste français puise aux menus de la sovietlangue. Tout y est. Le recours au lexique « scientifique » marxiste, bien sûr, mais pas seulement. On y repère aussi la tournure d'expressions immuables où le nom ou le verbe ne prennent leur sens que soulignés par un adjectif ou un adverbe (souvent comparatif) : la « politique juste et créatrice du parti », la « force décisive de la classe ouvrière », la « société plus juste, plus rationnelle, plus humaine », « aguerrir idéologiquement les communistes »... On entrevoit tout un vocabulaire univoque approprié par les communistes, souvent construit sous forme de locutions convenues, qui marque l'appartenance identitaire de celui qui l'emploie : « opportunisme », « révisionnisme », « sectarisme », « déviation », « dogmatisme », « formalisme », « bourgeoisie monopolistique », « rôle dirigeant du parti », « parti de la classe ouvrière », « intérêts vitaux des travailleurs », « conquête des masses populaires », « gros possédants », « grand capital »... Le PCF fétichise aussi certains mots dont la magie rend superflu d'expliquer ce qu'ils recouvrent exactement. À partir des années 1960, il en est ainsi de la « démocratie ». Le parti prône avant 1968 une « démocratie nouvelle », rebaptisée ensuite « démocratie avancée ». Elle suppose un programme démocratique, une constitution démocratique, un pouvoir démocratique, une politique démocratique, une démocratisation économique par les nationalisations... À cette époque, la dictature du prolétariat est présentée comme la « légalité démocratiquement établie par la majorité ».

Aux lourdeurs lexicales qui permettent de cultiver le flou (« réaliser les conditions », « créer les conditions » : mais quelles conditions ?) s'ajoutent tous ces mots du langage ordinaire qui permettent d'euphémiser la réalité. Le parti ne subit jamais de recul de ses effectifs, mais des « consolidations » à confirmer, des « tassements » ou des « retards ». Il n'est jamais en crise, jamais divisé, et connaît tout au plus, en son sein, des « divergences », ce qui permet de les minimiser, voire de les taire. Quand ce n'est plus possible, ceux qui contestent la ligne sont stigmatisés par le mot « groupe » (= saboteurs anti-parti) et baptisés du nom de leurs prétendus meneurs. En 1961, par exemple, les militants qui trouvent insuffisante la déstalinisation du parti sont montrés du doigt lors du XVIe congrès : « Le groupe Servin-Casanova donnait une orientation opportuniste dans le travail d'organisation » ; ils sont écartés du Comité central. On parle de « divergence », mais on ne l'analyse pas, on ne la discute pas, on ne la formule même pas. Pourquoi Laurent Casanova et Marcel Servin sont-ils des « opportunistes » ? Parce qu'ils donnaient une « orientation opportuniste » à leur travail… Tautologie paralysante, et caractéristique d'une sovietlangue qui nie toute pensée alternative à la ligne.

Car c'est bien à cela qu'elle sert, y compris lorsque la ligne décrète les plus stupides orientations, comme en 1955, quand Maurice Thorez, reprenant la « loi fondamentale » de Marx dans *Le Capital*, lance sa campagne sur la « paupérisation » de la classe ouvrière, précisément au moment où celle-ci commence à récolter les fruits des Trente Glorieuses, accédant à l'automobile, à l'équipement électroménager, à la télévision… Les salaires réels ont diminué de moitié, clame-t-il dans les *Cahiers du communisme*, illustrant son propos de façon pittoresque : « Parce que la casquette portée naguère par tous les ouvriers revient trop cher, on lui préfère un simple béret. » Thorez croit avoir trouvé l'arme invincible contre la popularité de Mendès France dans le monde du travail. Alors, on en rajoute jusqu'à l'ineptie la plus caricaturale. De « renforcée », la paupérisation devient « absolue » : « un ouvrier parisien mange moins de viande que sous le second Empire », écrivent encore Paul Courtieu et Jean Houdremont dans les *Cahiers du communisme*. Le pire, c'est qu'on s'entête : en 1964, au cœur de l'expansion sociale, les historiens du parti justifient la position de Thorez. Gênés, toutefois, par ses limites, ils en dissimulent les lourdes carences derrière le vernis de la dynamique historique : « les marxistes se sont toujours élevés contre la conception d'une "loi d'airain", d'une *fatalité* pesant sur la classe ouvrière » ; « par la lutte, la classe ouvrière peut acquérir des améliorations sensibles de sa situation » ; « le parti communiste la prépare sans relâche à l'accomplissement de sa mission historique ». Admirable langue de bois : 1. on reconnaît implicitement que la situation des ouvriers s'est améliorée (tout en se gardant bien de le montrer par des chiffres) ; 2. on attribue cette amélioration aux seules luttes ouvrières ; 3. on en confère tout le succès à l'action du parti, avant-garde, comme on le sait, de la classe ouvrière.

Près de vingt ans plus tard, Georges Marchais, inquiet de la montée de son partenaire socialiste dans le monde ouvrier, réactive l'épouvantail paupériste. En 1976, le PCF lance une grande campagne sur les pauvres, évaluant à pas moins de seize millions le nombre des victimes chez les travailleurs et, l'année suivante, diffuse à des millions d'exemplaires son *Cahier de la misère et de l'espoir* qui valorise le nouveau slogan : « Faire payer les riches. » Mais les mots du catastrophisme sont inefficaces si on ne désigne pas les responsables, en l'occurrence Giscard d'Estaing et sa politique, « la plus brutalement antipopulaire que le pays ait connue depuis longtemps », le président étant accusé d'organiser « délibérément » l'essor du chômage.

Tactiques, les mots employés par les communistes visent à montrer aux « masses populaires » qui sont leurs vrais défenseurs, alors que le parti socialiste est en passe de récolter seul les fruits du programme commun de 1972. C'est toute la différence avec la sovietlangue du grand frère : en France, la langue de bois s'inscrit dans un débat contradictoire où il s'agit de convaincre l'opinion publique. Son maniement est délicat, surtout aux moments clés des virages de la ligne. Tout en changeant, il faut affirmer que rien ne change. Situation plus complexe encore lorsque les brusques zigzags de la ligne ne dépendent pas de vous mais d'un autre, quand votre politique n'est pas décidée à Paris mais à Moscou. Il convient alors de faire preuve de toute la souplesse du gymnaste.

Gymnastique

Au moment de la création du parti à Tours, en 1920, le langage marxiste des communistes français est encore marqué par la tradition brouillonne du guesdisme et de ses avatars. Moscou va mettre bon ordre à tout cela : l'obéissance à la ligne du Komintern (l'Internationale communiste, créée par Lénine), dont le parti communiste n'est qu'une section, suppose aussi qu'on en adopte le vocabulaire et la syntaxe. En 1924, Boris Souvarine voit les dangers de la sovietlangue en construction, ce qu'elle cache et ce qu'elle suppose. Dans *Cours nouveau*, préfaçant des textes de Trotski, il écrit : « Nous nous élevons contre la tendance déjà apparue de déifier Lénine, de faire du léninisme une religion, de l'œuvre du maître un évangile. Selon cette conception, les communistes de toute la terre, du présent et des temps futurs, n'auraient plus qu'à répéter machinalement des formules, plus ou moins correctement interprétées par des officiants officiels ou officieux, et qui leur éviteraient la peine de penser, d'étudier, de critiquer, de comprendre, de voir. » Bien vu : la sovietlangue est justement faite pour cela. Mais, lorsque Souvarine écrit ces lignes, il est déjà trop tard : la bolchevisation (autrement dit : la soumission à Moscou) du PCF progresse à marche forcée. Dès le mois de juillet, le dangereux raisonneur est exclu.

Au début des années 1930, les mots du communisme français traduisent la totale stalinisation du parti qui les porte : il faut défendre la « patrie du socialisme et des prolétaires du monde entier », la « forteresse assiégée » par les « forces impérialistes ». L'homme qui exprime le mieux la fidélité à Staline est celui que le chef du Kremlin a mis à la tête du PCF, début 1930, pour assurer son strict alignement sur l'Union soviétique, Maurice Thorez.

Thorez est l'artisan de la « tactique du front unique ». L'État bourgeois serait en voie de « fascisation » et le parti socialiste, « rouage de la démocratie capitaliste », subirait, lui aussi, « un processus de fascisation ». Ces mots, vides de sens, ne correspondent à aucune réalité. Ils visent d'abord, comme le disait le communiste Albert Treint en 1924, à « plumer la volaille socialiste ». Car le « front unique » consiste, à la « base », c'est-à-dire dans les usines, à conquérir les ouvriers restés fidèles à la SFIO. Thorez explique dans *Les Cahiers du bolchevisme*, le 9 septembre 1930 : « La condition première, c'est d'établir la distinction entre les chefs social-démocrates qui accomplissent *consciemment* la besogne de l'impérialisme et les ouvriers trompés par eux. » Et, pour cela, tous les coups et tous les mots sont permis, d'abord les insultes contre les « fidèles laquais » de la bourgeoisie, contre les « social-fascistes » ; la langue de bois de la haine, si familière à la sovietlangue, et qu'Aragon traduit en poème, dans « Front rouge » :

> Descendez les flics.
> Camarades
> Descendez les flics...
> Feu sur Léon Blum...
> Feu sur les ours savants de la social-démocratie.

Pendant des années, le même langage est asséné dans toute la propagande communiste. Pourtant, il y a le Front populaire. Selon la légende rose du PCF, tout est simple : devant la menace fasciste qui se précise avec l'émeute du 6 février 1934, les communistes appellent les travailleurs à se mobiliser, créent un « nouveau rapport de forces au sein du prolétariat », tendent la main aux socialistes, ce qui débouche sur le pacte d'unité d'action de juillet. Tout naturellement, le PCF appelle à l'unité de la nation et de la patrie puisque, comme chacun sait, il a toujours été patriote... Raconté ainsi, le récit prend des airs d'épopée. Seul hic : c'est totalement faux. Là aussi, l'observation de la langue de bois nous aide à le comprendre.

Avant le 6 février, Thorez explique : « Tous les bavardages sur le mariage entre communistes et socialistes sont foncièrement étrangers à l'esprit du bolchevisme. Nous ne voulons pas nous unir à la social-démocratie » (*L'Humanité*, 16 janvier 1934). En pleine émeute, dans la nuit du 6 février, au Palais-Bourbon, il confirme : « L'expérience internationale montre qu'il n'y a pas de différence entre la démocratie bourgeoise et le fascisme. Ce sont deux formes du capital. Entre le choléra et la peste, on ne choisit pas. » Le 11, dans *L'Humanité*, il récidive : « La classe ouvrière condamnera et rejettera avec dégoût les chefs socialistes qui ont le cynisme et l'audace de prétendre entraîner les ouvriers à la lutte contre le fascisme au chant de *La Marseillaise* et de *L'Internationale*. » Bref, la langue de bois bien rodée de la tactique du front unique.

Puis, à la conférence d'Ivry du parti, du 23 au 25 juin, on entend chez Thorez un langage inédit. En ouverture, il prononce un discours contrasté. Dans une phrase, il enfile tous les poncifs habituels : les communistes, dit-il, « démasquent de manière concrète le processus de la dégénérescence réactionnaire, frayant la voie au fascisme ». Mais dans la suivante il affirme qu'ils « ont défendu, défendent et défendront les libertés démocratiques conquises par les masses elles-mêmes, et en premier lieu tous les droits de la classe ouvrière ». « Libertés démocratiques » ? « Droits de la classe ouvrière » ? Certes, ce sont des formules, mais elles résonnent d'un son nouveau.

En clôture, Thorez revient pour prononcer un second discours. Il explique que le front unique est le seul moyen d'empêcher le « déclenchement de la guerre » (en langue de bois, cela signifie défendre l'Union soviétique). Mais il ajoute surtout : « À tout prix nous voulons l'unité d'action » (hors de question, jusqu'ici) ; « Nous voulons entraîner les classes moyennes » (hier encore suppôts du fascisme) ; « Nous aimons notre pays » (et non « notre patrie », car la « patrie », c'est l'URSS). Sous les yeux éberlués des cadres du parti, le secrétaire général vient de substituer une langue de bois à une autre.

Un vrai miracle… qui vient de l'Est et qui s'explique par un changement de stratégie au Kremlin devant le danger hitlérien que, désormais, Staline prend très au sérieux. Dimitrov, le chef du Komintern, en a informé Thorez, un mois avant la conférence d'Ivry. Il a lu le premier discours et l'a jugé insuffisant, pas assez clair : une langue de bois trop sibylline, en quelque sorte. Alors le secrétaire général a été contraint de remonter à la tribune pour mettre les points sur les i. Et c'est le même Dimitrov qui poussera Thorez à proposer un pacte d'unité d'action avec le parti socialiste.

Changement de tactique, changement de vocabulaire et changement de langue de bois. Dès lors, le lexique bolchevique s'amaigrit au profit d'une sémantique typiquement républicaine. Moins de lutte des classes, de « bourgeoisie » et de « prolétariat », moins d'« ouvriers » et de « révolutionnaires », moins de « combat » et d'« agitation », mais toujours davantage de « peuple » et de « France », d'« union de la nation » et de « république », de « démocratie » et de « liberté ». Le PCF renonce aux lumières de Marx et de Lénine pour celles de Voltaire, de Rousseau, de la Révolution française et de Valmy. C'est le prix à payer si l'on veut rassurer les classes moyennes, le parti radical, les catholiques auxquels on tend la main.

En décembre 1932, dans un meeting à Paris, Thorez clamait : « Nous professons avec Marx que "les prolétaires n'ont pas de patrie" » ; en juin 1934, à la Chambre, il citait encore la phrase du *Manifeste communiste*, ajoutant : « Nous sommes, nous, les partisans de Lénine, les partisans du défaitisme révolutionnaire. » Or, le 15 mai 1935, Staline et Laval signent à Moscou un pacte d'assistance mutuelle. Plus question désormais de dénoncer la défense nationale. Du coup, tandis que les affiches communistes proclament « Staline a raison », Thorez tente, le 17 mai, de faire avaler la couleuvre à ses troupes, dans un style alambiqué qui doit tout à la langue de bois : « La cause de la paix sert objectivement la cause du prolétariat […]. Si une guerre contre l'Union soviétique éclatait, et si à côté de l'Union soviétique, pour des intérêts quelconques, il se trouve [*sic*] un État impérialiste, la guerre n'est pas une guerre entre deux camps impérialistes, car il serait monstrueux de considérer comme un camp impérialiste le camp où se trouve le pays du socialisme, le pays de la classe ouvrière. » Encore quelques contorsions et, le 17 octobre, le secrétaire général peut affirmer que le PCF est le « champion de l'indépendance nationale » : « Nous sommes les vrais fils de notre pays […]. Et nous sommes capables d'assurer l'avenir radieux de notre pays. »

La force de la langue de bois du PCF, c'est d'abord, peut-être, la conviction avec laquelle elle est parlée, de telle sorte que des réalités déformées deviennent des vérités, acceptées parfois au-delà de son camp. Ainsi, que les communistes aient joué un rôle fondamental dans la Résistance est incontestable, mais que le PCF prétende, comme il le fait à la Libération, qu'il est entré dans la clandestinité armée dès 1940 et qu'il est le parti des « 75 000 fusillés » (alors que la France en compte 23 000 au total) tient du mensonge tactique. Au besoin, la langue de bois joue sur l'ambiguïté. Dans l'*Histoire du parti communiste français* de 1964, dont il a déjà été question, les auteurs expliquent que l'appel du 10 juillet 1940 (équivalent communiste de l'appel du 18 juin) « ouvre clairement la perspective du combat pour la libération du pays ». Formule vague, mais que le lecteur peu avisé interprétera avec sa connaissance de la suite de l'Histoire : la Résistance communiste (qui date, elle, du printemps-été 1941). On a beau lire et relire le fameux appel rédigé par Duclos, on ne note aucun élément justifiant l'affirmation des historiens du parti. On y repère une charge contre la « bande actuellement au pouvoir », une pique contre l'« impérialisme britannique », mais strictement rien sur les Allemands. Au contraire, Duclos écrit : « Nous, communistes, nous avons défendu le pacte germano-soviétique parce qu'il était un facteur de paix. » Ce qui était vrai en août 1939 l'est encore en juillet 1940. Que peuvent faire les faits têtus de l'Histoire contre le langage de la foi, cette langue de bois liturgique qui célèbre la marche radieuse du socialisme et dont la patrie s'appelle l'Union soviétique ?

Vive la Guépéou !

De retour d'Union soviétique, en 1935, l'écrivain Henri Barbusse publie un *Staline* tout à la gloire du chef communiste, où il écrit notamment : « Il ne peut y avoir de dictature dans l'Internationale communiste et en URSS. » C'est vrai, dit-il, Staline bénéficie d'un « véritable culte », mais d'« un culte de confiance, et jailli tout entier d'en bas ». Quant aux ouvriers soviétiques, ils « confondent joie et gloire lorsqu'ils veulent évoquer la récompense de l'effort utile. Ils ont donné un sens plus documenté et plus profond à la joie de vivre ». Pas besoin de jargon marxiste-léniniste pour affirmer l'infaillibilité de Staline : les mots de l'émotion suffisent à couvrir le mensonge. Quatre ans auparavant, Aragon avait chanté la gloire de la police politique stalinienne dans « Vive le Guépéou ». Ces quelques vers, extraits du « Prélude au temps des crises », en donnent le ton :

> J'appelle la Terreur du fond de mes poumons […]
> Je chante le Guépéou nécessaire de France […]
> Vive le Guépéou véritable image de grandeur matérialiste [...]
> Vive le Guépéou contre les ennemis du Prolétariat.

Les purges, le PCF les justifie dans la plus fidèle langue de bois. En juin 1930, à Moscou, devant les délégués du PCUS, Thorez exprime son aveugle soutien à Staline : « Notre parti et notre Comité central se solidarisent entièrement avec le Comité central bolchevique du parti communiste de l'Union soviétique et avec la ligne du XVIe congrès dans sa lutte contre la déviation de droite », ajoutant : « Nous savons et comprenons la nécessité de la lutte pour l'épuration des partis communistes. » Purge en URSS, purge en France et, lorsque vient l'heure des procès de Moscou, le chef du Kremlin peut compter sur l'approbation enthousiaste des communistes français. *L'Humanité* adopte avec zèle le vocabulaire et les insultes proférées à Moscou contre les inculpés, « ignobles espions », « agents de la Gestapo », comme, après guerre, il fait sienne la sovietlangue appliquée cette fois à Tito, voué aux gémonies par le Kremlin pour velléité d'indépendance.

Le titisme est une « variété trotskiste du fascisme », clame Étienne Fajon dans *L'Humanité*, le 9 juillet 1949 ; « Tito exerce en Yougoslavie une terreur comparable au régime de la Gestapo contre la classe ouvrière », renchérit Pierre Courtade dans le même journal, le 30 mai 1955, avant de conclure : « L'antisoviétisme de Tito s'apparente à celui du régime hitlérien. » « Hitléro-titisme » : voici l'injure tant redoutée, le néologisme qui stigmatise, l'accusation suprême qui, à coup sûr, excommunie le militant à la pensée trop vagabonde de l'église communiste. L'« hitléro-titisme » rejoint tout le fatras des mots de la langue de bois pour désigner l'ennemi intérieur, « déviationniste », « élément douteux », « espion » ou « agent provocateur », pour distinguer la pureté de la souillure, pour consolider la frontière infranchissable entre « nous » et « eux », les « impérialistes » qui tentent, par tous les moyens, de ralentir la marche radieuse de l'Union soviétique.

« Radieux » : le PCF, en France, s'est approprié un mot tout droit venu de la patrie du socialisme et qui ne s'applique qu'à elle. « La révolution socialiste d'octobre ouvre à l'humanité la route d'un avenir radieux », clame une affiche communiste de 1964. Et, dans *La Marche radieuse*, livre publié treize ans plus tôt, Fernand Grenier avait fourni aux militants la substance d'un discours univoque sur l'URSS, qui avance « à pas de géants ». Tout est délice : « En supprimant l'exploitation de l'homme par l'homme, l'Union soviétique est devenue le pays de la fraternité » ; en URSS, « le génie de l'homme [...] trouve un champ d'application illimité ». Bref, toutes les annonces de Marx y sont « vérifiées puissamment par les faits ». Dans *L'Humanité*, le 23 avril 1956, deux mois après le XXe congrès du PCUS où Khrouchtchev dénonçait les erreurs de Staline, Pierre Courtade s'enthousiasme : « Jamais destinée si exaltante ne s'est offerte aux hommes, à toute une génération. Oui, l'avenir est à nous, à la grande lumière du marxisme-léninisme qui brille sur un monde nouveau. »

Mais la France est un pays démocratique où la presse est libre, et les journaux dressent un tout autre tableau de l'Union soviétique. Les communistes crient au mensonge, sûrs néanmoins que les incantations seules ne préservent pas la foi du doute. Alors, on donne des preuves, chiffres à profusion et choses vues. On dit que la pauvreté règne en URSS, que les boutiques y sont vides, les journées de travail interminables ? Pas de problème, on débitera les plus grossières impostures, à l'instar de Pierre Durand, dans *L'Humanité* du 1er mars 1952 : « La production de luxe est le signe intangible et irréfutable d'un niveau de vie très élevé », ou de Georges Cogniot, dans son *Petit guide sincère de l'Union soviétique* (1954) : « Quel joyeux spectacle que celui des grands magasins d'alimentation à Moscou ! Partout, abondance et variété de marchandises. Rien que pour le pain, plus de trente sortes de fabrications. » Le même Cogniot récidive dix ans plus tard, dans *Qu'est-ce que le communisme ?*, en écrivant : « Avant 1970 s'opérera le passage des mineurs et des travailleurs des autres professions pénibles à la semaine de trente heures, tandis que le reste des ouvriers et des employés obtiendra la semaine de trente-cinq heures avec deux jours de repos [1]. »

La langue de bois donne réponse à tout, y compris sur la question des libertés, sensible depuis que l'écrivain et ex-déporté David Rousset a dénoncé le goulag dans *Le Figaro littéraire* le 12 novembre 1949. Des camps de concentration politiques ? Non, des camps de « rééducation » pour « délinquants », ce qui prouve bien que l'URSS est « à l'avant-garde du progrès social, de la civilisation », affirme Fernand Grenier ; l'ancien déporté Pierre Daix y voit même la marque du « parachèvement [...] de la suppression complète de l'exploitation de l'homme par l'homme » (*Les Lettres françaises*, 17 novembre 1949).

Bilan globalement positif

Malgré tout, la question des libertés et du goulag empoisonne la vie du PCF, surtout depuis le début des années 1970, où il s'est engagé dans une stratégie d'union de la gauche. On reconnaît alors l'existence de dissidents, pour aussitôt minimiser leur importance : il s'agit d'un « tout petit nombre », « bras morts des grands fleuves », selon Martine Monod (*Deux ou trois choses que je sais de l'Union*

---

[1]. En France, la durée légale s'établit à 40 heures (1936), la durée effective à 45 heures en moyenne.

soviétique, 1973). Des opposants politiques dans les hôpitaux psychiatriques ? On détourne le sujet en parlant des « outrances » et de l'« arrogance » des dissidents, qui cherchent à capter l'attention des médias occidentaux. Mais la pression se fait trop forte. En décembre 1975, au lendemain de la projection télévisée des images d'un camp de travail forcé en URSS, le bureau politique du PCF est obligé de réagir : si c'était vrai, explique-t-il dans un communiqué, « il exprimerait sa profonde surprise et sa réprobation la plus formelle ». Ah, le conditionnel qui permet de ménager la chèvre et le chou et offre à la langue de bois tant de possibilités nouvelles... Je n'ai pas dit que c'était faux... Je n'ai pas dit que c'était vrai...

En octobre 1974, à Vitry, devant les congressistes du parti, Georges Marchais affirme : « Il n'y a pas de crise dans les pays socialistes. [...] Chez eux, il n'y a pas de chômage, pas de ralentissement de la croissance économique. Le plus souvent, ils manquent de main-d'œuvre. [...] Le socialisme est ainsi en train d'apporter une preuve éclatante de son aptitude à résoudre les problèmes du monde moderne alors que le capitalisme en est incapable. » Rien de nouveau à l'horizon, donc ? Pas tout à fait. D'abord, en mai 1975, le Comité central diffuse à dix millions d'exemplaires une brochure où, pour la première fois, il utilise le mot « stalinisme » et, deux mois plus tard, le PCF admet que sa délégation au XXe congrès de 1956 était au courant du rapport secret de Khrouchtchev sur les crimes staliniens. Ensuite, le parti marque son engagement dans l'eurocommunisme (avec les partis italien et espagnol), mettant en avant le « socialisme aux couleurs de la France ». Enfin, au congrès de 1976, il renonce à la sacro-sainte « dictature du prolétariat ».

Tous ces signes de volonté « démocratique » en direction de l'électorat imposent de répondre à une question capitale : oui ou non l'URSS est-elle le modèle ? C'est là que la langue de bois est si utile... En 1977, dans *Parlons franchement*, Georges Marchais évoque des « divergences sérieuses » (formule stéréotypée qui a fait ses preuves !) avec l'URSS sur la question démocratique à propos des « mesures répressives qui attentent aux libertés d'opinion, d'expression ou de création ». Mais nul exemple à l'appui. Le 7 novembre 1978, le bureau politique profite de l'anniversaire de la révolution d'Octobre pour établir le « bilan » de soixante et une années d'histoire : il est, à ses yeux, « globalement positif ». « Positif » ne veut pas dire grand-chose si on ne l'explicite pas et, précisément, le PCF se garde de dire ce qu'il entend par là. « Globalement », plus flou encore, est justifié par une « divergence grave [*retour du mot passe-partout*], notamment [*parce qu'il y a autre chose ?*] sur la composante démocratique du socialisme [*c'est-à-dire ?*] ». Marchais reprend à son compte et popularise le « bilan globalement positif », comme au XXIIIe congrès du PCF, en mai 1979, se dérobant chaque fois qu'on lui demande d'expliquer la magique expression. Devant les congressistes, il parle d'une « méconnaissance persistante de l'exigence démocratique universelle dont le socialisme est porteur », phrase que l'état-major du parti a dû longuement ciseler pour lui garantir toute l'ambiguïté recherchée. Mais plus question des « mesures répressives » évoquées en 1977.

À vrai dire, la volonté d'indépendance et de distanciation connaît vite ses limites, singulièrement lorsqu'il s'agit de la politique extérieure de l'URSS et de l'existence même du bloc communiste. Le 11 janvier 1980, sur TF1, Marchais, depuis Moscou, où il vient de rencontrer les dirigeants soviétiques, justifie avec fougue l'invasion de l'Afghanistan : « L'intervention extérieure est patente, elle est claire, elle est nette. Et dans ces conditions on comprend – je dis bien : on comprend – que le gouvernement soviétique ait été amené à respecter le traité qu'il avait signé avec le gouvernement [afghan]. » Leçon de sovietlangue. Le 26 juin, dans *L'Humanité*, Maxime Gremetz brosse ce qu'il appelle « le vrai bilan du socialisme » ; envolées, les réserves du XXIIIe congrès, et retour au langage orthodoxe : « Il y a eu dans tous les pays socialistes une véritable transformation dans la capacité des individus, des peuples, de prendre leur place dans la vie nationale, de réaliser leurs aspirations, d'intervenir dans tout ce qui concerne leurs propres affaires. » Un tunnel de mots creux, mais plus rien sur les « divergences » dont on nous disait pourtant qu'elles étaient « graves ».

Georges Marchais reprend alors le flambeau et va plus loin. Le 28 juillet, assistant à Moscou aux compétitions olympiques boycottées par les Américains, il s'exclame devant la caméra de TF1 : « Il y a, ici, en URSS, beaucoup de liberté ! » Affolé par cette déclaration, son secrétaire, Francis Wurtz, s'arrange pour que *L'Humanité* ne la reproduise pas. Le quotidien s'exécute. Le lendemain, ses confrères s'amusent de cette censure à la soviétique. Le secrétariat de Marchais publie alors un communiqué dans une savoureuse langue de bois : « Un travail de remise en forme rédactionnel a été effectué par un collaborateur de Georges Marchais. Débordant de toute évidence involontairement et sans la moindre intention politique de son objectif technique, cette remise en forme a abouti à quelques modifications qui ont donné lieu à des interprétations. » C'est bien connu : on est toujours trahi par la technique ! Le jour suivant, *L'Humanité* publie les passages délicats.

Le sommet de l'alignement sur Moscou, au début des années 1980, se manifeste au moment où le général Jaruzelski décrète l'état d'urgence en Pologne. Le 13 décembre 1981, Georges Marchais déclare que son parti « entend s'abstenir de toute initiative qui puisse favoriser un affrontement interne (ou une intervention extérieure dont nous ne voulons pas) qui pourrait gêner la recherche nécessaire d'une issue pacifique à la crise polonaise ». L'état d'urgence, outil de l'« issue pacifique à la crise polonaise » ? La langue de bois communiste cache l'appui à la répression en Pologne. Le lendemain, dans *L'Humanité*, l'éditorial d'Yves Moreau éclaire la position officielle du PCF, qui a choisi son camp : d'un côté, « les excès de Solidarité qui ont ruiné l'espoir » ; de l'autre, « le souci déterminant du gouvernement polonais d'éviter l'affrontement ».

Dans la version rigide de la sovietlangue ou dans la version souple d'une gymnastique des mots ordinaires pour brouiller les pistes, le parti communiste a toujours su mettre la langue de bois au service de la patrie du socialisme. À l'heure de l'effondrement du communisme, le désarroi des militants n'en sera que plus grand face à la désagrégation des valeurs qu'elle exaltait artificiellement. De Thorez à Marchais, les leaders du PCF ont toujours proclamé leur sincérité et leur lucidité alors que, précisément, ils trompaient la bonne foi des hommes qui croyaient en un monde meilleur. Jusqu'au bout, Georges

Marchais aura pratiqué la langue de bois, comme en mars 1992, où, invité à l'émission *Sept sur Sept*, il lâche comme une mâle évidence : « Vous savez, notre autocritique, nous, ça fait longtemps que nous la faisons. » Toute la force de la langue de bois est là : bien assenée, dite et répétée avec conviction, elle transforme le mensonge le plus grossier en une vérité si tranquille qu'elle désarme. On finirait par croire que Marchais fit, un jour, son autocritique…

5

Mieux vaut en rire ?

Si vous avez vu *Good Bye, Lenin !*, le film de Wolfgang Becker, la scène n'a pu vous échapper... Remémorons-nous le contexte. Lorsqu'en juin 1990 Christiane, communiste militante, sort du coma où elle est plongée depuis sept mois, le mur de Berlin est tombé et la RDA n'existe plus. Sur le conseil du médecin, son fils, Alex, retarde le moment de lui annoncer l'événement, dont la révélation risque de lui être fatale. Mais la gigantesque banderole *Coca-Cola* déployée sur le mur d'un immeuble, qu'elle aperçoit un jour depuis la fenêtre de sa chambre d'hôpital, jette le trouble : il faut agir immédiatement. C'est alors le début d'une série de stratagèmes imaginés par Alex, qui, en douceur, amèneront sa mère à l'évidence. Ils ont un point commun : la télévision. Par elle, le régime est-allemand a toujours diffusé ses vérités. Par elle, Alex, aidé de son ami Denis, fabrique de pieux mensonges en images. Pour le tout premier, ils se rendent devant une usine de la célèbre marque américaine et, tandis que l'un est armé de la caméra, l'autre interprète un journaliste. Un habile montage, nourri d'archives (extraites des sempiternels reportages sur les fabriques industrielles), une cassette vidéo, et le tour est joué : le soir même, le téléviseur de Christiane explique le mystère de l'étrange publicité.

Le burlesque de la scène, accentué par la présence d'un – vrai – vigile de l'usine qui repousse les opportuns (« Laissez la télévision de RDA faire son travail ! », hurle le faux reporter), tient à l'impeccable pastiche des informations télévisées est-allemandes. C'était simple, avoue Alex en voix off, « il suffisait d'adopter le langage d'*Aktuelle Kamera* ». C'est bien le texte qui, ici, nous intéresse. Écoutons-le : « Aujourd'hui, le secrétaire du parti à l'Économie, Günter Mittag, a visité l'usine Coca-Cola de Berlin-Ouest. La visite du camarade était motivée par les accords passés entre le groupe Coca-Cola et le groupement d'industries de boissons de Leipzig. Les vigiles ouest-allemands ont voulu gêner notre travail. La censure capitaliste veut à tout prix dissimuler la défaite du géant Coca-Cola, qui en est réduit à s'associer avec le combinat de Leipzig. » Comme si cela ne suffisait pas, Denis ajoute : « L'expertise des scientifiques internationaux a confirmé à la coopérative que le goût d'origine de Coca-Cola avait été élaboré dans les années 1950 par les laboratoires de RDA. » Là, Christiane s'étonne tout de même un peu : « Coca-Cola, un produit socialiste ? »…

Le journal est-allemand est si stéréotypé, à ce point bâti sur une immuable langue de bois, qu'on peut le reproduire sans peine. Son discours est si sclérosé et mensonger qu'il prête aisément le flanc à la caricature. Au temps de la RDA du socialisme triomphant, il est déjà l'objet de plaisanteries qu'on colporte avec une très prudente discrétion. L'humour, en effet, fut, en Allemagne de l'Est comme tous les pays communistes, un puissant exutoire à la sovietlangue, un bain de jouvence antilangue de bois, une forme, aussi, de résistance.

Mais, avant de nous pencher sur la caricature salvatrice du régime que porte l'humour, avançons une importante précision : aussi étonnant que cela puisse paraître, les premiers pourfendeurs de la langue de bois ont été les communistes eux-mêmes, avant que la chape de plomb stalinienne ne calme les ardeurs des plus téméraires. En 1924, dans *L'Étudiant-Prolétaire*, on lit ainsi : « Les phrases éculées, creuses, ronflantes sur la bourgeoisie et le prolétariat, sur l'impérialisme, les social-traîtres, le communisme, les popes trompeurs, etc., ont déjà lassé les paysans. » Deux ans plus tard, même constat dans *Komsomol du Nord* : « Tous les exposés de notre activiste, qu'il parle de la terreur blanche en Bulgarie ou de la prochaine conférence internationale, se ressemblent comme deux gouttes d'eau. Que de bruit, que de bavardage, que de vent ! » ; tombe alors le triste constat : « Les jeunes travailleurs écoutent, s'endorment ou disent : "Vaut mieux partir ; demain, faudra se lever tôt." » Plus surprenant encore : longtemps après, Brejnev lui-même – grand adepte, on l'a dit, de la sovietlangue – s'en prend périodiquement au bavardage (*treskotnia*) qui, selon lui, dessert la propagande.

Au fond, ce qu'on dénonce ici, c'est une langue de bois qui, mal maîtrisée, finit par se caricaturer elle-même... C'est dire, en tout cas, sa présence quotidienne et la manière continue dont elle accable la population soviétique. Pour s'en défendre, pour lui résister, peu de moyens existent. Chez les intellectuels, au temps de Brejnev, il y a les *samizdati*, ces feuilles clandestines qui, si elles sont saisies chez vous ou sur vous, vous enverront à coup sûr au goulag. Et puis il y a l'arme de la dérision, du récit littéraire à sens caché (qui ne trompe pas longtemps les autorités) aux histoires drôles qui se répandent, de bouche à oreille, comme une traînée de poudre.

Rions un peu

Certains écrivains satiristes ont payé au prix fort, celui de la persécution, leur impertinence et leur finesse d'esprit. Le populaire Mikhaïl Zochtchenko, auteur de nouvelles parues dans les revues satiriques des années 1930-1940, parvient à passer entre les gouttes jusqu'à ce que le pouvoir saisisse que la « langue de singe » de ses personnages, parlée dans des assemblées où chacun fait mine de comprendre le jargon ambiant, n'est autre que celle du parti. Staline est bien décidé à l'abattre. L'occasion lui en est donnée en 1946, lorsque Zochtchenko publie *Les Aventures d'une guenon* dans *L'Étoile* (*Zvezda*). L'histoire n'est pas plus insolente que les précédentes : une guenon affamée s'échappe du zoo et vole une botte de carottes dans une échoppe... La censure veut y voir une allusion à la famine qui sévit dans le pays. Le satiriste est désormais humilié, exclu de l'Union des écrivains, interdit de plume. Le chef du Kremlin ne pardonnera jamais.

En revanche, il finira par absoudre Mikhaïl Boulgakov, mais pas jusqu'à l'autoriser à republier. Son crime ? Avoir écrit *Cœur de chien*, en 1926, plaisant récit qui voit le chien Bouboul se transformer en homme, le « citoyen Bouboulov », fonctionnaire, bureaucrate zélé et militant actif des comités prolétariens. Derrière cette fable innocente se cache une féroce satire du régime, de ses conformismes absurdes et des mots figés qui les entretiennent. Les délibérations du comité d'immeuble, par exemple, sont formulées dans le langage abscons de la bureaucratie et, sous prétexte de faire parler le professeur Transfigouratov, à l'origine de la métamorphose, Boulgakov s'attaque aux ridicules accusations du régime à l'encontre des esprits indépendants. Ainsi, à celui qui le prévient : « Vous dites des choses contre-révolutionnaires [...]. Il ne faudrait pas qu'on vous entende », le professeur rétorque : « Je ne fais aucune contre-révolution. À propos, voilà encore un mot que je ne supporte en aucune manière. On ignore absolument ce qu'il cache. Par tous les diables. Et c'est pourquoi je dis : mes paroles ne contiennent aucune espèce de contre-révolution. Elles contiennent du bon sens et l'expérience de la vie. » Le manuscrit de *Cœur de chien* n'arrivera jamais sur la table d'aucun éditeur : il est saisi chez Boulgakov lors d'une perquisition. La persécution commence.

Par ailleurs, comment ne pas mentionner Ilf et Petrov, inventeurs d'Ostap Bender, personnage malicieux qui, dans *Le Veau d'or*, en 1931, brocarde la langue de bois, dont il use avec outrance ? Il faut, dit-il ainsi, « armer moralement le client, écraser en lui ses instincts réactionnaires de propriétaire ». Or, à cette époque, la lutte contre l'« instinct réactionnaire » obsède le pouvoir et ses journaux. Désormais, on ne quitte pas des yeux les deux écrivains, et beaucoup plus tard, en 1949 (Petrov a alors disparu depuis sept ans), leur œuvre fait l'objet d'une campagne de dénigrement où l'on dénonce, dans la même langue de bois qu'ils avaient stigmatisée, leur « arrogance », leur « nihilisme intellectuel », leur « cosmopolitisme apatride ».

Ces mots ne sont que des slogans et, précisément, les slogans constituent, par leur détournement, une source inépuisable d'anecdotes (*anekdoty*) et plaisanteries populaires, souvent difficiles à dater en raison même de leur postérité. Par exemple, « Lénine est mort, mais ses actes restent vivants », formule qui, après son décès, barre de gigantesques portraits du leader de la Révolution. Un paysan s'arrête devant l'un d'eux, l'observe longuement et grogne : « Ce serait tellement mieux que toi, tu sois vivant, et que tes actes, eux, soient morts ! » Le mot d'ordre le plus brocardé est sans doute celui célébrant la campagne d'électrification de 1920 : « Le communisme est le pouvoir plus l'électrification de tout le pays. » Détourné, il donne de multiples variantes, dont « Le communisme, c'est le pouvoir soviétique, plus l'électrification de tout le fil barbelé. » Dans le même esprit, on raille les sigles des institutions du pouvoir, comme, sous Staline, celui de la police politique, le Guépéou ou OGPU, dont on dévie le sens : *O Gospodi Pomogi Ubezat'* ; autrement dit : « Oh Dieu, aide-moi à fuir. »

La sombre période brejnevienne est particulièrement riche en histoires drôles sur le régime, et bon nombre se moquent d'une sovietlangue qui ne cesse de s'engourdir. Au menu, par exemple, la dialectique appliquée à la vie quotidienne. Quelles sont les « sept merveilles du pouvoir soviétique » ? Dans l'ordre : « 1. Il n'y a pas de chômage, mais personne ne travaille ; 2. Personne ne travaille, mais le plan est atteint ; 3. Le plan est atteint, mais il n'y a rien à acheter ; 4. Il n'y a rien à acheter, mais il y a la queue partout ; 5. Il y a la queue partout, mais nous atteignons l'abondance ; 6. Nous atteignons l'abondance, mais tout le monde est mécontent ; 7. Tout le monde est mécontent, mais tout le monde votre "pour". »

Les mots trompeurs implicites comme les formules triomphantes enrichissent également le vivier des blagues et des sentences ironiques : « Ce qui est le plus durable en Union soviétique, ce sont les difficultés passagères » ; « La supériorité du système soviétique, c'est sa façon de surmonter des difficultés qui n'existent pas ailleurs » ; « Que ferons-nous lorsque nous aurons dépassé les États-Unis, qui se dirigent vers l'abîme ? » Autre exemple : « Le communisme est à l'horizon. Qu'est-ce que l'horizon ? C'est une ligne imaginaire où la terre et le ciel se confondent et qui s'éloigne à mesure qu'on veut s'en approcher. » Il y a aussi tous ces mots et anecdotes qui tournent autour de la désinformation par la langue de bois : « Nous apprenons ce qui se passe dans le monde grâce aux démentis de l'agence Tass » ; ou cette illustration de la mauvaise foi des journaux : « Dans un stade, deux coureurs, l'un américain, l'autre soviétique, disputent un 100-mètres ; l'Américain est vainqueur. Le lendemain, la presse titre : "Au 100-mètres, le représentant soviétique est arrivé parmi les premiers. L'athlète américain est arrivé avant-dernier." » Fréquent, aussi, le thème de la liberté d'expression bafouée : « La radio annonce : "Hier soir, un cambriolage a eu lieu au ministère de l'Intérieur. Une bande d'infâmes réactionnaires a dérobé les résultats des élections. En conséquence de ce sabotage, les élections ne pourront se tenir samedi prochain comme prévu." » Enfin, l'invasion de la Tchécoslovaquie (avant celle de l'Afghanistan) inspire bien des plaisanteries : « Pourquoi les Soviétiques sont-ils allés en Tchécoslovaquie ? Ils y sont allés parce qu'on les a appelés. Et jusqu'à quand vont-ils rester ? Jusqu'à ce qu'on ait trouvé ceux qui les ont appelés. »

Toutes ces histoires parodient le langage officiel et se moquent de ses vérités. Mais c'est en Pologne, à l'orée des années 1980, dans le sillage des luttes du syndicat Solidarnosc contre le pouvoir communiste, que des charges facétieuses s'appliquent à démonter la mécanique de la sovietlangue et de ses avatars les plus bureaucratiques. Le meilleur exemple est sans doute le « Guide à l'usage des apparatchiks débutants pour un discours universel », mis au point par un groupe d'étudiants de l'université de Varsovie. Le plus étonnant, c'est qu'il paraît dans la *Gazette de Varsovie*, le grand quotidien gouvernemental de la capitale polonaise, au début de 1981 [1]. Nous sommes alors dans une période où, après les accords de Gdansk (novembre 1980), l'étau de l'expression contrainte se desserre, où souffle un air vivifiant de débat public ; mais pas pour longtemps : le 13 décembre 1981, le général Jaruzelski opère une brutale reprise en main, proclamant l'état de guerre. En tout cas, ce cadavre exquis, gag de potaches pour les moins attentifs, brise la machine infernale d'un langage si absurde qu'il finit par tourner à vide (voir tableau p. 126-127).

À cette époque, propager des histoires drôles ne conduit plus en prison. Mais ce ne fut pas toujours le cas. Sous Staline, la police politique observait de près leur diffusion, et il n'était pas rare de trouver ces bons

[1]. *Libération* le reproduit dans son édition des 4-5 juillet 1981.

indices de l'esprit public dans ses « rapports sur l'opinion publique ». Le pouvoir les assimilait à de l'agitation antisoviétique et celui qui les colportait risquait jusqu'à dix ans d'emprisonnement (article 58 du Code pénal), ramenés à trois ans sous Khrouchtchev. Combien d'anecdotiers furent-ils jetés au cachot sous l'ère stalinienne ? Difficile à dire. Mais il n'est pas déraisonnable de penser qu'un prisonnier politique sur trois ou quatre avait été surpris en train de composer ou de diffuser des blagues « délibérément contraires au gouvernement et à la structure soviétique », selon la terminologie officielle. L'humour était une arme, et le pouvoir voulait un peuple désarmé.

Commencez par la première case de la première colonne, puis IV. Revenez ensuite à n'importe quelle case de la colonne, dans n'importe quel ordre. 10 000 combinaisons

I	II
Chers collègues	la réalisation des devoirs du programme
D'autre part	la complexité et le lieu des études des cadres
De même	l'augmentation constante de quantité et d'étendue de notre activité
Cependant n'oublions pas que	la structure actuelle de l'organisation
Ainsi	le nouveau modèle de l'activité de l'organisation
La pratique de la vie quotidienne prouve que	le développement continu des diverses formes d'activité
Il n'est pas indispensable d'argumenter largement le poids et la signification de ces problèmes, car	la garantie constante, notre activité d'information et de propagande
Les expériences riches et diverses	le renforcement et le développement des structures
Le souci de l'organisation mais surtout	la consultation avec les nombreux militants
Les principes supérieurs idéologiques mais aussi	le commencement de l'action générale de formation des attitudes

puis passez à n'importe quelle case de colonne II, puis III, première colonne et continuez ainsi, de colonne en pour un discours de 40 heures.

III	IV
nous oblige à l'analyse	des conditions financières et admi-nistratives existantes
accomplit un rôle essentiel dans la formation	des direc-tions de développement pour l'avenir
nécessite la précision et la détermination	du système de la participation générale
aide à la préparation et la réalisation	des attitudes des membres des organisations envers leurs devoirs
garantit la participation d'un groupe important dans la formation	des nouvelles propositions
remplit des devoirs importants dans la détermination	des directions d'éducation dans le sens du progrès
permet davantage la création	du système de formation des cadres qui correspond aux besoins
entrave l'appréciation de l'importance	des conditions d'activité appropriées
présente un essai intéressant de vérification	du modèle de développement
entraîne le procès de restructuration et de modernisation	des formes d'action

6

Nazilangue, l'autre langue totalitaire

Une classe d'écoliers dans l'Allemagne du milieu des années 1930, à l'heure de la leçon d'arithmétique. L'instituteur a tiré du manuel l'énoncé d'un problème qu'il soumet à ses élèves [1] : « Un aliéné coûte quotidiennement 4 marks, un invalide 5,5 marks, un criminel 3,5 marks. Dans beaucoup de cas, un fonctionnaire ne touche quotidiennement que 4 marks, un employé 3,5 marks, un apprenti 2 marks. 1) Faites un graphique avec ces chiffres. 2) D'après des estimations prudentes, il y a en Allemagne environ 300 000 aliénés, épileptiques, etc., dans les asiles. Calculez combien coûtent annuellement ces 300 000 aliénés et épileptiques. Combien de prêts aux jeunes ménages à 1 000 marks pourrait-on faire si cet argent était économisé ? »

1. Cité par Alfred Grosser, *Dix leçons sur le nazisme*, Paris, Fayard, 1976, p. 94.

Un peu plus tard dans la journée, on passe à la leçon d'allemand. Aujourd'hui, ce sera une dictée. L'instituteur commence : « Comme Jésus a délivré les hommes du péché et de l'enfer, ainsi Hitler a sauvé le peuple allemand de la ruine. Jésus et Hitler furent persécutés, mais, tandis que Jésus fut crucifié, Hitler fut élevé au poste de chancelier. Tandis que les disciples de Jésus le reniaient et l'abandonnaient, les seize camarades de Hitler moururent pour leur chef. Les apôtres achevèrent l'œuvre de leur maître. Nous souhaitons qu'il puisse achever lui-même son œuvre. Jésus travaillait pour le ciel, Hitler œuvre pour la terre allemande. »

Enfin, pour ouvrir les jeunes esprits aux arts et leur donner le sens de la puissance collective, rien ne vaut un chant repris en chœur par toute la classe. Le professeur n'a qu'à puiser dans *Singkamerad*, un recueil spécialement conçu à cet usage. Avec un bel entrain, les voix s'élèvent :

> Ils tremblent les os vermoulus
> Du monde devant la guerre rouge
> Nous avons brisé la terreur
> Ce fut pour nous une grande victoire
> Nous continuerons à avancer
> Même si tout doit tomber en ruine
> Car aujourd'hui l'Allemagne existe, nous appartient
> Et demain le monde entier [1].

Dès le plus jeune âge, dans la sphère publique comme dans l'espace privé, à chaque instant de la vie quotidienne, les Allemands sont brutalement soumis à la pression de l'idéologie nazie, qui, par les mots, conditionne

---

1. Cité par Victor Klemperer, *LTI, la langue du IIIe Reich*, Paris, Albin Michel (rééd.), 1996, p. 319.

les modes de pensée et d'expression, collectives ou individuelles. La nazilangue n'innove guère en matière de vocabulaire ou de syntaxe. Mais le tri qu'elle opère par l'usage de la langue, les valeurs nouvelles qu'elle donne aux mots anciens, l'emploi stéréotypé des termes et des formules, ordonnant le bien et le mal, séparant l'ami et l'ennemi, recomposent le réel avec force, suscitent des automatismes, pénètrent la parole ordinaire, celle des bourreaux, bien sûr, mais aussi celle des victimes. On n'échappe pas à la nazilangue.

« Nous ne parlons pas pour dire quelque chose, mais pour obtenir un certain effet », aime à dire Joseph Goebbels, le ministre de la Propagande du Reich. « La faculté d'assimilation de la grande masse, explique Hitler dans *Mein Kampf*, n'est que très restreinte, son entendement petit, par contre, son manque de mémoire est grand. Donc toute propagande efficace doit se limiter à des points forts peu nombreux et à les faire valoir à coups de formules stéréotypées aussi longtemps qu'il le faudra, pour que le dernier des auditeurs soit à même de saisir l'idée. » Bien sûr, déclare-t-il encore, un mot d'ordre peut connaître des variantes, mais chaque discours doit immanquablement aboutir à une unique formule. Les masses, selon lui, sont incapables de penser par elles-mêmes : un chef doit penser pour elles, comme il l'affirme clairement dans un discours d'avril 1937. Le contrôle collectif des esprits est alors un préalable à la réussite du projet nazi, et la propagande, clamée ou insidieuse, doit imposer le jugement univoque sur les hommes, sur les choses, sur le monde. « Je peux exiger tranquillement de la masse des privations », se flatte le Führer, mais, ajoute-t-il, « il faut que je lui procure en même temps les suggestions émotives qui lui permettront de les supporter [1] ». Ici, la nazilangue excelle.

Langue du peuple ?

« Nous parlons la langue du peuple. » Cette affirmation forte est inscrite dans *Mein Kampf* et popularisée par Joseph Goebbels, bien avant qu'en janvier 1933 les nazis arrivent au pouvoir. Dans le premier numéro de son journal, *Der Angriff* (« l'attaque »), en juillet 1927, Goebbels revendique haut et fort cette attitude : nous parlons la langue du peuple, écrit-il, « non pour le flatter ou l'imiter, mais pour l'attirer peu à peu de notre côté ». Dès l'origine du nazisme, les mots sont conçus comme des outils tactiques, d'abord pour arracher les couches populaires à l'influence communiste, ensuite pour les enfermer dans les logiques tentaculaires de l'idéologie. Instrument de conquête du pouvoir, le « langage du peuple » – dans lequel le tutoiement est de rigueur – est utilisé pour décrire un monde simple où les solutions aux problèmes relèvent du pur bon sens populaire.

Un tract du parti nazi pour les élections au parlement de Prusse, en avril 1932, l'illustre parfaitement. Il commence par une question qui verrouille la réflexion du lecteur : « Crois-tu que la faim est nécessaire ? » Comment répondre « oui » ? Le texte poursuit en l'impliquant plus directement encore : « Peut-être as-tu déjà fait connaissance avec elle ? » La question se transforme brusquement en affirmation, lorsqu'elle inclut

---

1. Hermann Rauschning, *Hitler m'a dit*, Paris, Somogy, 1945, p. 240-241.

l'affamé dans une vaste et puissante communauté de « vingt millions d'Allemands » pointant au bureau de chômage. Et c'est là, dans un décor où tout est noir ou blanc, où toute nuance ou tentative d'explication est balayée par l'émotion, que surgit l'assertion-slogan : « Nous avons tout ce qu'il faut : la terre qui produit le pain, les mains qui travaillent, les machines qui pourraient fabriquer en abondance tout ce dont nous avons besoin. [...] Crois-tu que tout cela [*la ruine organisée de l'Allemagne*] est normal ? » Non, évidemment... Alors, « s'il te reste encore une étincelle d'espoir, vote pour les nationaux-socialistes ! Car ils sont d'avis qu'on peut changer cela ». Quelques jours plus tard, le parti nazi emporte les élections régionales en Prusse, mais aussi en Bavière, dans le Wurtemberg et à Hambourg.

Simple reprise d'une rhétorique démagogique bien connue ? Sans doute en partie, et elle a montré son efficacité toutes les fois que les nazis ont senti la réceptivité des légendes fabriquées, comme celle du « coup de poignard dans le dos » que les démocrates allemands auraient asséné à l'armée allemande en acceptant l'armistice de 1918. Mais le langage hitlérien va bien au-delà. En témoignent l'habileté et la rudesse des slogans, répétés, obsédants, qui domptent la foule et asservissent la raison : « Allemagne, réveille-toi ! », « Führer, ordonne, nous suivons ! », « Juif, crève ! »... Ces slogans d'un imaginaire bicolore emportent les dernières traces de la raison, subjuguent la pensée sous le flot de la haine déversée contre l'ennemi ; Goebbels les mettra en scène pour conditionner le « peuple » à de nouvelles conquêtes, comme en 1938 : « Les Tchèques pillent ! » ; « les Tchèques assassinent ! » Surtout, la démagogie de conquête repose sur un projet d'idéologie raciale. Avant le 30 janvier 1933, les mots qui les traduisent acclimatent la pensée ; au-delà, ils envahissent le quotidien, à commencer par *Volk*, qui révèle la vraie nature du « peuple » selon les nazis, c'est-à-dire la race germanique perçue comme un corps sain, un mot qui rassemble (la communauté du peuple : *Volksgemeinschaft*) autour du chef (le chancelier du peuple : *Volkskanzler*), un mot paré de toutes les vertus « héroïques », un mot, aussi, qui exclut tous les parasites qui le menacent, tous les éléments « racialement inférieurs », toutes les « souillures raciales ». Le « peuple » est un mot sacré, empreint de la religiosité et du mysticisme qui caractérisent un large pan de la nazilangue.

Les Allemands en ont été abreuvés de 1933 à 1945. Hitler lui-même use et abuse de la « Providence » qui l'a conduit au pouvoir, qui lui permet d'échapper aux attentats, qui lui donnera la victoire : « Le maître du monde, clame-t-il au Reichstag le 11 décembre 1941 lorsque les États-Unis déclarent la guerre à l'Allemagne, nous a permis de réaliser de si grandes choses ces dernières années que nous devons nous incliner avec reconnaissance devant la Providence, qui nous permet d'être les membres d'un si grand peuple. » La langue de bois nazie est aussi celle de l'incantation. Lorsque, le 10 mai 1933, les nazis détruisent par le feu les livres jugés impurs, ils joignent la parole à leur acte : « Contre la décadence et la décomposition morale, pour la dignité et les bonnes mœurs dans la famille et l'État, je remets au feu les écrits de Heinrich Mann, Ernst Gläser, Erich Kästner. Contre l'exagération destructive de la vie instinctive, pour la noblesse de l'âme humaine, je remets au feu les écrits de l'école de Sigmund Freud »…

La nazilangue est une langue liturgique et au centre de cette liturgie se situe Hitler, dont Goebbels dit : « Il est la vérité incarnée », et Goering affirme : « Il est tout, il est l'Allemagne, il est notre mouvement, il est notre avenir. » On lit ainsi, le 2 mai 1939, dans *Das Schwarze Korps*, l'organe officiel des SS, cette ode prononcée par une nouvelle recrue : « Mon Führer ! En ce jour je m'approche de ton image. Cette image est de grandeur surnaturelle, sans limites, formidable. Elle est dure, magnifique et sublime ; elle est simple, bienveillante et chaleureuse. Elle est en une seule personne notre père, notre mère et notre frère. […] Tu es le Führer sans avoir besoin d'ordonner. Tu vis et tu es la loi : tu es l'amour et la force […]. Tu te tiens dans la basilique de l'amour de millions d'êtres, basilique dont la coupole monte vers le ciel. »

Le poison des mots

Bien sûr, dira-t-on, ce type de vibration mystique ne concerne que les purs et les durs. Voire, car chaque Allemand est touché par l'invocation. Lorsque les nazis proclament : « Tu n'es rien, ton peuple est tout », ils intiment à l'individu l'ordre de se fondre dans la « communauté » et d'intérioriser ce geste, au nom d'une idée qui le dépasse. La langue nazie est bien celle du « fanatisme de masse », comme le remarque le philologue Viktor Klemperer, qui la nomme *LTI* (*Lingua Tertii Imperii*, langue du IIIe Reich).

Frère du célèbre chef d'orchestre Otto Klemperer, Viktor a cinquante et un ans lorsque Hitler accède au pouvoir. Fils de rabbin, fin connaisseur de culture française, auteur d'une thèse sur Montesquieu, il enseigne à l'université de Dresde avant d'en être exclu par les nazis. Marié à une « aryenne », Eva, il échappe à la déportation mais est expédié dans une *Judenhaus*, résidence surveillée pour juifs. Là, il développe son observation, engagée dès 1933, des ravages quotidiens que le nazisme fait subir à la langue allemande. Il consigne ses réflexions dans des carnets qui, au fil des jours, des mois, des années, s'étoffent. Peu à peu, ce qui était avant tout une manière de résistance à l'arbitraire se transforme en intime conviction scientifique : c'est par la langue que le nazisme a conquis les esprits, c'est par les mots que son idéologie se répand dans la société allemande, dans l'inconscient des individus. La langue nazie, écrit-il, « imprègne les mots et les formes syntaxiques de son poison », le nazisme « assujettit la langue à son terrible système » et gagne, avec elle, « son moyen de propagande le plus puissant, le plus public et le plus secret [1] ».

La nazilangue se répète inlassablement, glorifie et déshonore. Elle se repaît de superlatifs, exalte le chiffre jusqu'à l'excès, cultive l'outrance de la grandeur. Une action n'est pas seulement « historique » (on reconnaît là un mot si familier de la phraséologie totalitaire), elle est « universellement historique ». À l'inverse, le mérite des adversaires se voit contesté par les sous-entendus perfides et méprisants des guillemets : Heine ? Un « poète »... Einstein ? Un « chercheur »...

On crée aussi de toutes pièces des mots nouveaux. Sous l'autorité de Goebbels, une commission pour la

1. Viktor Klemperer, *op. cit.*, p. 41.

langue allemande est même chargée de « germaniser » le vocabulaire, autrement dit de le conformer aux besoins idéologiques du régime. L'un des plus caractéristiques est sans doute *Gleichschaltung* (mise au pas), qui transforme le peuple allemand en un immense robot qui avance mécaniquement, une gigantesque armée déferlante où l'individu se fond dans la masse. La référence mécanique et guerrière envahit l'expression quotidienne. La société « tourne à plein régime » ou « à pleine charge ». Le pouvoir lance la « bataille pour l'emploi », la « campagne contre la faim », le « front du travail ». Il « mobilise la confiance », exalte le « combat pour la vie », imprime « le pas de marche vers l'avenir » (*der Marschschritt in die Zukunft*). La transformation du lexique touche particulièrement au projet racial du régime, qu'on martèle dans les crânes, au travers de l'infinie déclinaison des *Blut und Boden* (le sang et le sol), *Blut und Volk* (le sang et le peuple), *Blut und Schicksal* (le sang et le destin), *unser Blut* (notre sang = race), etc.

La langue dévie le regard raisonnable sur les choses et, sous prétexte de valoriser la pureté instinctive de l'homme, enferme les Allemands dans l'acceptation de l'arbitraire. La démocratie décadente repose sur l'État de droit ; le IIIe Reich, lui, ne connaît que le « sentiment saint du droit » (*das gesunde Rechtsgefühl*).

Voici pour le panthéon de la nazilangue. Mais comment nommer les « mauvaises » pensées, comment traduire par les mots les actions socialement inacceptables, comment transformer une réalité en blâme ? Il suffit d'employer des termes qui conditionneront chez l'auditeur convaincu ou prudent la désapprobation immédiate. Depuis que l'Allemagne l'a quittée, en 1933, la Société des nations est ainsi rejetée au rang de simple « ligue genevoise ». Le mieux est encore de brouiller les pistes par l'emploi d'une langue étrangère : les nazis germanisent des mots qui associent l'abjection de la pensée à l'ignominie de l'ennemi. Par exemple, comment exprimer en allemand « dire du mal » ? Il y a un mot pour cela, comme le note Klemperer : *schlecht machen* ; mais on lui préfère *diffamieren*, précisément parce que les Allemands le comprennent mal : du coup, l'obscurité de son sens lui confère une dimension effrayante et fondamentalement « non allemande »[1].

Toutefois, la langue nazie est moins caractérisée par la création de mots que par un usage partisan des termes existants et par ce procédé systématique consistant à leur en associer d'autres pour signaler à l'Allemand ce qu'il doit instinctivement encenser ou exécrer. Ainsi s'oppose au « peuple héroïque », fier de la « dureté de la race », le juif, la juiverie, le judéo-bolchevisme, qui menace, le judéo-capitalisme, qui exploite. Bien sûr, le juif est injurié ; bien sûr, le juif, dans le racisme biologique que porte le nazisme, est le « parasite » qui ronge la pureté de la race aryenne. Mais, au quotidien, l'objectif est que le « juif » soit réduit à ce seul mot et que lui-même, intériorisant ce que l'appartenance à sa « race » comporte d'abjection, accepte le sort qui lui est réservé. « Appelle-le canaille, crapule, menteur, criminel, meurtrier et assassin, écrivait Goebbels en 1931 dans *Combat pour Berlin*. Cela le touche à peine à l'intérieur. Regarde-le fixement et calmement pendant un moment, puis dis-lui : "Mais

---

1. *Ibid.*, p. 324.

tu es un juif !" Et tu remarqueras avec étonnement combien, au même instant, il se trouble, combien il est gêné et conscient de sa culpabilité. » Et la nazilangue acclimate les Allemands au destin absolument inéluctable des juifs, par un mot effroyable, mais qui, jamais explicité et employé si fréquemment qu'il se banalise, masque sa réalité : « exterminer » (*ausrotten*). Dès 1918-1919, il appartient au vocabulaire de Hitler, mais c'est vraiment à partir de 1939 et de la fameuse « prophétie » du Führer du 30 janvier (si la guerre éclatait, ce serait l'« anéantissement de la race juive en Europe ») que le mot se répand comme une évidence dans le discours.

Enfin, il y a les mots dont les nazis inversent le sens et la valeur, et qu'ils s'appliquent à faire entrer dans le vocabulaire ordinaire des Allemands, comme « fanatique » (*fanatisch*). Hier ô combien dépréciatif, aujourd'hui paré d'une énergie que le peuple allemand doit faire sienne, il qualifie la principale vertu du héros, sa plus haute bravoure, son admirable abnégation. Son emploi fait l'objet d'une véritable surenchère que Klemperer observe avec désolation. Les nazis exaltent la « foi fanatique dans la victoire finale », la radio annonce que les troupes « combattent fanatiquement en Normandie », Goebbels, en novembre 1944, appelle au sursaut « par un fanatisme sauvage ». Entré dans le langage courant, le mot est mis à toutes les sauces : Goering est ainsi présenté comme un « ami fanatique des animaux [1] ».

---

1. *Ibid.*, p. 89-93.

La pensée pervertie

La nazilangue construit sa propre représentation du monde (*Weltanschauung*) et modèle le regard de chaque Allemand sur ce qui l'entoure. Ceux qui n'y voient d'abord qu'un simple habillage démagogique, une langue de bois finalement classique pour se donner le beau rôle, en sont pour leurs frais. Faire du 1er mai 1933 une « célébration nationale du peuple allemand » où l'on glorifiera le « travail national », où l'on célébrera la « fraternisation nationale », n'est pas une façon ordinaire, pour le pouvoir, d'affirmer sa présence. Les mots nouveaux annoncent un cataclysme dont la Confédération allemande des syndicats (ADGB) ne mesure pas l'ampleur lorsqu'elle accepte de s'associer aux festivités : « Nous nous félicitons de constater que le gouvernement du Reich a fait de cette journée qui est la nôtre une célébration légale du travail national, une fête du peuple allemand. […] L'ouvrier allemand doit manifester le 1er mai en étant conscient de son rang et devenir un membre, doté de tous les droits, de la communauté populaire allemande. » Bel exercice de l'équilibriste qui croit éviter la chute en s'accrochant à la perche que lui tend son ennemi. Vaine langue de bois de syndicats qui tentent d'amadouer l'adversaire et qui, dès le 2 mai 1933, seront impitoyablement éliminés par lui.

« Aide sociale au peuple », « Secours d'hiver au peuple allemand », « La force par la joie » : les noms de baptême des diverses institutions qui animent la « communauté du peuple » cultivent la solidarité et l'allégresse pour mieux enfermer l'individu dans le projet totalitaire. « La force par la joie » (*Kraft durch Freude*) est une belle invention sémantique qui cache la réalité : l'encadrement des loisirs et des vacances par l'organisation unique des travailleurs, le Front allemand du travail (DAF). Sur les bateaux qui transportent les vacanciers sont repris en chœur des chants décervelant où s'immisce subrepticement la propagande nazie : « Nous sommes portés par la gaieté / Nous cherchons "la force par la joie"/Ainsi le veut l'ère nouvelle/Nous sommes des camarades, à tout instant/Nous sommes les soldats des entreprises allemandes/Tralala, tralala [1]... »

Il y a peut-être mieux encore : la « beauté du travail ». Derrière cette douce locution se cache la machine qui, contrôlée par La force par la joie, et donc par le DAF, a pour mission de briser toute revendication sociale et de renforcer l'hégémonie des patrons, nommés désormais « guides de l'entreprise » (*Betriebsführer*). « Le travail ennoblit », clament les nazis, mais aussi : « le quotidien doit devenir beau », « laissez entrer le printemps dans les entreprises », « fleurissez les salles de repos ». On lance même en 1935 une campagne « bonne lumière, bon travail », à grand renfort de messages publicitaires relayés par la presse. Derrière les mots de la délicatesse bucolique, derrière le soleil printanier se cache une conception brutale du travail qui vise à accroître la rentabilité sans possibilité de conflits sociaux, ces derniers étant contenus dans des discussions sur l'esthétique des usines. Qui en contesterait le bien-fondé entrerait *de facto* dans la catégorie des « réfractaires au travail » et des « asociaux ».

---

1. Cité par Peter Reichel, *La Fascination du nazisme*, Paris, Odile Jacob, 1997 (rééd.), p. 265.

La nazilangue ne laisse aucun répit à l'individu. Dans un pays où le contrôle bureaucratique est un outil de gouvernement, les sigles et abréviations constituent un langage autonome aussi énigmatique qu'effrayant pour l'homme ordinaire. Êtes-vous « *verh.* » (*verheiratet* = marié), « *gesch.* » (*geschieden* = divorcé), « *VW* » (*verwitwet* = veuf), « *led.* » (*ledig* = célibataire) ? Êtes-vous allemand ? Pouvez-vous prouver votre aryanité ? Avez-vous un « *GB* » (*Geburtsbescheinigung* = certificat de naissance), un « *GU* » (*Geburtsurkunde* = acte de naissance), un « *St.A* » (*Staatsangehörigkeitsausweis* = certificat de nationalité), un « *Stb* » (*Stammbuch* = livret de famille), un « *EU* » (*Einbürgerungsurkunde* = certificat de naturalisation). Et toi, juif, es-tu un « *JMI* » (*Jüdische Mischling I. Grades* = métis (juif) au premier degré) ? Dans un pays obsédé par le sang et les catégories, toute la population est classée selon des critères raciaux dans la DVL (*Deutsche Volksliste*), la liste du peuple allemand. Ces sigles, qui concernent toutes les organisations et tous les ministères du Reich, les déportés vont également apprendre à les connaître, dans les « *KL* » et « *KZ* », les camps de concentration (*Konzentrationslager*) et les *Julag*, les camps pour juifs (*Judenlager*), où l'outrance de l'abréviation marque l'hystérie totalitaire, ces camps où l'on est accueilli par les mots peut-être les plus cyniques de la nazilangue. « Le travail rend libre. » (*Arbeit macht frei.*)

Le plus remarquable dans tout cela, c'est, si l'on en croit Klemperer, que les nazis gagnent la partie, vidant le cerveau ordinaire de son esprit critique, polluant le langage quotidien de ses mots insensés. On les prononce sans même y penser. L'universitaire cite, par exemple, ce brave charpentier, accablé par la chaleur de l'été 1935 :

« Je transpire ! Au temps du système, il y avait ces beaux cols Schiller qui laissaient le cou libre. » Le « système » ? C'est le terme méprisant choisi par les nazis pour désigner le régime d'avant 1933, la république de Weimar, et souligner la monstruosité d'une démocratie copiée sur l'étranger. Il relève aussi ces tournures devenues si familières qu'on n'en cherche même plus l'origine, comme la « joie fière » qu'on éprouve à tout propos, et ces formules d'avis de décès dans les journaux, pendant la guerre, qui tiennent désormais de la convention, comme « Il est mort avec la foi inébranlable dans son Führer [1] ».

Ses observations les plus glaçantes concernent les juifs eux-mêmes. Si Klemperer n'est guère pratiquant, ce n'est pas le cas de son ancienne assistante, Elsa Glauber, qui entend pourtant faire de ses enfants de vrais Allemands. Un jour où il lui rend visite, il l'entend dire : « Ils doivent apprendre à penser comme moi, ils doivent lire Goethe comme la Bible, ils doivent être des Allemands *fanatiques* ! » Le professeur bondit : « Ne savez-vous pas ce que vous êtes en train de dire ? » Non, la jeune femme, cultivée pourtant, ignore que, par les mots, le nazisme a perverti sa pensée instinctive. Elle s'en excuse, mais répétera encore le mot fatal, devenu si familier. Klemperer rapporte aussi les propos d'un juif d'origine russe qui évoque ses « intérêts racistes » et ceux d'un dentiste juif : il déteste les Allemands car ils sont, selon lui, « caractériellement inférieurs ». « Caractériellement », mot typique de la nazilangue. Celui-ci soigne des patients d'une usine de juifs et les désigne en faisant précéder leur nom du mot « juif » (« le juif Mahn ») ;

---

1. Viktor Klemperer, *op. cit.*, p. 138, 164, 167.

eux, sans malice, l'appellent « le juif des dents [1] ». Épouvantables récits d'un contrôle accompli.

Comment s'étonner de voir des soldats « aryens », des hommes ordinaires de la Wehrmacht, reprendre à leur compte, dans leurs lettres les plus intimes, les mots effroyables d'un antisémitisme banalisé par la langue hégémonique ? « Quand on regarde ces gens, écrit un soldat sur le front polonais en novembre 1940, on retire l'impression que rien vraiment ne justifie qu'ils vivent sur la terre de Dieu. » Nous avons parlé à table de la « question juive », renchérit un caporal qui se prépare, en mai 1941, à l'assaut de l'Union soviétique : « Les juifs devraient disparaître de la terre. » Il faut qu'ils « soient éliminés [2] ».

Nous voici frères

En termes diplomatiques, on appelle cela le double langage. Soit, plus familièrement : « Plus c'est gros, plus ça passe. » C'est à peu près ce qu'on peut dire de Hitler et de la manière dont il a su anesthésier ses interlocuteurs étrangers en les assurant de ses intentions pacifiques en Europe. Là, la nazilangue se retranche derrière une langue de bois plus commune destinée à masquer le mensonge par un rideau de sincérité feinte. Pourquoi les chancelleries européennes ont-elles cru à ses mystifications ? Sans doute parce qu'elles souhaitaient y croire. Au début, on ne voulait pas heurter les sentiments

1. *Ibid.*, p. 249-251.
2. Cité par Walter Manoschek, « L'image des juifs dans les lettres des soldats allemands (1939-1944) », *Revue d'histoire de la Shoah*, 87, juillet-décembre 2007, p. 25.

pacifiques d'une opinion traumatisée par la guerre ; ensuite, il était trop tard.

Les responsables politiques français lisent-ils l'allemand ? Pas suffisamment, en tout cas, pour comprendre *Mein Kampf*, qui pointe clairement la France dans son viseur. La déclaration du Führer, en octobre 1933, traduite en français sur les ondes, où il évoque le soldat français, ce « vieil mais glorieux adversaire » auquel il ne veut pas de mal, n'en prend qu'une saveur plus amère.

Un ouvrage seul ne suffirait pas à faire le tour, preuves écrites à l'appui, de la duplicité hitlérienne. Le 26 septembre 1933, au Palais des sports de Berlin, le chancelier déclarait, la main sur le cœur : « Nous avons donné à tous nos voisins immédiats l'assurance que l'Allemagne respecterait l'intégrité de leur territoire. Ce n'est pas une phrase, c'est notre volonté sacrée. » Le 30 janvier 1939, il affirmait avec la même sincérité : « Les peuples se rendront compte à bref délai que l'Allemagne ne nourrit aucun sentiment hostile à l'égard d'autres peuples, que toutes les allégations concernant les intentions agressives de notre peuple contre d'autres peuples sont des mensonges qu'une imagination morbide hystérique a conçus ou qu'un politicien a élaborés sous l'empire de l'instinct de conservation, mais ces mensonges doivent, dans certains États, permettre à des affairistes sans conscience de sauver leurs finances. » Renvoyer le mensonge dans l'autre camp, hurler au mauvais procès, le tout en se gardant bien de nommer celui qu'on vise : oui, sans doute, Hitler maîtrise décidément bien tous les rouages de la langue de bois.

1933, 1939... Entre-temps, pourtant, les leaders européens ont eu le loisir de mesurer le crédit qu'on peut accorder aux promesses de Hitler. Le 21 mai 1935, par exemple, il affirme : « L'Allemagne n'a pas l'intention ni la volonté d'intervenir dans la politique intérieure de l'Autriche ou d'annexer l'Autriche. » Ce qui fut pourtant fait le 13 mars 1938. Six mois plus tard, le 26 septembre, lorgnant sur le territoire tchécoslovaque des Sudètes, il précise : « C'est la dernière revendication territoriale que j'aie à formuler en Europe. » Dans le même discours, il explique qu'il a assuré au Premier ministre britannique, Chamberlain, sa volonté de paix : « Il n'y a plus pour l'Allemagne en Europe de problème territorial. » Trois jours plus tard sont signés les accords de Munich qui démembrent la Tchécoslovaquie… envahie par la Wehrmacht en mars 1939. Bientôt, c'est le tour de la Pologne, à laquelle Hitler, après qu'elle lui eut cédé Dantzig, avait déclaré sa flamme, avec un vibrant « Nous voici frères ». C'était en février 1938. Le 1er septembre 1939, les armées allemandes franchissent la frontière polonaise. « Je crois à une longue paix », avait-il dit huit mois plus tôt.

La nazilangue était précisément portée vers cet objectif : la guerre. C'était le sens du mot « mouvement » qui caractérisait le parti nazi. Alors, quand elle éclate, elle est portée par tous les outils de la propagande orale, écrite, visuelle, cinématographique. « La victoire est sous nos drapeaux ! » On célèbre l'assaut, la nature « foudroyante » des actions, la guerre « éclair », l'« héroïsme » des troupes.

Lorsque les choses tournent moins bien, lorsqu'en 1941 la Wehrmacht se heurte aux rigueurs de l'hiver russe et à la résistance de l'Armée rouge, lorsque la guerre de position succède à la guerre de mouvement, la vérité officielle se trouve dans une situation purement inconcevable : elle doit réviser son vocabulaire. Du coup, la langue de bois des autorités nazies invente des formules qui euphémisent l'immobilisation, le recul, puis la retraite. On mène désormais une « guerre de défense mobile » qui permet de transformer les défaites en « revers » et la fuite en « dégagement » ou en « repli tactique », tant il est vrai que le front est « élastique ». Autrement dit : on recule volontairement pour mieux reprendre l'avantage. L'ennemi, lui, ne mène que des « offensives escargots » qu'on « contient » ou qu'on « verrouille » aisément, avant de les « réduire ». Les Allemands n'étant tout de même pas complètement dupes, on admet parfois, comme Goebbels en 1943, quelque « fragilité », mais toujours « à la périphérie » des opérations de guerre. Malgré tout, la défaite s'annonce. La « forteresse Europe » a laissé place à la « forteresse Allemagne » ; bientôt ne reste plus que la « forteresse Berlin ». Et puis plus rien.

Jusqu'au bout, pourtant, la nazilangue aura tenté de contrôler les esprits. Jusqu'au bout, les nazis auront agité la magie de la Providence, fidèles à la prophétie de Hitler, en décembre 1941, qui affirmait : « Dieu ne refusera pas la victoire à ses soldats les plus braves. »

7

Les bourreurs de crânes, de Napoléon à Bush

« L'Empereur donne l'exemple : à cheval jour et nuit, il est toujours au milieu de ses troupes, et partout où sa présence est nécessaire. Il a fait hier quatorze lieues à cheval. Il a couché dans un petit village, sans domestiques et sans aucune espèce de bagage. » Quel courage, quelle abnégation chez le génial stratège qui conduit ses troupes au triomphe… Ce genre d'anecdote bien ciselée, tout à la gloire de Napoléon, le *Bulletin de la Grande Armée* en est truffé. C'est même pour cela que l'Empereur l'a conçu, en 1805. Ces lignes sont extraites du troisième numéro, alors que les troupes françaises stationnent à Zusmershausen, quelque part entre Stuttgart et Munich. Bientôt, ce sera Austerlitz et son soleil victorieux.

« Menteur comme un *Bulletin*. » Le dicton circule chez le soldat français qui, lui, sait comment les choses se sont réellement passées sur le théâtre des opérations militaires. Il n'ignore pas combien l'Empereur flatte la réalité, enjolive les faits d'armes, use avec science, mais toujours à son profit, du bruit et du silence. Sans jargon, toujours avec des mots simples pour toucher le plus grand nombre. Le *Bulletin* est un formidable moyen de délivrer *sa* vérité qui, par la magie de l'imprimerie, devient *la* vérité. Davout précipitant les Prussiens dans la déroute, à Auerstadt, en 1806 ? On s'appliquera à l'occulter, pour ne parler que de l'autre victoire du jour, celle d'Iéna, qui montre de manière éclatante le génie tactique de Napoléon. La Grande Armée contrainte, en 1808, de quitter Madrid sous la pression du soulèvement populaire ? Pas du tout, elle s'apprête à prendre ses quartiers d'hiver. Leipzig, en 1813, la plus grande défaite de l'Empereur ? Vous n'y pensez pas ! Si ce pont n'avait pas sauté trop tôt, si ce caporal stupide et maladroit avait obéi aux ordres, c'est une armée victorieuse qui serait entrée à Erfurt ! Pourquoi la Grande Armée ne progresse-t-elle pas aussi vite que prévu ? La réponse est évidente : sans la neige, la pluie, le froid, l'obscurité, l'obstacle de la forêt, les « difficultés du terrain », le triomphe serait déjà acquis.

« Je dirai tout », avait affirmé Napoléon à propos de ses conquêtes : proclamer sa sincérité est un préalable pour un virtuose de la langue de bois. Tout n'est pas faux, loin de là, dans le *Bulletin*. Mais les faits vrais constituent d'habiles appâts pour glisser demi-mensonges, interprétations abusives et messages codés. L'Empereur trie, embellit ou minore, contourne les questions embarrassantes et, avec soin, trafique ou tait les chiffres des pertes. Par exemple, dans le *Bulletin* qui suit la bataille d'Eylau, en février 1807, il ne sera pas question des douze mille soldats et des huit généraux tombés sur le champ de bataille. Eylau, au contraire, est présentée comme une victoire, alors que l'immense sacrifice humain a, tout au plus, permis de contenir l'armée russe. On noie cette cruelle réalité sous l'émotion patriotique, celle d'Auzouy, un capitaine des grenadiers à cheval de la Garde impériale, fauché dans le combat, ramené mourant par les ambulanciers et qui, dans un dernier souffle, déclare : « Dites à l'Empereur que je n'ai qu'un regret ; c'est que, dans quelques moments, je ne pourrai plus rien pour son service et pour la gloire de notre belle France. » Les sanglots du lecteur troubleront son esprit jusqu'à lui faire oublier l'absence des plus élémentaires informations sur la matérialité de la victoire.

Le dialogue est un habile procédé pour émouvoir, mais aussi pour délivrer un message, diplomatique notamment. Dans le *Bulletin* qui suit Austerlitz, en décembre 1805, on rapporte cette étrange rencontre entre Napoléon et un officier russe défait : « Sire, lui dit-il, faites-moi fusiller, je viens de perdre mes pièces. — Jeune homme, lui répondit l'Empereur, j'apprécie vos larmes ; mais on peut être battu par mon armée et avoir encore des titres de gloire. » Belle anecdote dont personne ne peut assurer l'authenticité ; derrière la grandeur d'âme de Napoléon, l'ennemi averti verra un geste d'apaisement exprimé à mi-mot.

Car le *Bulletin* n'est pas exclusivement destiné aux troupes, ni même à la seule population française, qui peut en prendre connaissance grâce au *Moniteur*, le journal officiel de l'Empire, grâce aux copies qu'on affiche sur les murs des églises, les bâtiments officiels ou les jardins publics, grâce aux lectures collectives qu'on en fait.

Tous les monarques d'Europe le lisent. Consuls et diplomates en commentent le contenu à leurs gouvernements. Des journaux étrangers en publient même des extraits. Le *Bulletin* est un formidable outil d'influence.

On l'aura compris : s'il compte autant dans l'esprit de l'Empereur, c'est qu'il en contrôle chaque mot, jusqu'à le dicter lui-même. À vrai dire, il se contente bientôt de le corriger. Les officiers de son état-major qui le rédigent maîtrisent si finement la langue de bois napoléonienne qu'il peut, en toute quiétude, leur en abandonner la composition. Une ultime lecture, une touche personnelle, et la vérité du *Bulletin*, grâce à l'imprimerie de campagne de la Grande Armée, est prête à conquérir ou à troubler les esprits européens.

On pourrait dire de Napoléon qu'il a inventé la langue de bois moderne en temps de guerre. Délivrant un message rigoureusement contrôlé par les impératifs stratégiques et tactiques, il répond à la demande pressante d'une opinion avide de savoir et, en raison de l'inquiétude souvent irrationnelle qui l'étreint, prête à croire. Car ce sont bien les peurs et les angoisses collectives suscitées par l'effroi de la guerre qui rendent le public réceptif à des propos qu'il aurait peut-être, en temps ordinaire, jugés peu crédibles. C'est aussi son ignorance de la science militaire et de ce que peut être un théâtre d'opération qui le dispose à avaler le mensonge sans discernement, dès lors qu'il est prononcé de manière savante par l'expert du combat. Et qui pourrait être meilleur expert que l'Empereur lui-même ?

Mais il est une condition à tout cela : que les propos énoncés défendent une thèse, et une seule. La langue de bois, en temps de guerre, ne supporte pas la nuance, facteur de doute et, partant, de confusion et de contestation. Autrement dit, il faut contrôler la puissance qui transmet le message dans l'opinion : les médias. Napoléon a résolu le problème. Louis-Antoine Bourienne, son secrétaire (et ministre d'État), le rapporte dans ses Mémoires de manière assez drôle. Il avait coutume de faire la lecture de la presse à l'Empereur tandis qu'il se faisait raser : « Continuez, continuez, observait-il, je sais ce qu'ils contiennent. Ils ne disent que ce que je leur dis d'imprimer. » En régime démocratique, tout n'est pas aussi simple. Pour que le message unique de la langue de bois y passe, la censure est bien sûr un utile levier. Pas exclusif, cependant, car rien ne vaut des médias consentants ou habilement placés sous influence pour bourrer les crânes de fausses vérités ou de vraies fadaises.

Parole d'expert !

« Grand chef de la tribu des bourreurs de crânes » : Gustave Hervé ! Le 20 juin 1917, *Le Canard enchaîné* révèle le résultat du grand concours lancé sept mois plus tôt auprès de ses lecteurs pour désigner le journaliste qui, par ses affirmations mensongères et l'outrance patriotique de sa plume, mérite d'être couronné. Gustave Hervé, l'ex-anarchiste passé avec armes et bagages dans le camp le plus chauvin à la faveur de la guerre, débaptisant son journal *La Guerre sociale* pour l'appeler *La Victoire*, l'emporte d'une courte tête devant Maurice Barrès, de *L'Écho de Paris*. Un tel triomphe involontaire ne l'émeut pas, lui qui écrit en octobre 1918, à quelques jours de l'armistice : « Quelle est la maman, quelle est l'épouse qui, en ce moment où se joue la vie de la France, n'est pas prête à accepter le suprême sacrifice ? Crois-tu, maman, que les hommes qui meurent en un tel jour meurent réellement ? Crois-tu que ceux qui meurent pour un grand idéal ne vivent pas éternellement ? »

Ni Hervé, ni Barrès, ni les autres éditorialistes cités par *Le Canard enchaîné* n'exprimeront l'ombre d'un regret concernant leurs propos, bien au contraire : la victoire justifiera leur patriotisme enflammé. Dès le début du conflit, Maurice Barrès avait annoncé la couleur, celle qui recouvre tout esprit critique au nom des intérêts supérieurs de la nation : « Nous n'aurons pas un mot, pas une pensée, pas un mouvement de notre âme qui ne s'accorde avec les chefs politiques et militaires » (*L'Écho de Paris*, 18 août 1914). Après tout, quand on achetait *L'Écho de Paris*, on savait à quoi s'en tenir...

Ce sont les pacifistes qui ont popularisé, pendant et après la guerre, la formule du « bourrage de crânes », née dans les tranchées. Après *Le Crapouillot* de Jean Galtier-Boissière, c'est au tour de la revue *Évolution*, fondée par Victor Margueritte, de publier, début 1931, le « sottisier de la guerre », suite de citations découpées dans les journaux, dont l'ampleur et la stupidité éhontée donnent de la presse l'image d'une machine à broyer les esprits par un chauvinisme béat. Le procédé est plaisant, mais il a tendance à tout brouiller et à mêler, sous le titre générique de « bourrage de crânes », des réalités sans rapports.

On pourrait distinguer une première catégorie, celle des grossièretés patriotiques, dont l'outrance est telle qu'elle ne résiste pas à l'enracinement du conflit. À force d'annoncer tous les jours la victoire pour demain, le plus innocent imbécile n'y croit plus ! Un titre comme « Victoire en Russie. Nos alliés en finissent avec l'Autriche avant de lancer le rouleau sur Berlin » (*Le Matin*, 15 septembre 1914) est le fruit de l'intoxication de l'état-major : il y aura bien un coup de rouleau, mais sur les troupes du tsar. Surtout se pressent ces petits articles (non signés) de journalistes besogneux qui peignent leurs papiers de tricolore, comme ce rédacteur du *Matin* qui, le 19 août 1914, rapporte les paroles d'un officier français, un « héros » arrivé à Reims dans un convoi de blessés : « Ma blessure n'est rien, je suis content. » Et comme si cela ne suffisait pas, le journaliste ajoute : « Nos braves petits soldats sont loin d'être abattus. Ils rient, plaisantent et demandent à retourner au feu. » Un de ses confrères, dans le même quotidien, le 22 octobre, annonce fièrement : « Les Allemands attaquent. Ils sont battus. » Le fin stratège verse alors dans la métaphore lyrique : « Les Allemands finissent par battre du front et des poings la muraille humaine qui les bloque de toutes parts, à l'ouest, au sud, à l'est, et qui ne leur laisse plus au nord que d'étroites issues pour s'évader de France. Comme une guêpe enfermée dans une claire carafe de cristal, l'immonde et venimeuse armée se heurte aux parois de sa prison. [...] Elle s'épuise. Elle essaye de s'envoler vers l'orifice du salut qu'elle aperçoit au-dessus d'elle. En vain, toujours en vain. » Mots creux d'un optimisme dégoulinant à l'écho incantatoire.

Plus subtile et plus insidieuse émerge une deuxième catégorie, celle de l'analyse prétendument bien informée, comme la pratique André Lefèvre, dans *Le Matin*, à propos des « bombes asphyxiantes ». Le 27 avril 1915, quelques jours après la première offensive par gaz de l'armée allemande, à Ypres, en Belgique, qui a fait des milliers de victimes, le journaliste se fait savant et apaisant : « Il ne faudrait pas s'alarmer outre mesure des effets meurtriers des bombes asphyxiantes. Pour parler net, elles ont surtout produit un effet de surprise, mais on se tromperait en les croyant capables de produire beaucoup plus » ; c'est, en somme, « le poivre aux yeux de l'Apache attaquant le passant ». On ne peut évidemment reprocher au journaliste d'ignorer les dommages que causeront les gaz dans la guerre. Mais l'emploi de termes scientifiques et techniques, mystérieux et ronflants, « éthers iodoacétique et bromacétique », « oxychlorure de carbone et acroléine », montrent qu'il a été « briefé » par les militaires : en toute bonne conscience, il répand une langue de bois destinée à contenir la panique.

Troisièmement, l'éditorial : celui que *Le Canard enchaîné* pointait dans son viseur. Il est sans surprise. Celui que Maurice Barrès publie dans *L'Écho de Paris* le 26 août 1914 est caractéristique de la pensée unique qui l'anime. Alors que la presse annonce l'imminence de la victoire russe (ce qui est totalement erroné), il note : « Il est faux et peu conséquent de dire que les Cosaques sont à cinq jours de Berlin. » Formidable ! Barrès contre le bourrage de crânes ? Pas tout à fait, car pour lui le mensonge, ou plutôt l'erreur d'appréciation, repose sur le calendrier : le « rouleau à vapeur » est bien en marche sur la « Germanie démunie ». Ce n'est plus qu'une question de temps : « Quand arrivera-t-il à Berlin ? Qu'il y faille trente jours, qu'il y faille deux mois, je n'ai ni la science militaire ni le don de prophétie, mais dans un délai prochain les Allemands auront à se retourner face aux Russes. » Chez Barrès, la conviction domine. Il la répète et se répète pour la faire partager. Ce qui, à l'occasion, peut teinter son discours d'un aveuglement certain.

Mais la vraie langue de bois de la Grande Guerre n'est pas là, dans les fariboles de plumitifs dressés dans le sens du vent ou dans les braises patriotiques de Barrès ou d'Hervé. Elle se situe plus sûrement dans les paroles d'une catégorie nouvelle de la presse, promise à un bel avenir, celle des experts militaires qui, soudainement, envahissent les journaux. Chaque quotidien a le sien, général à la retraite, colonel ou commandant, censé satisfaire la curiosité d'un lecteur frustré d'informations sur la bataille, perplexe aussi devant le laconisme des communiqués de l'état-major. Les experts viennent l'éclairer.

Ils arrivent dans la presse dès l'été 1914, pour annoncer, avec autorité, l'imminence du « succès final ». Le 15 novembre encore, le général Bonnal, engagé par *Le Matin*, annonce avec aplomb : « Les soldats allemands sont harassés de fatigue et crèvent de faim. » Mais rien ne vient. Au contraire, la guerre s'enlise dans les tranchées. Pour autant, les experts ne se démontent pas. Slalomant entre les interdits de la censure militaire, ils commentent les grandes offensives au jour le jour, déployant des cartes du théâtre des opérations, décrivant les accidents du terrain, rendant célèbres la plus petite crête ou la plus minuscule localité, faisant vivre les avancées (françaises) et les reculs (allemands) à la manière d'une course de petits chevaux. Ce faisant, ils mentent sans scrupules, mais avec science. Car c'est bien leur savoir et leur expérience militaires qui donnent du poids au message délivré : pas de doute, nous gagnons et nous allons gagner !

Un exemple ? Le Chemin des dames, en 1917. En avril, sous le commandement du général Nivelle, une grande offensive alliée est lancée sur le front entre Vimy et Reims. L'effort français sera porté sur le Chemin des dames, ce plateau calcaire entre la vallée de l'Aisne et la vallée de l'Ailette, magnifique observatoire donnant sur Reims et Laon, tenu par les Allemands depuis septembre 1914. L'offensive est lancée le 16 avril. Comme le note le député Jean Ybarnegaray : « La bataille a été livrée à 6 heures, à 7 heures, elle est perdue. » Au bout d'une heure, en effet, 5 000 hommes ont déjà été fauchés. Nivelle avait promis une offensive d'une journée, deux tout au plus ; elle se poursuit des semaines. Pour rien. Le 16 avril au soir, 6 000 des 15 000 tirailleurs sénégalais engagés sont tombés. En neuf jours, on relève 30 000 morts. Nivelle s'entête, les cadavres s'entassent. Face à l'échec patent et aux premières mutineries, le gouvernement décide enfin de le remplacer. Pétain prend le commandement de l'armée le 17 mai. On n'a pas avancé d'un pouce, mais on perdu 140 000 hommes.

Pourtant, c'est une tout autre histoire que les experts racontent dans les journaux. La presse du 17 avril est discrète sur la situation de l'armée française. On parle de « bataille acharnée » et on affiche comme preuve de victoire la capture de « 10 000 prisonniers » allemands. *Le Petit Journal* évoque néanmoins la « résistance opiniâtre de l'ennemi », ses « efforts répétés », *L'Humanité* indique que « l'ennemi a résisté avec une grande énergie ». Mais ces tournures euphémisantes sont aussitôt nuancées par un bilan sans appel : « Nos troupes, admirables de vaillance, ont réalisé les premiers objectifs fixés » (*L'Humanité*). Lesquels ? Secret militaire.

Le lendemain, dans *Le Petit Journal*, le général Berthaut rassure : « Marchant sur les traces de ses devancières, [l'armée française] a brisé d'un élan irrésistible, sur tout le front, les premières lignes de défense allemande. [...] Après ces deux premières journées, nos soldats restent toujours impatients de continuer cette lutte que l'état-major a qualifiée avec raison d'une des plus grandes batailles de cette guerre formidable et par suite de l'histoire mondiale ». Le « colonel X... », dans *Le Gaulois*, confirme l'optimisme de Berthaut. Certes, « la résistance allemande fut des plus vives », mais « le succès est d'ores et déjà appréciable », et « l'ascendant de nos vaillants fantassins [...] toujours plus décisif sur l'adversaire ». Donc, au bout de deux jours, le succès est « appréciable », mais pas « acquis », et la « résistance » allemande bien réelle. Le lendemain, 19 avril, l'expert du *Petit journal* se trahit : si le troisième jour d'offensive a pris une « tournure plus favorable » que les deux premiers – qui, eux, n'avaient donné que des « résultats satisfaisants » –, c'est bien que la bataille n'a pas, jusqu'ici, apporté les résultats escomptés... Du coup, à défaut de pouvoir aligner des gains concrets sur le terrain, on décompte chaque jour le nombre de prisonniers allemands : 13 500, 17 000... Poudre aux yeux : combien de captifs français ? Et surtout : combien de victimes ?

Plus les jours passent, plus on évite de parler de victoire. Mais il faut bien expliquer l'apparent piétinement, ce que tente de faire le « colonel X... » dans *Le Gaulois* du 5 mai, lorsqu'il évoque la « position formidablement organisée de l'ennemi », le « rempart germanique », l'« acharnement sans précédent » des Allemands. Jusqu'à l'aveu : « Que les résultats stratégiques de cette poussée continue soient encore limités, nul ne le contredit [...]. Il ne faut plus dissimuler, à l'heure où nous en sommes, que, pour ménager notre "capital en hommes", il faut se retourner vers nos alliés, dont la mobilisation est moins poussée et plus récente. » Et le lendemain, dans le même quotidien, le lieutenant-colonel Rousset reconnaît : « Il arrive parfois que les attaques montées sur un grand pied ne donnent pas tous les résultats qu'on attendait d'elle. » Les experts vont-ils trop loin ? Sans doute, puisque le 8 mai, le « colonel X... » rectifie. Dressant le bilan du Chemin des dames, il écrit dans *Le Petit Journal* : « En trois jours de combats acharnés, nous avions ainsi conquis la presque-totalité du Chemin des dames [...]. Les masses ennemies refoulées, écrasées sous notre feu, durent constamment reculer. » La « presque » totalité ? Donc, un semi-échec. Des ennemis qu'on refoule ? Donc, ils sont loin d'être vaincus.

La langue de bois de l'expert militaire joue sur les mots. Au lecteur attentif (qui ne sera jamais au courant du soudain limogeage de Nivelle : la censure y veille) de les traduire. Lorsque la bataille est « gigantesque », c'est qu'on n'avance pas et que les cadavres s'accumulent. Quand les Allemands lancent de « furieuses contre-attaques », c'est que le « valeureux » soldat français, lui, recule, avec des pertes humaines considérables. Parole d'expert !

Maréchal, te voilà !

« Nous vaincrons parce que nous sommes les plus forts », « La route du fer est coupée » : les Français ont été abreuvés de ces balivernes pendant la drôle de guerre. Pourtant, en matière de langue de bois, ils n'avaient encore rien entendu. À la faveur du désastre de mai 1940 et de l'occupation allemande, c'est un nouveau discours dominant qui s'impose, celui des collaborateurs de Vichy et des collaborationnistes pronazis. Ils tiennent enfin leur revanche sur la République, qui les maltraitait, sur les juifs, qu'ils vouent aux gémonies depuis plus d'un demi-siècle, et peuvent désormais rabâcher les mots qui anesthésient les consciences, les mots qui incitent au meurtre, les mots qui exaltent l'ordre nouveau, sûrs de n'être jamais démentis.

En matière de langue de bois, le maréchal Pétain est un maître. Il la manie encore sans vergogne, en 1949, depuis sa résidence surveillée de l'île d'Yeu où il purge sa peine, après avoir été convaincu de haute trahison. Écoutons-le se justifier dans *Quatre années de pouvoir*, paru en 1949 : « J'ai toujours résisté aux Allemands. Donc, je ne pouvais être que favorable à la Résistance. La Résistance est le signe de la vitalité d'un peuple. En tant que chef de l'État, je ne pouvais l'approuver publiquement en présence de l'occupation. J'ai toujours fait la distinction entre les résistants aux Allemands et ceux qui ont utilisé ce prétexte pour se livrer à des crimes de droit commun. Ce sont ceux-là seuls que j'ai qualifiés de terroristes. [...] Je n'ai jamais cherché à avilir la Résistance, car j'étais moi-même un résistant. » Et il note aussi : « L'occupation m'obligeait aussi, contre mon gré et contre mon cœur, à tenir des propos, à accomplir certains actes dont j'ai souffert [1]. »

Difficile, en tout cas, de déformer ses propos entre 1940 et 1944. La censure y veille. Impossible, tout

---

1. *Ibid.*, p. 22.

autant, de parler librement de Pétain dans la presse. Les consignes sont claires. Pour le désigner, on bannira le mot « vieillard » (il a quatre-vingt-quatre ans en 1940) et même les épithètes bienveillantes comme l'« illustre » ou le « valeureux » Maréchal. On évitera les termes rappelant son passé militaire, comme l'« illustre guerrier » ou le « valeureux soldat », à l'exception (mais n'en abusons pas !) de « vainqueur de Verdun ». En revanche, on valorisera « tout ce qui montre la vigueur physique et morale du Maréchal, la bienveillance naturelle de son caractère, sa lucidité, l'intérêt qu'il porte à tous les problèmes ». Inutile de s'appliquer à décrire ces qualités ; mieux vaut les évoquer dans l'action, incidemment. La censure fournit aussi des exemples au journaliste en panne d'inspiration : « Le Maréchal s'avance d'un pas alerte et rapide » ; « Il prend un vif intérêt aux explications qui lui sont données » ; « Il accueille avec sollicitude les délégations ». Mais ce n'est pas tout, car la censure recommande d'exalter auprès du lecteur tout ce qui, dans ses paroles, tient au « patriotisme » du Maréchal, de marteler des formules comme « confiance en l'avenir », « relèvement matériel et moral », « rénovation française », et de signaler, « mais sans trop appuyer », les marques de déférence des Allemands à l'égard du chef de l'État français.

Mais s'il n'y avait que le Maréchal... La censure contrôle tout, ce qu'il faut dire, comment il convient de le présenter, quels mots employer. Surtout ne pas parler des « alliés » ou des « nations unies », sauf entre guillemets, pour insister, de manière ironique, sur leurs divisions. Pas question, non plus, d'écrire « gouvernement de Vichy » : il n'y a qu'un « gouvernement français ». De

Gaulle, Giraud, les officiers dissidents devront être appelés par leur seul nom : pas de mention de leur grade ou, le cas échéant, on précisera « ex-général ». Souvent, aussi, la censure fournit des articles ou des membres d'articles déjà rédigés, prêts à insérer. Il est vain, alors, d'acheter plusieurs journaux : ce sont tous les mêmes, fondés sur un conformisme équitablement partagé, nourris de la même langue de bois.

Quel ennui quand on écoute le Maréchal ! Morale culpabilisatrice, paternalisme creux, philosophie de confessionnal… Et tout le monde y passe. Les jeunes, d'abord : « Vous souffrez dans le présent, vous êtes inquiets pour l'avenir. Le présent est sombre, en effet ; mais l'avenir sera clair, si vous savez vous montrer dignes de votre destin [...] Méditez ces maximes : le plaisir abaisse, la joie élève ; le plaisir affaiblit, la joie rend fort » (29 décembre 1940). Les mères, ensuite : « Maîtresse du foyer, la mère, par son affection, par son tact, par sa patience, confère à la vie de chaque jour sa quiétude et sa douceur. Par la générosité de son cœur, elle fait rayonner autour d'elle l'amour qui permet d'accepter les plus rudes épreuves avec un courage inébranlable » (25 mai 1941). Et puis les paysans : « Le cultivateur doit prévoir, calculer, lutter. Les déceptions n'ont aucune prise sur cet homme que dominent l'instinct du travail nécessaire et la passion du sol » (20 avril 1941). Et puis les ouvriers, et puis les soldats, et d'autres encore…

Qu'on ne s'y trompe pas. L'onctuosité des mots, les formules flatteuses, les platitudes de M. Prudhomme cachent une vision du monde et un projet idéologique contenus dans la banalité même du langage. « Vous payez des fautes qui ne sont pas les vôtres », dit-il aux jeunes. « L'atmosphère malsaine dans laquelle ont grandi beaucoup de vos aînés a détendu leurs énergies, amolli leur courage et les a conduits par les chemins fleuris à la pire catastrophe de notre histoire. » Jeune, enfonce-toi bien cela dans la tête : tu paies les fautes de la République et du Front populaire ! Et vous, mères raisonnables, vous ne vous laissez pas prendre aux « mirages d'une civilisation matérialiste », vous savez que « la famille, cellule initiale de la société, nous offre la meilleure garantie du relèvement ». Quant à vous, amis paysans, « héros » que chacun doit honorer, vous qui, instinctivement, êtes persuadés que « dans la France nouvelle nul ne sera sauvé, s'il n'a d'abord travaillé à se réformer lui-même », vous soutiendrez « la grande réforme en préparation », celle de la Charte paysanne.

La langue de bois doucereuse du Maréchal, qui berce et assoupit, vise à obtenir la résignation et l'acceptation (« Vous souffrez et vous souffrirez longtemps encore, car nous n'avons pas fini de payer nos fautes », 17 juin 1941). Elle pousse à la haine des hommes de la IIIe République (« Les responsables de vos maux, les fauteurs de la guerre et de la défaite », 4 avril 1943), pour mieux imposer un régime de rupture avec la France des Lumières (« Le régime nouveau [...] ne reposera plus sur l'idée fausse de l'égalité naturelle de l'homme », 11 octobre 1940).

Les mots du Maréchal décrivent un monde imaginaire de sentiments et d'attitudes, d'un côté le bien (« amour », « générosité, « effort », « entraide », « volonté », « bien public », « travail »...), de l'autre le mal (« égoïsme », « luttes stériles », « passions idéologiques », « envie »,

« cupidité »…), pour mieux asseoir l'emprise sur des Français déboussolés. Leur silence est lourd sur toute la politique réelle, celle de la collaboration, celle de la politique antisémite, celle de la répression et de l'exclusion.

C'est cependant un tout autre langage qui s'impose à Paris, une langue de bois bien différente chez les « nouveaux messieurs », chefs de groupuscules collaborationnistes, journalistes engagés, intellectuels à la botte, qui fréquentent les salons allemands. Ils ont eu la peau de la Gueuse, de la « vieille putain agonisante », de la « garce vérolée fleurant le patchouli », de la « mal blanchie, la craquelée, la lézardée », comme l'écrit Brasillach dans *Je suis partout*, le 7 février 1942 – le vocabulaire employé pour vomir la République est caractéristique de la haine exaspérée qui habite les articles de la presse ultra. Ce n'est pas vraiment nouveau, l'injure fait depuis longtemps partie du style stéréotypé de l'extrême droite. Désormais, elle alimente une surenchère tendant à prouver, par les mots, la pureté de son engagement pour l'Europe nouvelle.

Les charges *ad hominem* sont légion. Contre les hommes du Front populaire, comme Blum, « esthète pourri et ver de cadavres » (*Au pilori*, 18 octobre 1940), « bête puante » (*L'Appel*, 2 avril 1942). Contre de Gaulle, « l'égaré, le traître de la plus vilaine espèce » (*L'Œuvre*, 11 avril 1941), le « maboule » (*Au pilori*, 29 janvier 1942). Contre les intellectuels « gaullistes », tels Mauriac, l'« admirateur des déterreurs de carmélites » (*Jeunesse*, 5 janvier 1941), ou l'« obscène » Gide, dont *L'Appel* dénonce les « déjections buccales » contre le fascisme, concluant : « Les nécrophiles de la IIIe ne veulent pas l'enterrer. Comme on les comprend ! Avec l'odeur du Gide, ils camouflent leur propre parfum » (12 juin 1941).

C'est à l'égard des juifs que les mots atteignent leur véhémence maximale. Brasillach adopte le registre du racisme biologique des nazis lorsqu'il écrit : « Oui, nous voulons sauvegarder la race française, la protéger des ferments nocifs qui l'encombrent et l'avilissent » (*Je suis partout*, 2 juin 1941). Et Paul Riche, dans *Au pilori*, en appelle au meurtre : « Mort au juif ! [...] Le juif n'est pas un homme. C'est une bête puante. On se débarrasse des poux. On combat les épidémies. On lutte contre les invasions microbiennes. On se défend contre le mal, contre la mort – donc contre les juifs » (14 mars 1941). Ici, la nazilangue imprègne le langage collaborationniste : « judéobolchevisme », « ploutocratie juive », « abomination juive » se glissent, comme par réflexe, sous la plume des thuriféraires de l'Allemagne.

Pour autant, malgré ses formules figées, ses obsessions verbales, ses associations de mots explosives, ses trouvailles abominables, la presse de la collaboration n'invente aucun langage et sa langue de bois n'excède pas les minces horizons des cercles ultras. L'opinion l'observe et la rejette comme un produit apporté dans les bagages de la Wehrmacht, oubliant qu'elle était déjà bien là, haineuse et rampante, dans la France des années 1930.

Algérie : les tabous

Étonnants, les trésors d'imagination que déploient les gouvernements des IVe et Ve Républiques pour éviter de nommer la guerre d'Algérie ! Ce n'est qu'en 1999, soit trente-sept ans après les accords d'Évian, que les parlementaires français adoptent, à l'unanimité, une proposition de loi permettant officiellement de qualifier de guerre le conflit sur le territoire algérien. Jusque-là, il avait fallu faire preuve d'invention et rivaliser d'euphémismes pour nier la réalité.

En 1954 – alors que, déjà, 55 000 soldats français sont sur le terrain –, on parle d'« événements », ce qui ne veut rien dire mais rappelle furieusement les numéros de virtuose de la sovietlangue. L'année suivante, les combats se réduisent à des « opérations de police », remplacées, en mars 1956, par d'obscures « actions de maintien de l'ordre ». À cette époque, on compte tout de même 400 000 hommes mobilisés et la durée du service militaire est exceptionnellement portée à vingt-sept mois, voire trente pour certaines armes. Puis, de 1957 à 1962, la dénomination officielle navigue entre « opérations de rétablissement de la paix civile » et « entreprise de pacification », même si, en mai 1958, de Gaulle laisse échapper un « toute la population est jetée dans la guerre » vite réprimé. Ce n'est pourtant pas fini.

Groupés en associations, les anciens combattants d'Algérie entendent en effet obtenir des indemnisations de la nation au niveau du sacrifice consenti. Les droits que donne la participation à des « opérations de maintien de l'ordre » ne sont pas exactement les mêmes que ceux qu'accorde l'engagement dans une guerre. Alors, très justement, les lobbies agissent sur les députés. Premier pas : en 1968, la loi de finances leur accorde un titre de reconnaissance qui améliore l'ordinaire. À cette occasion, le Sénat glisse dans le texte un habile « combats » qui pourrait faire bouger les lignes. Tentative intéressante, mais nettement insuffisante. Deuxième pas : en décembre 1974, les combattants d'Algérie obtiennent les mêmes droits que ceux qui ont participé à des conflits antérieurs. Mais pas question de revoir l'expression « opérations de maintien de l'ordre ». Bref, ces combattants n'ont officiellement pas fait la guerre, mais ils sont indemnisés comme s'ils l'avaient faite, vu que tout le monde sait (sauf le gouvernement et le Parlement) qu'il s'agissait bien d'une guerre... Ubuesque.

C'est le président Jacques Chirac qui débloque la situation en 1996, lorsqu'il déclare aux représentants des associations qu'il faut « mettre le langage officiel en conformité avec le langage courant ». Le 21 septembre, le secrétaire d'État aux Anciens combattants Jean-Pierre Masseret est à Pavie pour inaugurer le mémorial gersois des anciens combattants « morts pour la France » et des victimes civiles d'Afrique du Nord. Et c'est là que, pour la première fois, un représentant de la République prononce les mots magiques : « guerre d'Algérie ». On commence alors à modifier les épitaphes des plaques commémoratives, comme celle de l'Arc de triomphe : « Aux morts pour la France lors de la guerre d'Algérie et des combats en Tunisie et au Maroc (1952-1962). » Ne reste plus au Parlement qu'à donner le dernier coup d'épaule à l'une des plus résistantes formules de la langue de bois gouvernementale.

Bien sûr, depuis bien longtemps, la presse parlait de guerre à propos de l'Algérie. Dès 1955, sauf dans les médias gouvernementaux, la « guerre d'Algérie » devient une évidence. Cela ne veut pas dire pour autant que les consignes de Matignon ne pèsent pas. La pression sur le vocabulaire des journalistes est d'ailleurs bien plus forte avant l'arrivée au pouvoir du général de Gaulle. De toute façon, outre sa maîtrise directe sur la radio et la télévision d'État, le pouvoir a les moyens de contrôler l'AFP, de menacer les radios privées (RTL, Europe n° 1) et d'agiter le chiffon rouge de la saisie au-dessus des journaux. Alors, prudence... On apprend ses leçons : tu ne diras pas « combattants algériens », mais « rebelles » ou « hors-la-loi », en soulignant bien qu'ils « assassinent », qu'ils « pillent », qu'ils « abattent » le bétail. Tu ne diras pas « GPRA » (Gouvernement provisoire de la République algérienne), mais « organisation extérieure de la rébellion ». Tu ne diras pas « Algérien », mais « Français musulman », etc.

Les journaux ont aussi intérêt à se renseigner sur la langue de bois quotidienne du gouvernement (= la vérité du jour) s'ils ne veulent pas s'exposer à de douloureuses mésaventures. *Paris-Presse, L'Intran* en fait l'amère expérience le 5 janvier 1961. Tout le monde sait qu'un dialogue secret s'est engagé entre le GPRA et le gouvernement français. Mais personne ne veut prendre le risque d'en parler, sauf *Paris-Presse* qui reproduit une dépêche étrangère affirmant : « De Gaulle lance ses derniers arguments. Le plan de paix est prêt. » La sanction est immédiate : le quotidien est saisi. L'Élysée publie un communiqué : « Il n'y a pas de contacts entre le gouvernement français et le GPRA. » C'est faux, mais c'est cela qu'il faut dire – c'est cela que tu diras...

La guerre terminée, il reste beaucoup de chemin à parcourir pour assouplir la langue de bois, par exemple s'agissant de la torture en Algérie. On sait comment le témoignage de Louisette Ighilariz, publié dans *Le Monde* le 20 juin 2000, a relancé le débat, avant les aveux du général Aussaresses en novembre de la même année. Mais remontons près d'une trentaine d'années auparavant.

Le 15 janvier 1971, la télévision diffuse une interview du général Massu, interrogé par Pierre Dumayet, après la parution de son livre *La Vraie Bataille d'Alger*. Face à la caméra, il refuse de nommer une réalité qu'il a pourtant avoué s'être infligée en testant sur lui l'efficacité de la fameuse gégène. Dumayet a beau revenir à la charge, Massu n'en démord pas : il parle de « question par force ». Il n'ira pas plus loin.

L'année suivante, la télévision prend un risque : diffuser un documentaire en trois épisodes, signé Ange Casta, *Dix ans après, la guerre d'Algérie*, à l'occasion du dixième anniversaire des accords d'Évian. Le documentariste interroge des combattants algériens et leur parle de la torture. Les anonymes, les FLN ordinaires, répondent sans tabou, et parfois avec force détails. Mais lorsque Casta s'approche des anciens chefs, des figures tutélaires, c'est un mur de silence. Il rencontre par exemple Yacef Saadi, auteur de *La Bataille d'Alger*, portée à l'écran par Pontecorvo. Leader FLN d'Alger en 1957, il fut arrêté, condamné à mort, puis libéré en 1962. La torture ? Il n'en dira pas un mot, se contentant de répondre, dans un sourire embarrassé : « Je crois qu'il faut poser cette question au général Massu. » Puis Casta rencontre Djamila Boupacha. Arrêtée à vingt-deux ans, en 1960, elle était restée plus d'un mois aux mains des militaires français. Elle avait été torturée et violée, et son supplice avait mobilisé les intellectuels français, sous la pression de son avocate, Gisèle Halimi, et de Simone de Beauvoir. Le documentariste lui demande : « Vous avez été torturée ? » La jeune femme hésite : « Oh, ça… tout le peuple l'a été. Ce sont des choses… du passé. Je ne voudrais pas quand même revenir… et remuer tout ce passé [*silence*]… Tout le monde a été touché par la révolution, tout le monde a été torturé [*silence*]. » Bien sûr, s'agissant de Boupacha, on fera la part de la pudeur, de la souffrance et de la honte. Mais son témoignage est en phase avec celui de Saadi.

En fait, tous deux adoptent la version officielle du gouvernement algérien. Tant qu'il s'agit d'évoquer l'histoire mythique de la libération, les langues se délient. Avec la torture, c'est autre chose. Il ne faut rien faire qui puisse brouiller les relations de coopération avec l'ancien colonisateur. Ce qui arrange tout le monde. Et, pendant des années, les langues de bois de l'un et l'autre pays se conjuguent pour alimenter le principal tabou de la guerre d'Algérie. Avec les retours de flamme que l'on sait.

Irak : poker menteur

Opération Tempête du désert : le 7 août 1990, les troupes américaines débarquent à Dhahran (Arabie saoudite). Le lendemain, Saddam Hussein annonce l'annexion du Koweït, envahi le 2 août par son armée. Six mois plus tard, le 17 janvier 1991, les Américains, soutenus par les forces de trente-quatre pays des Nations unies, déclenchent les bombardements des sols irakien et koweïtien : la guerre du Golfe commence.

« Intervention en Irak », « frappes chirurgicales », « dommages collatéraux » : les téléspectateurs occidentaux s'accoutument très vite à une langue de bois militaire qui, atténuant, minimisant, banalisant les réalités du combat, évite les mots qui fâchent : « guerre », « bombardements », « erreurs de cible », avec les nombreuses victimes civiles qu'ils supposent. La guerre du Golfe est un conflit sans morts, sans mutilés, sans blessés ; une « guerre propre ». Les familiers du petit écran s'habituent d'autant plus aisément à ces mots que la guerre est soutenue par l'opinion et que le vocabulaire de l'état-major, repris chaque matin dans les réunions de presse, est immédiatement adopté par les journalistes et les experts militaires, qui transforment les journaux télévisés en leçons de stratégie et de tactique pour grands débutants. Censurés, tenus à l'écart, embarqués par des officiers qui leur disent et leur montrent ce qu'ils veulent bien leur dire et leur montrer, les journalistes sont menés par le bout du nez. Après tout, il faut bien informer...

À cette époque, on a oublié George Orwell, qui, en 1946, s'élevait contre les euphémismes guerriers destinés à rendre moins brutaux, dans l'opinion, les ravages des bombes atomiques sur le Japon ou la répression britannique en Inde : « Des villages sans défense subissent des bombardements aériens, les habitants sont chassés dans la campagne, le bétail mitraillé, les abris incendiés avec des balles incendiaires : c'est de la *pacification*. Des millions de paysans sont privés de leurs fermes et envoyés se traîner le long des routes en abandonnant tout ce qu'ils ne peuvent emporter : c'est un *transfert de population* ou une *rectification de frontières*[1]. »

Pendant ce temps, dans le camp irakien, la propagande est menée bon train. La « mère de toutes les batailles », conduite par la « lumière de nos jours », le

1. George Orwell, « Politics and the English Language », *Horizon*, Londres, avril 1946.

« chevalier de la nation arabe », le « héros de la libération nationale » – traduisez : Saddam Hussein –, ne peut se solder que par la victoire. Pourtant, les troupes irakiennes battent en retraite. Le « président bien-aimé » a heureusement l'art de transformer les désastres en apothéoses, comme l'indique son message du 26 février 1991, lu sur les ondes de Radio Bagdad : « Vous avez fait face au monde entier, courageux Irakiens. Vous avez gagné, vous êtes victorieux. Comme la victoire est douce. Applaudissez votre victoire, mes chers concitoyens. Vous avez choisi la bonne voie. Dans cette mère des batailles, nous avons réussi à récolter ce que nous avions semé. » Cela, ce n'est pas faux…

En matière de langue de bois, la phase la plus intéressante est peut-être celle qui précéda l'offensive, ces longs mois séparant l'invasion du Koweït du déclenchement des hostilités, marqués par une vaste partie de « poker menteur » où la France tint son rôle avec talent.

Il a ainsi fallu à Roland Dumas, ministre des Affaires étrangères, déployer toute son expérience de la langue de bois diplomatique pour éviter le plus longtemps possible de prononcer le mot « guerre ». Le 2 août 1990, quelques heures après l'invasion du Koweït, Memona Hinterman l'interroge pour FR3. Elle sait qu'il refusera de parler de guerre. Alors elle montre qu'elle aussi sait manier l'euphémisme : « Militairement, on va faire quelque chose contre l'Irak ? » Dumas, plus posé encore qu'à l'habitude, polit ses mots, évoque le récent conflit irako-iranien, l'arsenal militaire de Saddam Hussein. L'événement de la nuit « doit faire réfléchir les pays occidentaux »… Il virevolte. On attend la chute. Elle vient : « La communauté internationale sera bien inspirée de donner un coup d'arrêt à des procédés de cet ordre. » « Coup d'arrêt ? » Cela ne veut rien dire ou tout dire... Retour sur le plateau du journal télévisé. Memona Hinterman traduit la langue de bois dumasienne, aidée sans doute par une confidence hors caméra : « Et c'est le boycott qu'on attend. »

Finalement, dix-neuf jours plus tard, Roland Dumas, dans une vaste opération de communication visant à préparer l'opinion à l'échec des négociations, parle non pas de guerre, mais d'« engrenage qui peut conduire à la guerre ». « Qui peut »... mais ce n'est pas fatal ! Heureusement, il y a des hommes politiques prestigieux pour penser qu'il ne s'agit là que d'une hypothèse, comme Valéry Giscard d'Estaing, vieil ami de l'Irak, qui, le 24 septembre, à *L'Heure de vérité* d'Antenne 2, prophétise : « Je pense que Saddam Hussein cédera. Je pense que le blocus réussira. C'est une affaire de volonté. »

La partie de poker menteur se poursuit en août 1990 sur le thème des otages français, retenus avec d'autres Occidentaux par les Irakiens, qui en usent comme d'un moyen de pression sur la communauté internationale. C'est alors que les téléspectateurs français font connaissance avec un petit bonhomme moustachu et rondouillard : il se nomme Abdul Razzak Al Hachimi ; il est ambassadeur d'Irak à Paris et champion toutes catégories en langue de bois. Le 17 août, il est l'invité de Florence Piquet, au « 19/20 » de FR3. Elle lui demande pourquoi les Irakiens viennent de rassembler des Américains et des Britanniques dans un hôtel de Koweit City. Prudente, elle ne parle pas d'otages. L'ambassadeur se dérobe et préfère évoquer les objectifs pétroliers américains. La journaliste revient à la charge. Et Razzak Al

Hachimi joue l'étonnement : « Les rassembler ? C'est pour leur sécurité, absolument... » ; et d'ajouter : « Ces ressortissants sont dans une région où l'espace aérien est fermé, les frontières sont fermées, et ils ne peuvent pas partir. » Ah, si c'est un problème de transport...

Le 18 août, Saddam Hussein souffle le chaud et le froid : « Les étrangers sont retenus dans un objectif pacifique, mais souffriront comme les Irakiens du manque de médicaments et de nourriture » (provoqué par le blocus des Nations unies). Du coup, le petit homme à la moustache noire revient à la télévision, le 23, à *Télématin*, interrogé par François Ponchelet. Le journaliste commence fort : « Vous avez envahi le Koweït... Vous détenez des otages. » L'ambassadeur ne se démonte pas : « Ce n'est pas une invasion [...]. On nous a appelés de l'intérieur du Koweït [...]. Ceux que vous appelez "otages", en fait, ce ne sont pas des otages », ajoutant ces mots codés, en guise d'avertissement : « Il existe une menace militaire sur l'Irak et, par conséquent, l'Irak fait feu de tout bois pour essayer d'éviter un conflit dans la région. » Ponchelet n'est pas satisfait de la réponse : il pose donc à nouveau sa question. Et son interlocuteur de s'en tirer par une audacieuse pirouette : « Si nous arrivons à empêcher le désastre dans la région, vous pourrez considérer que les ressortissants étrangers retenus en Irak sont de véritables héros. »

Pour le gouvernement français, ni héros, ni même otages. Le mot est tabou jusqu'au 21 août où, pour la première fois, Mitterrand le prononce. « On s'occupe d'eux », dit-il. En langage diplomatique, cela veut-il dire qu'on « négocie » ? Grand Dieu, non ! Pourtant, le lendemain, l'Irak décide de « faire un geste en direction de

la France en libérant quelques ressortissants français »,
comme le précise l'ambassadeur irakien à Paris. A-t-on
négocié ? Non, évidemment !

Le 23 octobre, les trois cents derniers otages français
sont libérés. « C'est une décision unilatérale de l'Irak »,
proclame le Premier ministre, Michel Rocard. Curieusement, c'est également le même mot qu'emploie Tarek
Aziz, le ministre des Affaires étrangères de Saddam Hussein : « C'est un geste unilatéral de notre part. » Et il
explique la troublante bienveillance irakienne : « La
France déploie des efforts déclarés et non déclarés dans
la recherche d'un règlement pacifique. » « Non déclarés » ? On ne cherchera guère à savoir ce que cachent ces
mots. La parole irakienne est, depuis, longtemps,
démonétisée.

Le monde selon Bush

Le 16 septembre 2001, cinq jours après la tragédie de New York, George W. Bush, affirmant la
nécessité de lutter contre le « mal nouveau » qui menace
l'Occident, déclare : « Cette croisade, cette guerre contre
le terrorisme, risque de prendre du temps. » « Croisade » : le mot n'a sans doute pas la même charge historique aux États-Unis qu'en Europe ou au Moyen-Orient.
La communauté internationale y voit une « gaffe ». Mais
le mot a été soigneusement puisé dans le répertoire de
l'idéologie ultraconservatrice, qui conçoit les conflits à
venir comme des guerres de civilisations. Oussama ben
Laden ne s'y trompe pas lorsque, aussitôt, il appelle les
musulmans au djihad contre les « croisés américains » :
« Cette nouvelle croisade juive est emmenée par le plus

grand croisé de tous, Bush, sous la bannière de la croix. » Désormais, la « croisade » fige deux langues de bois qui s'affrontent dans une lutte à mort, et le piège tendu par al-Qaida se referme sur les Occidentaux.

Non, le mot n'a pas été choisi au hasard par Bush, comme en témoigne l'emploi systématique de la métaphore mystique qui réduit le monde à une guerre entre le bien et le mal, le bien et l'« esprit diabolique », comme il le dit dans son discours du 23 janvier 2007 : « L'esprit diabolique qui a inspiré le 11 septembre et s'en est réjoui est toujours au travail dans le monde. » Al-Qaida et ses adeptes sont « possédés » par la haine. En termes plus policés, le manichéisme qui caractérise la langue bushienne oppose de manière irréductible la « liberté » et le « terrorisme », vocable laissé volontairement dans le flou. Ces binômes permettent d'affirmer que les États-Unis sont en état de guerre permanent. « Les terroristes et leurs partisans, affirme le président américain en 2004 dans son discours sur l'état de l'Union, ont déclaré la guerre aux États-Unis, et c'est la guerre qu'ils auront. »

Cette guerre est d'abord menée en Afghanistan, en 2001. Maladresse ? Aveuglement mystique ? En tout cas, le nom de baptême de l'opération militaire, Justice infinie, qui se traduit grossièrement en arabe par « châtiment divin », peut, par son caractère blasphématoire pour l'Islam, être ressenti comme une véritable provocation ; surtout lorsqu'on le rapproche de la « croisade » que George Bush entend mener. Néanmoins, cette guerre, précise-t-on, est une « guerre préventive », donnant à la violence une vertu quasi humanitaire.

Mais la grande affaire est bien sûr celle de l'Irak en 2003. On n'influence pas la communauté occidentale avec les bûchers de sorcières ; ni même, à vrai dire, le peuple américain, bien que les mots de la peur entretiennent, aux États-Unis, le cauchemar du 11 septembre. Bref, il faut un vrai motif de guerre. Le monde se familiarise alors avec une expression qui réduit l'Irak à cette seule réalité : les « armes de destruction massive ». Il ne se passe pas un mois, depuis l'été 2002, et bientôt une semaine ou un jour, sans que Bush, le vice-président Dick Cheney, le porte-parole de la Maison-Blanche, Ari Fleischer, le secrétaire d'État à la Défense, Donald Rumsfeld, ou le secrétaire d'État, Colin Powell, n'alimentent, par les mêmes mots, les mêmes tournures, l'idée que « l'Irak possède des armes chimiques et biologiques ». Jusqu'à ce 5 février 2003 où Powell clame à la tribune des Nations unies : « Toutes mes déclarations d'aujourd'hui reposent sur des sources, des sources fiables. Ce ne sont pas des accusations en l'air. Les faits et les conclusions que nous vous soumettons se fondent sur des renseignements fiables. [...] Saddam Hussein est déterminé à se procurer l'arme atomique. Si déterminé qu'il a en secret tenté à plusieurs reprises d'acquérir des tubes en aluminium renforcé auprès de onze pays, et ce même après la reprise des inspections. » Dès lors, le discours bascule : c'est la menace de l'arme nucléaire qu'on agite. Dix jours après le début de la guerre en Irak, le 30 mars 2003, Rumsfeld, dans l'émission *This Week*, sur ABC, ne se contente pas de ressasser le message (dont on sait aujourd'hui qu'il se fonde sur un mensonge), il précise, à propos des « armes de destruction massive » : « Nous savons où elles sont. »

La guerre engagée, on réactive l'arsenal sémantique de la guerre du Golfe, avec moins d'efficacité cependant :

dans la plupart des pays occidentaux, l'opinion est défavorable à l'opération américaine et les journalistes, depuis 1991, ont procédé à un long et douloureux examen de conscience sur leurs pratiques. Pourtant, l'état-major de l'armée n'est pas à court de langue de bois, surtout lorsque la prise des villes irakiennes se révèle plus complexe et meurtrière que prévu. On évoque alors des « pertes sensibles mais faibles », des « poches de résistance sporadiques » ou « résiduelles ». Le stock d'euphémismes est décidément inépuisable.

Il l'est tout autant au moment des bilans. En juillet 2007, George Bush reçoit un rapport officiel sur l'engagement militaire en Irak et la politique d'« irakisation » de la guerre. Le gouvernement irakien, y lit-on, « a fait des progrès insatisfaisants » dans le domaine des forces de sécurité, dans celui du « désarmement » des milices, dans le partage des revenus pétroliers, dans l'administration, dans, dans… Une litanie d'échecs patents couverts du doux euphémisme de « progrès insatisfaisants ». La langue de bois américaine a bien du mal à dissimuler le bilan accablant en Irak et, dans l'opinion, le mot magique de « croisade » a perdu son charme. C'est toute la limite du bourrage de crânes. En cas de victoire, on pardonne tout, y compris les mensonges. Mais la défaite nourrit, à leur égard, le plus cruel ressentiment.

8

Afrique : paroles de chefs

Dans son palais-caserne de Berengo, à quatre-vingts kilomètres de Bangui, Sa Majesté Bokassa Ier reçoit la télévision française. Jean-Pierre Elkabbach et Alain Duhamel ont fait le déplacement en Centrafrique pour enregistrer un numéro exceptionnel de *Cartes sur table* qui doit être diffusé le 23 novembre 1977, deux semaines avant le couronnement de l'empereur autoproclamé. Bokassa, que de Gaulle avait baptisé le « soudard », trône dans un fauteuil surchargé de dorures, à l'image du salon qui l'entoure, sorte de bric-à-brac pour brocanteur. Ses pieds reposent sur une peau de lion, dont la gueule, largement ouverte, semble prête à engloutir les deux journalistes, auxquels on a réservé des sièges plus roturiers. La main sur sa canne à pommeau d'ivoire où a été gravée la lettre « J », comme « justice », il attend les questions, tandis que, grâce à la baie vitrée donnant dans la cour, on aperçoit des soldats qui s'entraînent, dans la chaleur poisseuse de Berengo.

Arrivé au pouvoir en 1965 à la faveur d'un coup d'État qui renversa David Dacko – son propre cousin –, l'ancien capitaine de l'armée française (vingt-trois ans de service !), qui participa au débarquement de Provence et aux guerres d'Indochine et d'Algérie, a mis en place une dictature soutenue par la France. De Gaulle est mon « père » (il n'est pas rancunier !) et Giscard d'Estaing mon « cousin » (qui contribuera à son renversement, en 1979, en envoyant les troupes françaises « rétablir l'ordre », favorisant ainsi le retour de Dacko au pouvoir), aime à dire celui qui s'est proclamé président à vie en 1972, puis maréchal deux ans plus tard, avant de décider l'établissement de l'empire.

Les exactions de Bokassa contre ceux qui le contestent (lycéens compris) ont nourri la presse internationale, et les journalistes occidentaux sont eux-mêmes ses victimes. Quelques jours avant l'arrivée de l'équipe d'Antenne 2, un reporter du *New York Times* s'est fait bastonner par la police après la publication d'articles qui dénonçaient les atteintes aux droits de l'homme en Centrafrique. C'est un peu pour cela que Bokassa a accepté la proposition d'entretien télévisé : il tient à donner de lui l'image d'un chef d'État juste, et même démocrate, unanimement soutenu par son peuple, tout à la joie des festivités du couronnement annoncé. Du coup, face à des interviewers prudents mais décidés à poser les questions qui dérangent, le dictateur cherche à déployer les trésors de la langue de bois. Mais il est si peu doué que son propos verse très vite dans le cocasse. Le regard consterné d'Elkabbach et de Duhamel, lorsqu'ils écoutent ses réponses, est en soi source d'amusement. Moment comique et pathétique à la fois…

On n'aborde pas tout de suite les sujets qui fâchent. On commence par évoquer le couronnement. Bokassa a apporté les diamants de la couronne, contenus dans deux pots de confiture Bonne Maman qu'il exhibe fièrement. Puis Duhamel se lance : « Alors, Majesté, vous étiez déjà président à vie, chef du parti unique, vous étiez maréchal... Pourquoi avez-vous voulu, en plus, devenir empereur ? » Là, le sol se dérobe sous les pieds de l'audacieux questionneur : « Justement, pour céder une partie du pouvoir. Parce que j'étais, comme vous le disiez tout à l'heure, président à vie du parti, président à vie de la République... euh... maréchal de la République centrafricaine. Mais, avec la nouvelle Constitution que nous avons mise en place en décembre dernier, ce n'est plus moi qui suis le président du gouvernement. Maintenant, il y a un Premier ministre et qui est président du gouvernement. Cela, c'est le partage du pouvoir. » Et il ajoute modestement : « Je garde juste le titre de président à vie du parti, empereur et chef d'État. » Elkabbach n'est pas sûr d'avoir bien compris : « Vous voulez dire qu'en devenant empereur vous avez moins de pouvoir qu'avant ? » Avec aplomb, Bokassa confirme. Subtil, Duhamel cherche à introduire la nuance : « Vous en exercez moins ou bien vous en détenez moins ? » Réponse toute trouvée : « J'en détiens moins et j'en exerce moins. » L'échange donne le ton. Il y a d'autres grands moments.

Donc, le pays dispose désormais d'un Premier ministre (en l'occurrence Dacko, le cousin jadis renversé !). Il peut agir ? Oui, « sauf quand il y a un problème ». Et s'il y a désaccord entre les deux hommes ? Très facile : « Il vient me voir et on s'explique. » Il peut alors dire « non » à l'empereur ? Bien sûr, « puisque la

Constitution est libérale. C'est écrit ». Mais elle est appliquée, cette Constitution libérale ? Elle le sera « après le couronnement ». Et les élections ? Toujours après le couronnement. Duhamel veut des précisions : « Elles auront lieu comment ? Je veux dire, ce sera uniquement le parti unique qui présentera des candidats ? » Alors Bokassa, comme le candidat à l'examen sentant qu'il a la bonne réponse, se lance fièrement : « Le parti unique va présenter des candidats, ça, c'est sûr... parce que, ici, nous avons *un seul parti unique*... »

S'enhardissant, les deux journalistes abordent les questions de la répression, des manifestants battus, des oreilles coupées, et notamment cette affaire de lycéens et de professeurs emprisonnés ou tués, selon la presse internationale. Ils n'étaient que trois, répond Bokassa : tous ont été libérés. Que leur reprochait-il ? « Ce n'est pas moi qui leur reprochais quelque chose. C'était un tribunal, car ils avaient commis une faute contre l'État centrafricain. » Évidemment, on l'interroge sur la nature de cette faute. Et Bokassa de répondre benoîtement : « Bah... celle d'avoir contesté la naissance de l'empire. » D'ailleurs, précise-t-il, on a retrouvé chez eux « des tracts qui dataient de 1968 ». Si ce n'est pas une preuve...

Puis, sur le ton relâché de la conversation confidentielle – « on se dit tout » –, Jean-Pierre Elkabbach observe : « Vous avez la réputation de gouverner avec autorité, je veux dire avec de la poigne... » Là, maniant la tautologie jusqu'au vertige, le dictateur explique : « Il n'y a pas deux façons de gouverner. Il n'y en a qu'une : on gouverne ou on ne gouverne pas. Si on gouverne, il faut gouverner. Si on cesse de gouverner, il faut se retirer. Mais on ne peut pas gouverner de deux manières. On gouverne ou on ne gouverne pas. » Lui a choisi. Et les prisons ? Il y a beaucoup de monde dans les prisons ? Non, évidemment. Sur ce point, Bokassa a un argument bétonné : « Ça n'est pas possible puisque, chaque année, nous vidons la prison... » Quant aux calomnies, il sait d'où elles viennent : « C'est l'idéologie communiste... »

Bref, la Centrafrique est un pays rayonnant de liberté où les droits de l'homme sont respectés. Du reste, comment pourrait-il en être autrement puisque, comme le fait remarquer Bokassa, il est écrit sur les armoiries de la nation : « Respect des droits de l'homme ». Donc, un futur empereur populaire et un peuple « vaillant » et « respecté », qui aime son chef. Tout de même, un petit grain de sable se glisse dans l'engrenage de l'autosatisfaction. Quand on lui demande s'il viendra bientôt en France, il répond naïvement : « Je ne peux pas me hasarder à voyager davantage, parce que je risque, à ce moment-là, quelque chose. » « Quelque chose » ? Comme une révolution ou un coup d'État, peut-être ? Euphémisme grossier, non relevé par les interviewers.

Des propos malhabiles, une langue de bois si primaire qu'elle ne peut tromper le téléspectateur, un dialogue aussi burlesque que le couronnement du 4 décembre où Bokassa circulera dans un corbillard transformé en carrosse, revêtu d'une copie du costume que le maréchal Ney portait lors du sacre de Napoléon Ier. Mais un clown effroyable, responsable de la répression sanguinaire des manifestations lycéennes de Bangui, en 1979.

L'Afrique des autocrates, des violences du pouvoir, des fausses démocraties soutenues par des puissances occidentales, France en tête, qui préservent cyniquement leurs intérêts, est également celle des propagandes les plus outrancières ou les plus sournoises, appuyées sur des langues de bois qui se développent sans vergogne. Elles soumettent, anesthésient, parfois conduisent à l'assassinat ; toujours elles s'appliquent à prendre le contrôle collectif des esprits. En voici trois exemples.

Mobutu, dictateur « authentique »

« Le monde entier sait que grâce à votre sagesse, Monsieur le Président, et à votre ténacité vous avez rendu à votre pays sa stabilité interne, vous avez fortifié son unité, vous avez refait sa prospérité économique et financière. Et vous lui avez rendu sa place parmi les nations et, en premier lieu, parmi les États africains. » La louange est adressée par Georges Pompidou au chef d'État du Congo, Joseph-Désiré Mobutu, en mars 1971. Flatteuse, la langue de bois pompidolienne gomme la réalité d'un pouvoir dont Mobutu s'est emparé, il y a près de six ans, celle d'une autocratie policière qui a réprimé dans le sang la révolte étudiante de 1969 et qui s'apprête à poursuivre son œuvre par une révolution des mots aux accents totalitaires. Dès octobre 1971, on débaptise le nom d'un pays marqué par l'empreinte coloniale – le Congo devient le Zaïre – et Mobutu se débaptise lui-même. On l'appellera désormais *Mobutu Sese Seko Kuku Ngbemdu Wa Za Banga*, le guerrier tout-puissant et éternel, à qui nulle victoire ne résiste. Nom prestigieux qui n'est pas exclusif de glorieux surnoms, comme le « Grand Léopard », le « Guide », l'« Homme providentiel », le « Héros victorieux », le « Bâtisseur », l'« Unificateur » ou l'« Aigle de Kawele », référence à sa superbe résidence au cœur de la forêt équatoriale.

Bien que parvenus au pouvoir l'un et l'autre par un coup d'État, la même année, Mobutu et Bokassa sont bien différents. Le président zaïrois, intelligent et calculateur, connaît, lui, les subtilités du double langage. Même dans les années 1990, déstabilisé, lâché par ses soutiens occidentaux, honni par son peuple, accusé de corruption, il résiste avec arrogance. En avril 1993, depuis son palais de Gbadolite, à 1 500 kilomètres de la capitale, Kinshasa, il montre qu'il n'a rien perdu de son assurance. Aux journalistes de la télévision venus l'interroger il lance : « Je ne suis pas chef d'État pour être fortuné. La réalité, c'est quoi ? En Afrique, on ne peut pas concevoir que le chef d'État soit malheureux, qu'il quémande sa banane auprès des citoyens. » Ni banane ni même régime de bananes, en l'occurrence, mais des millions de dollars dans des banques en Suisse, en Belgique, en Allemagne, en Grande-Bretagne, en France, des châteaux et villas en Belgique, en Espagne et sur la Côte d'Azur. Le discours de Mobutu est néanmoins bien rodé : « Qu'on sorte les numéros de compte pour les annoncer au monde entier et à mon peuple ! » clame-t-il. Une insolence qui vaut aussi en matière d'État de droit. En 1991, après les émeutes de la faim, et sous la pression française, il est contraint d'accepter le multipartisme. Le dictateur en tire argument pour lancer aux journalistes français, en février 1993 : « Vous me traitez de tous les noms dans vos écrits, de dictateur, que sais-je encore… Eh bien, c'est assez exceptionnel de voir quelqu'un qu'on traite de dictateur appeler de tous ses vœux les élections ! » Des élections libres, il n'en organisera pas. Revenu à Kinshasa en décembre 1996, Mobutu, malade, est contraint de fuir six mois plus tard et meurt à Rabat en septembre 1997.

Ces mouvements de menton, ces coups de gueule de matamore sont conçus pour l'étranger. Au Zaïre, c'est un autre discours qui s'impose, un langage unique qui enserre à dessein la société tout entière, celui de l'« authenticité ». À partir de 1971, le mot devient obsédant, fournissant la clé de toutes les vérités officielles.

« Le recours à l'authenticité, explique Mobutu sur TF1 le 6 novembre 1977, veut dire tout simplement retrouver son âme, sa dignité. » Il prend un exemple : « Voyez-vous, une femme africaine en pantalon, mettant du rouge à lèvres, je trouve cela scandaleux. J'ai ordonné aux citoyennes zaïroises de rester authentiques : pantalons supprimés, rouge à lèvres supprimé. Comment les trouvez-vous ? Elles sont élégantes ! » En fait, l'idéologie de l'authenticité va beaucoup plus loin. Elle est superficiellement une réaction profonde à l'« aliénation mentale » (Mobutu) de l'héritage colonial, mais, plus profondément, une rupture avec les valeurs occidentales, celles des Lumières, de la démocratie, des droits de l'homme, et donc une stratégie rhétorique pour justifier la dictature du régime.

Dans la vie quotidienne, la mutation imposée par le pouvoir se traduit dans la « zaïrianisation » des noms, des convenances (« Citoyen(ne) » se substitue à « Monsieur » ou « Madame »), des coutumes vestimentaires, avec l'*abacost* (« à bas le costume »), tenue masculine (portée par Mobutu) qui se compose d'un veston en tissu léger à col mao, sans chemise et sans cravate, avec éventuellement un foulard, et que le fonctionnaire avisé ou celui qui souhaite s'attirer les bonnes grâces du régime a tout intérêt à revêtir. Une révolution des signes, donc, mais qui ne prend son sens que dans une révolution des mots et de l'usage des mots. On s'emploiera à retrouver le « vrai visage » des Africains, à cultiver le « noble héritage de la grande patrie africaine », la « valeur universelle » de l'authenticité, contre l'« impérialisme », le « néocolonialisme », contre les mots « des idéologies importées » et ce qu'ils recouvrent. D'un côté, les termes et tournures laudatives qui, dans les faits, doivent identifier le régime ; de l'autre, les vocables dévalorisants, ceux qui réduisent l'alternance politique à une impasse.

Dans tout cela, beaucoup de platitudes. La magie de l'« authentique », employé à toutes les sauces (« nation authentique », « père de famille authentique », « modernisme authentique »), suffit à qualifier et à justifier à peu près n'importe quoi. Ce qui compte, c'est que cette magie opère au profit exclusif du régime. Sur l'« authenticité » est alors construit le « mobutisme » (1973), qui est moins une idéologie qu'un système visant à sacraliser la parole du chef et à soumettre la pensée collective à sa propre vérité.

« Un seul père ! Une seule mère ! Un seul chef ! Un seul pays ! » Le slogan, souvent accompagné du portrait de Mobutu, repris sans cesse par la presse, rabâché dans le discours officiel, omniprésent au coin des rues, devient obsédant dans les années 1970. Avec le MPR (Mouvement pour la révolution), le parti unique, le mot d'ordre connaît des variantes, comme « Un seul chef, un seul parti, une seule nation ». Mais tout part et tout revient à Mobutu. Chaque Zaïrois doit s'imprégner de cette idée, et les murs s'en font l'écho : « Le mobutisme =

doctrine du MPR. C'est la pensée, les enseignements et l'action du Guide Mobutu Sese Seko... Il ne suffit pas seulement de comprendre la doctrine. Encore faut-il l'installer dans l'âme. »

Pour l'inscrire au plus profond des cerveaux des trente millions de Zaïrois, tous les moyens sont mobilisés. Les écoliers, chaque matin, se rassemblent pour saluer le drapeau au chant de l'hymne des pionniers : « Nous chantons allégrement/[...] En nous rangeant derrière notre Guide/De la révolution zaïroise/Notre timonier, notre sauveur/Qui par son courage a su donner au Zaïre/Son vrai visage à l'image d'un grand peuple/Marchons, marchons, la tête haute. » Le soir, sur l'écran de la télévision, juste avant et juste après *Zaïre-Actualités*, au son du *dialelo*, l'hymne autrefois dédié aux rois du Katanga, Mobutu sort des nuages comme un dieu, salué par des incantations : « le courageux, le vaillant », « occupe-toi bien des enfants du Zaïre », « nous te souhaitons de nombreuses années à la tête du Zaïre »... Aux femmes on affirme : « Qui en veut à Mobutu en veut à toutes les mères ; et qui en veut à toutes les mères en veut à Mobutu. » Les mots qui scandent la mystique du chef rappellent ceux du régime nazi (« *Ein Volk, ein Reich, ein Führer* »). Mais Mobutu va plutôt chercher ses modèles dans les pays communistes, où il se rend fréquemment : la Roumanie de Ceaucescu, la Chine de Mao ou la Corée du Nord de Kim Il-sung.

La mécanique de la langue de propagande et son emploi mystique fondent un culte divin que Léon Engulu, ancien condisciple de Mobutu, membre influent du gouvernement et du parti, définit ainsi en 1974 : « Notre religion est basée sur la croyance en un dieu créateur et le culte des ancêtres. Notre église est le MPR. Son chef est Mobutu. [...] Notre évangile est le mobutisme. [...] Que vient faire le crucifix dans tous les édifices publics ? Il doit être remplacé par l'image de notre Messie. »

Pour parfaire l'encadrement de la société, le pouvoir organise ce qu'il appelle l'animation politique et culturelle, spectacles populaires de chansons, de danses, de saynètes, avec ses « groupes de choc », réglés selon une stricte discipline, où l'on chante collectivement la gloire et l'héroïsme du Guide. Dans les années 1980, chaque école, chaque hôpital, chaque usine, chaque entreprise doit obligatoirement assurer son « devoir patriotique » en préparant un spectacle de ce type. Les chants se répètent : « Nous souhaitons à Mobutu la vie éternelle/ Et aussi à son parti, le MPR/Nous chantons pour Mobutu/Car Mobutu a redressé le Zaïre. » Ou encore : « Mobutu n'aime que le travail/Mobutu est le plus puissant/Mobutu est le plus fort/Mobutu, le sauveur/ Mobutu, le redresseur/Mobutu, le bâtisseur/Mobutu, le créateur. » Kim Il-sung n'est pas loin...

Comme dans tous les régimes totalitaires, la rue se venge des mots par les mots. Au Zaïre, on appelle cela « RTZ », la radio-trottoir zaïroise, rumeur qui se répand de bouche à oreille et qu'avec prudence on nourrit de dérision. Dans une société dominée par l'oralité, l'histoire qu'on se raconte est une arme de résistance. Par exemple : à Kinshasa, on consomme des légumes appelés *fumbwa* ; ce sont de petites feuilles sauvages de couleur verte, cuisinées, la plupart du temps, avec une sauce arachide. Des légumes bien vulgaires en vérité, mais dont l'indigence même rejoint celle des slogans du MPR.

Alors, pour stigmatiser la pauvreté qui règne dans la capitale zaïroise, on crée un nouveau mot d'ordre dérisoire, en les parodiant : « Que ceux qui ne mangent pas les légumes *fumbwa* lèvent la main ! » Puis, prenant acte de l'appétit sexuel de Mobutu, RTZ ajoute un surnom à sa très longue nomenclature : « Le coq qui ne peut pas voir passer une poule. » Et voici le guerrier éternel renvoyé à une gloire de basse-cour.

Rwanda : les mots tuent

Depuis le début de 2000, le Tribunal pénal international pour le Rwanda juge les responsables des médias qui ont incité au génocide des Tutsis par les Hutus, au printemps 1994. Le 3 décembre 2003, il rend sa décision. S'adressant à Ferdinand Nahimana, cofondateur de Radio-Télévision libre des mille collines (RTLM, surnommée « Radio-Télé-la-Mort » ou « Radio-Machette »), la juge sud-africaine Navanathem Pillay déclare : « Vous étiez très conscient du pouvoir des mots et vous avez utilisé la radio, moyen de communication le plus répandu, pour disséminer la haine et la violence. Sans arme à feu, machette ou arme de poing, vous avez causé la mort de milliers de civils innocents. » Le verdict tombe : prison à vie pour Nahimana, trente-cinq ans de détention pour son complice, Jean-Bosco Barayagwisa, la perpétuité pour Hassan Ngeze, le rédacteur en chef de *Kangura*, le journal qui, à partir de 1990, téléguidé par le pouvoir, n'a cessé d'enflammer la haine raciale sous couvert de défense ethnique.

On sait comment le processus génocidaire s'enclenche. Longtemps privilégiés par le pouvoir colonial belge, les

Tutsis, poursuivis, assassinés, ont été les principales victimes de l'indépendance de 1959 qui a conduit les Hutus aux manettes du pays. Beaucoup ont dû fuir. En 1990, les exilés tutsis, auxquels se mêlent au sein du Front patriotique rwandais (FPR) des Hutus victimes du régime, lancent une offensive militaire depuis l'Ouganda. En août 1993, un espoir de démocratisation du Rwanda se dessine avec l'accord de paix d'Arusha, qui prévoit de nouvelles institutions, un gouvernement de transition, des élections. Un bataillon d'*inkotanyi*, de « bagarreurs » – c'est ainsi que se sont baptisés les combattants du FPR –, arrive à Kigali fin décembre 1993. Inacceptable pour les ultras du « Hutu power ». Le 6 avril 1994, l'avion du président Habyarimana est pris pour cible et s'écrase sur la piste de l'aéroport de la capitale. On ne compte aucun survivant. Pour RTLM, qui annonce la nouvelle trente minutes seulement après l'attentat, les responsables sont tout trouvés : ce sont les Tutsis. « Abattez les grands arbres ! » hurle-t-on à l'antenne. C'est le signal du massacre.

On n'en est pas arrivé là subitement. Depuis des années, de manière très nette à partir de 1990, avec la bienveillance active des autorités, les médias ultras, aux mains des Hutus, assènent les mots qui vont déclencher l'action des machettes. En novembre 1990, par exemple, *Kangura* reproduit (sans en citer l'origine) l'« Appel à la conscience des Bahutu [1] », manifeste raciste que l'universitaire Vincent Ntezimana a rédigé et déjà fait circuler, sous le manteau, en Belgique. Objectif : réveiller l'intégrisme hutu par les mythes raciaux, provoquer l'indignation et surtout la peur incontrôlée qui mobilisera. « Les

---

1. « Ba » indique le pluriel, « Mu », le singulier (Bahutu/Muhutu).

Batutsi ont malhonnêtement utilisé de l'argent pour créer ou se hisser à la direction des entreprises où les Bahutu ont investi leur argent », peut-on lire. Ils « ont vendu leurs femmes et leurs filles aux hauts responsables bahutu » pour placer « des espions incontournables dans les milieux hutus les plus influents » (les femmes tutsies, réduites ici à des prostituées, sont réputées belles, et le premier président rwandais, Kayibanda, épousa lui-même une Tutsie avant de l'interdire aux hauts responsables de l'État). « Depuis la révolution sociale de 1959, pas un seul jour les Batutsi n'ont lâché l'idée de reconquérir le pouvoir au Rwanda » pour « réinstaurer [*leur*] pouvoir minoritaire et féodal ». Et encore, affirme le manifeste : « Les Batutsi disent que le Muhutu est le seul ennemi du Mututsi et qu'il doit le haïr et le traquer partout où il est. »

C'est donc un appel à la « légitime défense » que le texte lance aux Hutus, car « jamais, au grand jamais, le peuple rwandais n'acceptera une marche en arrière ramenant les Bahutu aux corvées et à l'asservissement des Batutsi ». Du coup, « à tout moment, les Bahutu doivent être prêts à se défendre contre ces fléaux et contre toutes les personnes et tous les États qui nourrissent l'idée de les réinstaller au Rwanda. [...] Les Bahutu doivent cesser d'avoir pitié des Batutsi ». Suivent les « dix commandements » du Hutu, fondés sur une stricte séparation des Tutsis. Une séparation de sang, d'abord : « Est traître : qui épouse une Mututsikazi [*femme tutsi*] ; qui fait d'une Mututsikazi sa concubine ; qui fait d'une Mutitsikazi sa secrétaire ou sa protégée. » Une séparation sociale, ensuite : « Est traître tout Muhutu : qui fait alliance avec les Batutsi dans ses affaires ; qui investit de l'argent ou l'argent de l'État dans une entreprise d'un Mututsi ; qui prête ou emprunte de l'argent à un Mututsi. » Et l'un des commandements répète : « Les Bahutu doivent cesser d'avoir pitié des Batutsi. »

Dès lors, avec des mots simples, ceux du « bons sens » populaire qu'on colporte facilement, les médias extrémistes ne cessent de décliner un langage de haine qui prend appui sur la légende d'un conflit vieux de quatre cents ans, celui de Tutsis dominateurs et oppresseurs qui ont volé la terre des Hutus arrivés avant eux sur le sol rwandais, de Tutsis frustrés de leur pouvoir par la « révolution de 1959 », qui rêvent de restaurer la féodalité : ils veulent le retour au « servage » et « réinstaurer la chicotte [*fouet*] matinale » (*Kangura*, mai 1991).

Le discours insiste tout particulièrement sur le caractère ultraminoritaire des Tutsis : à peine 10 % de la population ! Le chiffre devient une véritable obsession. Il alimente la légende de Tutsis qui cherchent à infiltrer la communauté hutue en changeant indûment d'ethnie (« 85 % » d'entre eux, selon *Kangura*, en août 1991), entretient le mythe de l'invasion, justifie le maintien d'une carte d'identité qui mentionne l'appartenance ethnique.

Le Tutsi, prétend-on encore, est perfide et cruel par nature. Cultivant à l'occasion le proverbe : « Quand tu soignes l'œil d'un Tutsi, c'est sur toi qu'il lance son premier mauvais regard » (juillet 1993), *Kangura* s'applique à diaboliser l'ennemi : « Un Tutsi, c'est quelqu'un qui séduit par sa parole, mais dont la méchanceté est incommensurable. Un Tutsi, c'est quelqu'un dont la vengeance ne s'éteint jamais, quelqu'un dont tu ne peux jamais savoir ce qu'il pense. » Et il ajoute : « Dans notre langue, un Tutsi est appelé un cancrelat, car il profite de la nuit, il fait de la dissimulation pour atteindre ses objectifs. »

« *Inyenzi* » = « cancrelat », « cafard ». Le mot n'est pas nouveau. C'est déjà ainsi que les Hutus appelaient les Tutsis à Noël 1963, lors des premiers massacres des seconds par les premiers, à la suite de raids conduits par des réfugiés sur le sol rwandais depuis le Burundi. Il revient en force à partir de 1990. Lors d'un meeting du parti présidentiel à Kabaya, en novembre 1992, Léon Mugesera, conseiller du chef de l'État et artisan actif de l'idéologie génocidaire, appelle au soulèvement populaire contre les *inyenzi*, ceux venus de l'extérieur, mais aussi leurs « complices ». La langue de bois de Mugesera se garde de parler des citoyens tutsis, mais son propos implicite est clair pour celui qui l'écoute : « N'ayez pas peur, sachez que celui à qui vous ne couperez pas le cou, c'est celui-là qui vous le coupera. Je vous dis donc que ces gens-là [*les complices = les Tutsis de l'intérieur*] devraient commencer à partir pendant qu'il en est encore temps et à aller habiter parmi les leurs ou aller même parmi les *inyenzi*, au lieu d'habiter parmi nous en conservant des fusils, pour que quand nous serons endormis ils nous tirent dessus. » De la légitime défense : c'est ce discours, nourri par des années de bourrage de crânes, qui provoque le massacre. Si vous ne voulez pas vous faire exterminer, exterminez vous-mêmes cette infime minorité qui vous menace !

Au début du génocide, les autorités hutues montrent leur habileté à manier le langage codé. Intervenant sur RTML le 21 avril 1994, Théodore Sindikubwabo, président par intérim, incite les auditeurs à se mettre au « travail » (= massacre), précisant : « Je veux [...] que vous sachiez décoder nos messages, que vous compreniez pourquoi nous parlons comme ça. Analysez chaque mot, essayez de comprendre pourquoi il est utilisé comme ceci et non comme cela. Les temps sont difficiles. Que les blagues et les amusements cèdent la place au travail. » Et les auditeurs savent que, lorsqu'on parle d'exterminer les cafards, ce ne sont pas seulement les combattants *inkotanyi* qu'on vise, mais bien l'ensemble des Tutsis.

Du reste, au fil des jours, le message se fait plus explicite : « Chers auditeurs, mesdames et messieurs, ouvrez grands vos yeux. Ceux d'entre vous qui vivez le long des routes, sautez sur ceux qui ont de longs nez, qui sont grands et minces, et qui veulent vous dominer » ; « Le peuple doit apporter machettes, lances, flèches, houes, pelles, râteaux, clous, bâtons et, dans l'amour, dans l'ordre, chers auditeurs, pour tuer les Tutsis rwandais. » Et la radio de signaler des noms, de localiser les futures victimes, « même les enfants ».

« La guerre que nous menons est effectivement une guerre finale », clame Habimana Kantano sur RTML le 28 mai 1994. Le même appelle les jeunes au meurtre : « Regardez donc une personne, voyez sa taille et son apparence physique. Regardez seulement son joli petit nez et cassez-le » (4 juin 1994). On raconte tout et n'importe quoi pour justifier le massacre, et même que les Tutsis sont des anthropophages : « Les *inyenzi* mangent les hommes », hurle Ananie Nkurunziza au micro de RTLM (3 juin 1994).

Habimana Kantano avait prévenu, le 13 mai 1994, sur les ondes : « Nous les combattrons et nous les vaincrons. [...] Ils seront exterminés. » Les mots ont tué avant les machettes : près d'un million d'hommes, de femmes et d'enfants en cent jours.

Obscur Ben Ali

Mais que veut dire le président tunisien ? Écoutons-le à Carthage, le 20 mars 2009, pour le cinquante-troisième anniversaire de l'indépendance : « Nous œuvrons en permanence à impulser, à chaque étape, le processus démocratique pluraliste, à travers les initiatives que nous prenons, dans un contexte de pondération et de concertation avec toutes les parties concernées, afin de prémunir ce processus contre les rechutes éventuelles et de l'acheminer vers les horizons les plus avancés possible. » On a beau retourner le texte dans tous les sens, se munir d'un dictionnaire, chercher dans d'autres parties du discours les clés de compréhension... Rien à faire : les mots sont alignés, associés, la syntaxe est correcte, sujet, verbe, complément... et pourtant, le tout ne dit rien. Processus ? Initiatives ? Pondération ? Horizons les plus avancés ? Non, décidément, rien.

J'aurais pu choisir n'importe quel extrait du discours et, à vrai dire, de tout discours du *zaïm*, du chef Ben Ali, le résultat eût été le même. Car l'ancien Premier ministre de Bourguiba – qui l'écarta du pouvoir en 1987 pour de pudiques « raisons médicales » (entendez : sénilité) –, l'ex-patron de la Sûreté générale tunisienne, l'homme qui règne sur son pays depuis plus de vingt ans, est un virtuose de la langue de bois. Avec cette particularité : il la pratique tout le temps et de façon inchangée. Elle est même contagieuse, puisque la plus grande partie de la presse, servile ou prudente, la reproduit avec zèle ou l'adopte avec ferveur.

L'art de parler pour ne rien dire, d'enfiler des mots et des formules ronflantes qui ne renvoient à aucune réalité concrète, répond à une stratégie politique d'ailleurs très partagée au Maghreb. C'est une manière de gouverner, de mimer l'acte démocratique, de donner l'illusion d'un échange avec l'opinion, destinée à cadenasser le débat et à fournir les apparences d'un État qui fonctionne bien, où la société s'épanouit, où la paix civile règne harmonieusement. La langue de bois de Ben Ali est donc volontairement masquante, révélant par ses obscurités ce qu'il convient de répéter, à défaut de penser. C'est une langue mirage, à l'instar du système démocratique tunisien où, tous les cinq ans, le président sortant est réélu avec un score qui oscille entre 94,5 % (2004) et 99,5 % (1999) des voix, où, aux élections législatives de 2004, le parti du pouvoir, le RCD (Rassemblement constitutionnel démocratique) recueillait 87,7 % des suffrages et 152 des 189 sièges de l'Assemblée (les sept autres partis ramassant les miettes), où la radio-télévision est à la botte, où le nombre des journaux ne peut cacher leur caractère monocolore et où, enfin, les journalistes indépendants sont molestés par la police, intimidés, humiliés, censurés. La langue anesthésiante de l'autocratie rampante…

Ces réalités-là, bien sûr, pas plus que l'échec de l'éradication de l'intégrisme musulman, promis depuis vingt ans, ou les procès inéquitables conduits au nom de la lutte contre le terrorisme, ne trouvent leur place dans des propos présidentiels précisément conçus pour qu'on les taise.

En matière de langue de bois, on assiste pourtant à une habile distribution des rôles : le chef de l'État ne pouvant pratiquer une autocongratulation qui nuirait à son image, il revient au parti du président de saluer le grand homme. Là, la langue de bois prend des accents soviétiques. En 1993, lors du Congrès de la persévérance, le RCD adresse « un hommage respectueux et déférent à l'artisan du changement, le président Zine el-Abidine Ben Ali, qui a sauvé le pays et a engagé des réformes profondes et radicales dans le cadre d'une approche clairvoyante et sage, et de choix judicieux et pertinents ». Notons, au passage, le mot « changement », sans cesse répété, qui renvoie au 7 novembre 1987, jour de la prise du pouvoir par Ben Ali. Par ce seul terme, on euphémise la déposition de Bourguiba et on date le début d'une ère nouvelle totalement incarnée par le président. Il EST le changement. Donc, sans lui, plus de changement : la stagnation, la régression, le chaos…

Pour le reste, le RCD produit, au kilomètre, des textes mécaniques, caractérisés par l'enflure du vide où, comme au congrès de juillet 2008, il est question « d'inscrire dans la conscience collective et dans la réalité de tous les jours l'impératif du travail sérieux, de l'effort persévérant, de la vigilance et du don de soi pour préserver les acquis du pays » (il est rare qu'un parti appelle à la fumisterie, au relâchement et à l'égoïsme pour liquider le pays…), où on s'engage à « consolider [les] aptitudes [du RCD] à faire face aux défis et aux mutations et à surmonter, avec succès, les obstacles de la conjoncture » (aucun de ces mots n'a de sens en soi), etc.

À la manière des espiègles étudiants polonais de l'université de Varsovie, en 1981, les animateurs facétieux du site d'opposition au régime tunisien, Tunezine, proposent, en 2004, un « générateur de langue de bois » conçu à partir de la lecture des journaux, et notamment de *La Presse*. Rien de plus facile, expliquent-ils. Le discours repose sur quatre invariants : une entame, totalement creuse ; une affirmation, aux accents volontaristes ; un constat, qui offre l'illusion de l'action ; la portée de ce qui vient d'être affirmé, artifice de résultat.

Le tableau qui suit reproduit partiellement le générateur [1]. Pour l'entame (A), on prendra, au choix : « naturellement », « de toute évidence », « nul doute que » ou, plus sophistiqué, « dans le cadre du pari civilisationnel », « dans le sillage de nos grands réformateurs », « de l'avis de tous les observateurs étrangers » ; ou, mieux encore, « dans le cadre des efforts visant à ancrer les valeurs de tolérance ». Puis, de colonne en colonne, on optera pour une case au hasard. Effet garanti.

B L'affirmation	C Le constat	D La portée
la concrétisation des programmes du 7 novembre	alimente magistralement	les axes d'un développement fécond de la République de demain.
l'approche sage et ingénieusement méditée choisie par la Tunisie depuis le Changement	exalte la valeur intrinsèque de ce que doit être	l'évolution radieuse de l'œuvre sereine de développement.
l'esquisse – qui prend progressivement forme – de la République de demain	fait jaillir l'importance du chemin parcouru et met en relief	les bases d'un avenir radieux pour la Tunisie.

1. Il comporte, à l'origine, vingt-trois lignes. Il a été actualisé sur le site nawaat.org.

B L'affirmation	C Le constat	D La portée
l'affermissement de la croissance qui enrichit la société	confirme la pertinence des choix d'un sage qui privilégie	la mutation harmonieuse, au diapason des progrès tangibles et indiscutables réalisés dans tous les domaines par le pourvoyeur du bonheur du peuple tunisien.
l'intérêt continu que le chef de l'État accorde à la démarche civilisationnelle de la Tunisie	réunit les conditions favorables stimulant	la société du savoir destinée à promouvoir les aptitudes, les compétences et la créativité.
le Premier ministre a rappelé les différentes mesures arrêtées dans le cadre du plan exceptionnel qui	repousse encore plus loin les limites de l'abnégation citoyenne, consolidant ainsi	cette sagesse propre au génie tunisien, le même génie qui a engendré Hannibal, Ibn Khaldoun, Bourguiba et Ben Ali.
l'importance des orientations et des choix fondamentaux du Congrès de l'Ambition	crée un écosystème judicieux, catalysant	l'intensification des efforts pour promouvoir les méthodes d'action sur le terrain afin de contribuer efficacement à la réalisation du bonheur collectif.

B L'affirmation	C Le constat	D La portée
les mesures décidées par le président de la République et visant à contenir les répercussions des facteurs conjoncturels	découle d'une pensée mûrement réfléchie à même d'assurer	la réussite éclatante d'une entreprise estimée et reconnue par tous les observateurs, tant sur le plan national qu'international.
l'impulsion avant-gardiste du président Zine el-Abidine Ben Ali	caractérise une action qui met l'accent sur	la volonté à relever les challenges, à gagner les enjeux économiques et sociaux et à remporter davantage de succès.
le bilan jugé unanimement brillant de l'artisan du changement	encourage plus encore à relever les défis tout en insistant sur	les objectifs d'un programme d'avenir.
l'option pour une œuvre de développement où tout est solidaire et tout est au service de la Tunisie	incarne l'illustration édifiante de la réussite tunisienne démontrant	les aspirations profondes à un avenir meilleur.

La langue de bois de Ben Ali s'épanouit d'autant mieux que les journalistes sont muselés. Mais qu'arrive-t-il avec les interviewers étrangers ? Le président tunisien n'a pas toujours la chance de répondre aux agences arabes et au journal koweïtien *al-Anba*, comme en janvier 1989, où l'entretien collectif commence par : « Nous avons pu suivre les réalisations grandioses accomplies en Tunisie… » Parfois, il a face à lui des journalistes français, comme en novembre 2007, où Ben Ali est interrogé par *Le Figaro magazine*. « On dit que [en Tunisie] les droits de l'homme y sont bafoués ? » « C'est faux, réplique le chef de l'État tunisien. La promotion de la culture des droits de l'homme est l'une de nos priorités. Nous pouvons affirmer aujourd'hui que le respect des droits de l'homme est un vécu quotidien. Cependant, et comme dans tous les pays du monde, il reste toujours quelque chose de plus à faire dans ce domaine. » Évidemment, l'interviewer ne peut se satisfaire d'une telle réponse stéréotypée. Évidemment, il a épluché le rapport d'Amnesty International, qui décrit la Tunisie comme un État policier, et celui de Reporters sans frontières, qui qualifie Ben Ali de « prédateur de la liberté de la presse ». Évidemment, il va sortir des faits, des cas, des chiffres… Eh bien, finalement non. Il préférera poursuivre avec une question dont on mesurera l'insolence à sa juste valeur : « Le statut de la femme est l'un des points forts de votre réflexion. Pouvez-vous évoquer cette politique d'émancipation ? » Et vogue la langue de bois…

9

Leçons de langue de bois républicaine

Qui ne connaît M. Alain Peyrefitte ? À moins de ne posséder ni poste de radio ni téléviseur, ce qui devient rare dans la France de 1963, chacun a déjà entendu la voix métallique ou vu le visage aux sourcils broussailleux du ministre de l'Information. Et pas seulement une fois. Car Alain Peyrefitte est sans doute, après le général de Gaulle et le Premier ministre Georges Pompidou, le responsable public le plus célèbre dans le pays. Il faut dire qu'à sa fonction ministérielle s'ajoute celle de porte-parole du gouvernement. À ce titre, il intervient chaque semaine pour lire le très technique et soporifique compte rendu du conseil des ministres que les médias d'État, contrôlés par lui d'une main de fer, diffusent fidèlement et dans son intégralité.

Peyrefitte est un peu chez lui dans les studios et sur les plateaux. On ne l'invite pas : il s'invite. Il a même introduit à la télévision une petite touche de fantaisie à usage strictement personnel, une merveille de technologie rapportée des États-Unis, qui donne à votre intervention l'illusion de la spontanéité des propos : le téléprompteur. Le 20 avril 1963, les téléspectateurs l'ont ainsi vu inaugurer la nouvelle formule du journal télévisé, dont il avait « pris l'initiative », et s'étonner qu'on puisse s'offusquer de sa présence. Quand un ministre pose la première pierre d'un hôpital ou d'une école, il ne politise pas cet hôpital ou cette école ! Toute la langue de bois gouvernementale concentrée en quelques mots...

Alors, naturellement, c'est lui qui, dans un tour de France des provinces, va lancer les journaux d'actualité régionaux, grande nouveauté de la fin de 1963. Le 11 novembre, le ministre est à Lille, pour annoncer la bonne nouvelle aux habitants du Nord. Le téléspectateur le découvre dans un décor très dépouillé, caractéristique d'un studio de journal télévisé de l'époque : un bureau sur lequel est posé l'inévitable téléphone qui vous relie à la régie, essentiel en cas d'incident technique. Au signal, il commence : « La télévision ne doit pas être parisienne, conçue à Paris par les Parisiens, pour les Parisiens. » Le clivage Paris/province, cela marche toujours. Pourquoi un JT régional quotidien ? « Eh bien, parce que la région Nord, votre région, est à la pointe de ce grand mouvement qui est en train de faire pénétrer le petit écran dans tous les foyers. » À la pointe ? Joli compliment ! Ensuite, parce qu'« il faut que vous connaissiez mieux les problèmes et la vie des uns et des autres, depuis les mineurs de Lens jusqu'aux pêcheurs de Boulogne, depuis les cultivateurs picards, qu'ils soient de l'Aisne ou de la Somme, jusqu'aux lainiers de Roubaix. » N'ai-je oublié personne ? Enfin, « il faut que vos petits enfants, avant de s'endormir, puissent entendre le *P'tit Quinquin* ». Ah, les belles traditions de nos terroirs français...

Trois semaines plus tard, Alain Peyrefitte est à Marseille, dans le même exercice. Il se lance : « La télévision ne doit pas être parisienne, conçue à Paris par les Parisiens, pour les Parisiens. » Tiens, l'écho a traversé la France... Que va montrer le JT quotidien ? « Les images de l'effort extraordinaire que vous êtes en train d'accomplir. » Les Provençaux sont donc à la pointe, comme les Nordistes... Ils ont aussi de belles traditions, « la pêche au lamparo, la récolte des primeurs à Cavaillon, la vie du port de Marseille et de Toulon, la mine d'Alès, et les jeux aussi, comme la pétanque »... Et puis, il ne faudrait pas manquer « la foire des santons à Marseille, à Aix ou à Aubagne, les fêtes de Sainte-Marie, la messe de minuit aux Baux, le festival lyrique d'Aix, le festival dramatique d'Avignon ». Je n'ai rien omis ? Ah, si : « les performances de l'Olympique de Marseille ».

En route, donc, pour Toulouse. « La télévision ne doit pas être parisienne... » On connaît la suite. Le JT montrera « le Sud-Ouest en mouvement, en progrès, qui se développe, qui change à toute vitesse ». Vous êtes formidables. Et puis, si j'en juge par mon guide touristique, vous avez « les jeux floraux de l'hôtel d'Assézat, les grandes réalisations lyriques du Capitole », et surtout, peut-être, les « équipes de Dax, Mont-de-Marsan, Agen, Lourdes, Tarbes » et « leurs célèbres rugbymen qui font accourir la France entière », sans oublier « la pelote basque ». Allez vite à Lyon, maintenant : la région Rhône-Alpes, avec ses fêtes des guides de Chamonix, ses illuminations lyonnaises du mois de décembre, et bien sûr les « prouesses » des équipes de football de Saint-Étienne et de Lyon… Pardon, je ne peux pas rester, on m'attend à Rennes.

Le comique de répétition échappe, bien sûr, aux téléspectateurs, le Lyonnais ne pouvant suivre les programmes réservés au Lillois. Au-delà du caractère figé du discours et de la flatterie recherchée, on notera surtout son exclusivité. La télévision, alors, est « la voix de la France », un « formidable soutien à l'esprit public », comme le dit le général de Gaulle pour éviter le mot de propagande, et les Français reçoivent chaque jour des informations au caractère univoque, l'opposition parlementaire étant exclue de l'antenne. Le journal télévisé sert d'abord à fournir de bonnes nouvelles, dans le langage optimiste d'une langue de bois unique, celle du gouvernement. Or ce qui caractérise ordinairement la parole politique dans une démocratie, c'est sa pluralité, et donc, éventuellement, la pluralité du discours de la langue de bois : le débat politique pourrait contribuer à fragiliser le langage stéréotypé, chaque camp renvoyant à l'autre ses formules toutes faites, éveiller et cultiver l'esprit critique d'une opinion de moins en moins encline à se laisser influencer par ce qu'elle considère comme bavardage ou mauvaise foi, démagogie ou mensonge.

Le 11 novembre 1965, Alain Peyrefitte vient précisément annoncer qu'à l'occasion de la campagne électorale pour l'élection du président de la République au suffrage universel – la première du genre – l'opposition pourra s'exprimer à la radio-télévision. Faussement naïf, le journaliste Jean de Benedetti suggère audacieusement qu'on pourrait généraliser la pratique en temps ordinaire. La réplique du ministre est sans ambiguïté : « Si on voulait faire parler l'opposition chaque fois qu'elle l'estime nécessaire, il faudrait faire parler cinq ou six oppositions différentes. On n'en finirait pas. Ce serait une campagne électorale permanente. Ce serait la foire d'empoigne. » Maniant l'image, comme il aime le faire, il explique : « Quand un entrepreneur a enlevé une adjudication pour construire un pont dans un certain délai, c'est lui qui construit ce pont, et les entreprises évincées ne sont pas admises à tout instant sur le chantier pour critiquer la manière dont s'y prend leur rival plus heureux. » Belle leçon de langue de bois. Sous couvert de bon sens, Peyrefitte vient de nier tout principe de débat démocratique.

À cet égard, la campagne de 1965 marque un tournant. La pugnacité et la qualité des interventions proposées par les adversaires du Général, ainsi que sa mise en ballottage, ont révélé qu'il existait en France une opposition crédible. Rien ne peut plus être comme avant. Dès l'année suivante, leurs représentants commencent à apparaître sur les écrans de télévision, notamment dans des émissions politiques. Une ère politique nouvelle commence, celle où la télévision s'affirme au cœur du débat démocratique en France. Du coup, le langage politique s'adapte peu à peu à l'outil télévisuel, pour le meilleur et pour le pire, langue de bois comprise. Car, compte tenu de l'influence grandissante des caméras et du petit écran, c'est bien pour la télévision, ses images, ses émissions, ses formats, que la langue de bois est conçue dès les années 1970. Leur histoire est désormais intimement imbriquée.

Contorsions de la IVe

Le 4 mai 1958, l'émission satirique *La Boîte à sel* propose un sketch de politique-fiction. Nous sommes à l'Élysée, dans les années 1960, au moment d'une énième crise ministérielle de la IVe République. Dans l'antichambre du chef de l'État, deux huissiers se lamentent : pas un prétendant pour Matignon à l'horizon, pas même un journaliste. Pourtant, ils avaient tout prévu, sandwiches, champagne et cigares... Plus personne ne semble désormais intéressé par la présidence du Conseil. Alors, l'aîné des deux hommes (Pierre Destailles), qui a connu les belles heures où on se pressait pour conduire le nouveau cabinet ministériel, raconte à son jeune collègue : « Les hommes politiques venaient ici, et il fallait les entendre : "La tâche du futur gouvernement sera difficile !", "La crise est particulièrement grave !", "La patrie est en danger !". C'était le bon temps. On rigolait bien. Tandis que maintenant... »

À cette époque, la IVe République vit ses derniers jours. La moquerie des chansonniers prend appui sur les mots que les Français ont effectivement entendus, depuis plus de dix ans, à chaque nouvelle crise ministérielle, ceux de la gravité la plus solennelle et de la volonté la plus farouche des prétendants à Matignon. Il fallait faire, ils allaient faire quelque chose ! On se souvient, par exemple, d'Antoine Pinay, qui, pressenti pour former le gouvernement, en octobre 1957, avait déclaré : « Il s'agit vraiment aujourd'hui de salut public. Je pèse mes mots : de salut public. » Et, bien sûr, chacun affirmait vouloir rejeter les « compromis équivoques », les « accords apparents sur des malentendus réels », entendez : les combines de partis et les alliances de couloir, si familières au régime.

Un homme tentait finalement sa chance, affirmant haut et fort sa détermination. Un gouvernement se mettait en place. Le temps passait. L'action du président du Conseil était exprimée dans un langage curieusement de plus en plus flou, le langage de celui qui ne veut heurter personne, ni les parlementaires, dont il dépend, ni les différentes catégories de l'opinion, qu'il souhaite ménager pour s'assurer leurs voix aux prochaines élections. Au bout de quelques mois, le cabinet était renversé par l'Assemblée nationale. On avait oublié les promesses avancées par le chef du gouvernement au moment de sa nomination. Chacun était déjà tendu vers la suite : le président de la République « consultait », cherchant l'oiseau rare qui rejoindrait la cage dorée de Matignon.

Sous la IVe République, le temps s'éloigne où l'éloquence politique s'exprimait avant tout du haut des tribunes, celle du Palais-Bourbon, celle des salles militantes et des réunions publiques, celle des préaux d'école, lors des campagnes électorales. Depuis les années 1930, mais de manière beaucoup plus pressante dans les années 1950, il faut s'habituer aux micros de la radio et aux caméras des actualités filmées, puis de la télévision, à l'œil inquisiteur des machines qui filment et saisissent chaque mot prononcé en public, sur le perron de l'Élysée ou lors des conférences de presse. Les déclarations ne sont plus réservées à un public avisé – celui des collègues du Parlement – ou à des partisans convaincus d'avance, ni même aux journalistes, qui sauront faire le tri entre l'important et le superflu, repérer les mots codés et interpréter les maladresses de langage. Désormais, c'est à l'opinion qu'on s'adresse, et c'est l'opinion qui juge immédiatement votre propos. Alors prudence, car on ne sait pas vraiment qui vous écoute ou qui vous regarde. Mieux vaut délivrer un message édulcoré, où chaque mot a été soigneusement soupesé, plutôt que de prendre le risque, par un langage trop net, trop tranché, trop engagé, d'être désavoué par les Français. S'en tenir à des généralités et à une présentation technique et administrative de l'action politique, quitte à susciter l'ennui des auditeurs. Parler, mais ne pas trop en dire, pour éviter de fournir sur un plateau des arguments à l'adversaire. Suggérer, mais ne pas risquer l'impopularité. Annoncer, mais en n'insultant pas l'avenir. Autant de postures de retenue qui cachent, finalement, la crainte de l'opinion publique et fondent la langue de bois de la IVe République ; et, à vrai dire, une bonne partie de celle qui lui succédera sous la République suivante.

Pour s'en convaincre, il suffit d'écouter Edgar Faure, lors d'une conférence de presse filmée et diffusée à la radio et à la télévision le 13 avril 1955. Connu pour son habileté manœuvrière, à l'aise devant les journalistes, le leader radical, à cette date, a formé son gouvernement depuis un mois et demi. En bon communicant qui veut profiter du relais des journaux pour asseoir sa popularité, il a convoqué la presse pour un premier bilan. Que dit-il, au fond ? « Le gouvernement a travaillé » : c'est bien la moindre des choses… Le budget ? « Nous avons pu prévoir quelques satisfactions modérées mais réelles pour différents secteurs de la vie française. » Une telle généralité devrait conduire à des éléments concrets. Au lieu de cela, Edgar Faure affirme : « Nous avons pu achever de redresser un peu la hiérarchie pour les fonctionnaires. » « Achever de redresser un peu » ? On ne saurait être plus circonspect. L'économie agricole, elle, a bénéficié d'un

« effort important ». Important, c'est-à-dire ? Et, alors que l'Assemblée a voté l'état d'urgence en Algérie, mesure exceptionnelle, le président du Conseil se contente de dire que la situation y « paraît peu à peu prendre une allure plus favorable et plus normale », bel euphémisme qu'on traduira par : « rien n'est vraiment réglé, loin de là » ! Au total, estime Faure, « nous avons déblayé les principaux obstacles sur la route et nous pouvons donc construire un certain nombre de choses et arrêter les bases de notre politique pour l'avenir ». Un dessin ne serait pas superflu… On constatera que la logomachie délibérée d'Edgar Faure se dissimule derrière le « nous », celui de l'équipe gouvernementale. Ne jamais donner l'impression de l'action personnelle : c'est une règle absolue de l'homme politique qui veut durer, indépassable sous la IVe République, à géométrie variable sous la Ve. Tout dépend du message que l'on souhaite faire passer.

Destin de l'énalangue

On a dit de Jacques Chirac qu'au fond il était un radical-socialiste inavoué. La formule se rapportait à ses idées, exprimées notamment dans son discours d'Égletons, en 1976, mais elle pourrait aussi s'appliquer à son maniement de la langue de bois, pas si éloigné, finalement, des contorsions langagières des radicaux de la IVe République. Avec, cependant, une touche très particulière, qui le caractérise plus que tout autre, la touche technocratique de l'ancien élève de l'École nationale d'administration.

La langue de bois politique « version ENA », l'« énalangue politique », en quelque sorte, semble se répandre si vite dans les milieux politiques qu'elle finit par caractériser leur langage dans les années 1970-1980. C'est elle qui révèle, dans l'opinion, l'opacité du discours des hommes publics, elle qui dévoile le fossé entre les élites au pouvoir et la masse des citoyens, elle que brocardent les journalistes ou les humoristes, signifiant qu'un pays démocratique comme la France n'est pas dépourvu de toute langue de bois.

Il est vrai que les diplômés de l'ENA fournissent bientôt les cadres des grands partis, que l'esprit de l'école a sans doute marqué ceux qui y sont passés, que ses anciens élèves dominent les cabinets ministériels (plus d'un tiers dans les années 1980) et deviennent les plumes des ministres. L'ENA a contribué à tuer une certaine éloquence politique qui, de toute façon, aurait succombé aux nouveaux modes de l'expression publique, télévision en tête. Son jargon technocratique s'est sans aucun doute répandu dans l'administration française, s'unissant à d'autres jargons pour éloigner, par exemple, l'administration bruxelloise du citoyen européen. Il serait cependant erroné de croire que tous les hommes politiques sortis de l'ENA pratiquent rigoureusement le même langage. Rien de bien commun, à vrai dire, pour n'évoquer que les années 1970-1980, entre Giscard d'Estaing, Chirac, Poniatowski, Soisson, François-Poncet, Rocard, Chevènement, Joxe ou Fabius, pourtant tous adeptes, à un moment ou à un autre, avec une certaine assiduité parfois, de la langue de bois.

Ne faisons surtout pas l'erreur ordinaire de réduire l'énalangue à un jargon technocratique. Sa spécificité ne se situe pas là, mais plutôt dans une manière d'aborder et d'exposer les questions, nourrie des précautions oratoires d'une langue diplomatique rénovée, alimentée de périphrases, enrichie de mots dont la seule vocation est de masquer la réalité des choses. Autrefois, on cultivait le flou ; désormais, on l'organise, comme une copie d'examen de l'ENA ou un rapport administratif. Toujours avec le même objectif : contrôler sa parole et dresser une sorte d'écran protecteur entre soi et l'opinion publique.

Appliquons cette définition à Jacques Chirac. Le 3 mars 1968, le tout jeune secrétaire d'État aux Problèmes de l'emploi (benjamin du gouvernement : il a trente-cinq ans) est interviewé par la télévision, après sa visite à Toulouse. « Que pensez-vous des problèmes de l'emploi dans la région ? » lui demande le journaliste. Voici comment il engage sa réponse : « À s'en tenir aux chiffres, et en matière d'emploi, naturellement, la situation pourrait paraître s'améliorer dans la région de Toulouse. S'améliorer, dans la mesure où ces trois derniers mois enregistrent, en matière de demandes d'emploi, une diminution du nombre de ces demandes, et en matière d'offres d'emploi, une augmentation de ces offres, et ceci traduit une tendance qui est la même à l'échelon de l'ensemble de la nation. » Des chiffres dont on ne dit rien, un adverbe (« naturellement ») qui renvoie à une fausse évidence, un conditionnel (« paraîtrait ») qui entretient l'équivoque, des formules euphémisantes (une « demande d'emploi » cache habituellement un chômeur) et, surtout, la clé d'entrée de la langue technocratique : Chirac établit un constat, faux-semblant d'un raisonnement. Car la vraie question est de savoir s'il y a, oui ou non, du chômage à Toulouse, quelles mesures concrètes le gouvernement va mettre en place, au besoin secteur par secteur, pour le combattre, et quand elles s'appliqueront.

Le langage stéréotypé de Jacques Chirac lui joue bientôt des tours. Le 20 septembre 1971, il est confronté à Georges Marchais dans un débat de la célèbre émission *À armes égales*. Le jeune loup gaulliste doit écraser l'apparatchik de la place du Colonel-Fabien. Mais ce n'est pas exactement ainsi que les choses se déroulent. Face au virevoltant leader communiste, qui n'a rien à apprendre en matière de langue de bois, il a du mal à développer son langage habituel, jusqu'au moment où Marchais lui lance ce qu'il appelle un « défi » : confier aux parlementaires, toutes tendances confondues, le soin de vérifier les ressources financières des formations politiques. Chirac semble se dérober. Son interlocuteur en profite et l'interpelle à nouveau : « Êtes-vous prêt à voter une loi sur les ressources financières des partis ? » Le jeune ministre, contraint de répondre, commence : « C'est sans aucun doute un problème à étudier… » Il n'a pas le temps de poursuivre, les spectateurs présents dans le studio sont hilares. « Un problème à étudier », une formule si commune dans la technolangue chiraquienne qu'elle lui est venue, comme par réflexe, pour éluder la question.

Ce type de langue de bois protège celui qui l'emploie, mais jusqu'à un certain point. S'agissant de Chirac, elle contribue sans doute à nourrir l'image d'adversaire rigide et sectaire que lui bâtissent ses ennemis politiques. Elle le dessert au moment de conquérir l'Élysée. C'est pourquoi, dans la campagne électorale de 1981, le candidat Chirac s'efforce de tenir un langage plus souple. Pas facile pour un homme qui se fige dès qu'une caméra pointe son nez : immédiatement, les vieilles habitudes surgissent et dans la bouche se pressent les phrases toutes faites et les formules opaques. Par bonheur, il y a la propagande électorale. Chirac joue à fond le contre-pied, s'essayant aux mots simples, ceux de la vie, ceux du cœur, mais avec une outrance telle qu'elle ne convainc guère, comme dans ce journal éphémère de campagne, *Jacques Chirac, maintenant* : « Je compte beaucoup sur l'appui de ce qui ne s'exprime pas, comme l'élévation mystique du matin sur la France », affirme le nouveau converti à la sagesse de Bouddha.

Confusément se dessine l'expression d'une compassion, et même d'une sensibilité aux autres, qui annonce, d'une certaine manière, 1995 et la « fracture sociale ». Pour en arriver là, il a fallu que les conseillers en communication qui l'entourent (sa fille Claude au premier chef) épurent son langage, le débarrassent de ses poussiéreux verrous technocratiques, passés de mode et obstacles à l'élan de sympathie qui le fit finalement gagner. Quelle métamorphose ! C'est un Chirac nouveau qui éclôt, un jour de janvier 1995, sur Canal +, face à Michel Field, qui l'a invité pour présenter son livre-programme, *La France pour tous*. Un Chirac souriant, décontracté, au langage naturel et maniant l'humour :

> Jacques Chirac : Vous m'étonnez, parce que vous êtes, vous aussi, contaminé par le politiquement correct. Réfléchissez deux minutes *(il marque un temps, sourit)*, ce n'est pas excessif... *(La salle rit.)*
> Michel Field *(tout sourire)* : Merci...
> JC : Euh... Vous me dites, au fond...
> MF : ... Deux minutes, c'est à peu près le temps qu'il m'a fallu pour lire votre livre, alors, s'il vous plaît...

JC : Je sais bien… Malheureusement, dans celui que je vous ai envoyé, je n'ai pas mis les images à colorier, je suis désolé… *(hilarité générale)*

Quelle dose de spontanéité dans tout cela ? Ne doit-on pas y voir une nouvelle langue de bois, plus subtile, celle du naturel fabriqué, celle de la repartie ironique et des bons mots préparés, celle de l'autodérision soigneusement élaborée, si prisée dans les *talk-shows* de ces dernières années, qui font de vous un bon « client » qu'on réinvitera ?

Le langage technocratique avait la vertu de la mise à distance : je sais pour vous. Mais, en creusant un fossé entre l'homme politique et l'opinion publique, il est devenu inaudible et source de défiance. « Ils parlent tous pareil, on ne les comprend pas, je ne les écoute plus. » Alors, dans les années 1980, la stratégie de communication des hommes publics cherche à rompre avec des habitudes trop voyantes et politiquement improductives. Entourés de communicants, qui les conseillent et les entraînent, ils s'appliquent à simplifier leur vocabulaire et leur syntaxe pour se rapprocher des citoyens, les attirer, les reconquérir : je parle comme vous, donc je suis comme vous. L'appauvrissement sémantique obéit, par ailleurs, au rythme de l'interview télévisuelle : des questions courtes, des réponses brèves. Dans la nouvelle compétition que se livrent les hommes politiques, le plus doué est sans doute Laurent Fabius.

Issu d'une famille aisée et cultivée, agrégé de lettres classiques, diplômé de l'Institut d'études politiques, énarque, plus jeune Premier ministre français (en 1984, à trente-sept ans), Fabius apparaît, à quelques années de distance, comme un Giscard d'Estaing de gauche à qui tout réussit. Mais il souffre, comme celui-ci, de son image de technocrate. Alors, pour séduire les foules, il s'attache à réviser en profondeur son langage, simplifiant singulièrement son vocabulaire pour créer un lien de proximité avec l'opinion. Il y parvient plus que tout autre dans le monde politique.

Le français quotidien comporte 2 200 mots environ. On estime à 80 % de vocabulaire ordinaire le seuil minimal assurant, pour un homme public, la compréhension universelle de son discours. Une enquête de 1986 [1] montre qu'avec 75 % Laurent Fabius est, dans le monde politique, celui qui s'approche le plus de la limite idéale, devançant nettement François Léotard, François Mitterrand, Valéry Giscard d'Estaing (qui, lui aussi, a consenti un effort considérable d'épuration sémantique dès les années 1970), tous trois à 70 %. À l'inverse, le plus éloigné du français quotidien est Michel Rocard (62 %), auquel on reproche son langage opaque [2].

Dans les années 1990, la technolangue n'a cependant pas disparu. Elle est plutôt utilisée par les seconds couteaux de la politique, les ministres peu au fait de la communication en vogue, les ministres-techniciens qui ne visent ni l'Élysée ni Matignon et qui, s'adressant à l'opinion, ont bien du mal à s'extraire du langage administratif où ils sont plongés quotidiennement. Comme, de

---

1. Jean-Marie Cotteret, Gérard Mermet, *La Bataille des images*, Paris, Larousse, 1986, p. 206.
2. Rocard, selon la même enquête, est aussi celui dont l'élocution est la plus rapide (180 mots/minute, alors que le seuil de compréhension est à 150). À l'inverse, Fabius et Marchais sont ceux dont le débit est le plus lent (137 et 125).

plus, ils ne veulent pas commettre d'impair, ils livrent ce genre de propos, ridiculement prudents et totalement abscons, dans la bouche de Jean Puech, ministre de l'Agriculture du gouvernement Balladur : « Cette évaluation viserait à proposer des aménagements susceptibles d'apporter des améliorations par rapport à la maîtrise des coûts » (*Le Monde*, 10 novembre 1994). Ça, c'est de l'information !

Tes convictions tu affirmeras

Certes, les excès savants ou techniques du vocabulaire s'émoussent dans les années 1980-1990, pour des raisons de stratégie politique. Ce mouvement entraîne-t-il pour autant un recul brutal de la langue de bois ? Pas du tout, et ce pour deux raisons.

La première est que, toujours plus sollicités par les radios et les télévisions, les hommes politiques sont devenus des virtuoses de l'esquive, des maîtres de l'art de contourner les questions embarrassantes. Bien sûr, on s'arrange pour que cela ne se voie pas trop. Il est d'ailleurs des sujets où l'évitement est appuyé sur des phrases toutes faites, bien commodes. Prenez les affaires politico-judiciaires qui brouillent le message politique dans les années 1990. La réponse est toute trouvée : laissons faire les juges ! Ce qui donne, dans la bouche du garde des Sceaux Jacques Toubon, en octobre 1995 : « Je permettrai à la justice de faire son travail, ce qui commence d'abord par ne rien dire sur les affaires. » Et voici le journaliste importun renvoyé dans les cordes. L'esquive reste cependant une science difficile à maîtriser. Le faux pas est vite arrivé, comme le montre l'humour très involontaire de Georges Kiejman, alors ministre de la Communication : « Les affaires ? N'exagérons rien ! Qui est concerné ? Pour l'essentiel, des militants qui agissaient honnêtement de manière illégale » (*L'Express*, 30 janvier 1992).

L'autre raison qui explique la vitalité de la langue de bois, c'est qu'elle n'a pas nécessairement besoin de puiser aux sources du jargon. Les mots les plus simples suffisent. On le comprendra aisément en prenant l'exemple de ceux censés exprimer les plus nobles valeurs de la politique, partagées par la droite, la gauche ou le centre. Ces mots et formules récurrents, si familiers qu'ils semblent glisser sur nos esprits, sont pourtant les multiples clignotants qui devraient nous alerter : attention, langue de bois en action !

On peut en distinguer plusieurs catégories. La première relève de l'autoportrait, individuel ou collectif, explicite ou implicite, de l'homme politique. « Je ne suis candidat à rien » : combien de fois la formule a cherché à dissimuler une ardente impatience ! Le 8 mars 1974, Valéry Giscard d'Estaing déclare au déjeuner de la *Revue des deux mondes* : « Je lis parfois dans la presse, et notamment récemment, que je nourris telle ou telle ambition [...]. Ma véritable ambition, ce serait une ambition littéraire. Si j'avais la certitude de pouvoir écrire en quelques mois ou en quelques années l'équivalent de l'œuvre de Maupassant ou de Flaubert, il est hors de doute que c'est vers cette sorte d'activité qu'avec joie je me tournerais. » Mais Giscard d'Estaing n'a pas le talent de l'auteur de *Bel-Ami* ni le génie de celui de *Madame Bovary*. Et, dans l'immédiat, lui qui a hésité à se lancer dans la course présidentielle en 1969 sait que l'issue fatale de la maladie de Georges Pompidou (il meurt le 2 avril 1974) lui ouvrira les portes d'une ambition élyséenne. Devenu président, il dit encore, le 26 octobre 1979, lors de la remise du prix du Meilleur ouvrier de France : « Un jour viendra où je quitterai les affaires de la France. Ce jour-là, je n'ai pas pour ambition d'entrer dans l'Histoire avec un grand H, ou dans le Larousse avec un grand L. » Formule de modestie jetée en pâture aux journalistes, qui ouvre la voie à toutes les spéculations médiatiques. Giscard, populaire dans les sondages, renoncera-t-il à un second mandat ? Tactique de la tentation d'une autre vie, employée systématiquement par tous les chefs d'État en place ; mais tous (excepté Pompidou, bien sûr, emporté par la maladie) ont curieusement renoncé au calme de la retraite pour briguer un second mandat…

« La possession du pouvoir n'est pas la seule fin ni la seule justification de la politique », écrit Édouard Balladur, en 1993, dans son *Dictionnaire de la réforme*. Le désintéressement est une posture classique qui appelle les mots les plus vibrants et pourtant les plus convenus de la langue de bois : l'« idéal » pour lequel l'homme politique se bat, les « convictions » sur lesquelles reposent sa « détermination » et son « courage », son sens des « responsabilités » au service de l'« intérêt général », ses qualités de « cœur », son « pragmatisme » face aux « dogmatismes » (ceux des autres, évidemment).

On peut repérer un autre registre sémantique, celui de l'action politique, du mouvement, du volontarisme, du changement nécessaire. « Vous serez surpris par l'ampleur et la rapidité du changement », déclare Valéry Giscard d'Estaing au soir de son élection, le 17 mai 1974. Le mot « changement », partagé par tous les partis, animant tous les discours des candidats, est par essence positif dans le vocabulaire politique. Le fait même qu'il soit prononcé par tous indique le peu de confiance qu'on peut lui accorder. Il est rarement seul, cependant. Suivent, dans son sillage, l'« espoir », l'« espérance », l'« avenir », l'« audace », l'« élan », le « départ » ou le « nouveau départ », l'« ère nouvelle », la « pensée nouvelle », l'« aventure collective »... Changer, mais pour quoi faire ? La valeur intrinsèque du mouvement rejoint alors l'aspiration de l'électeur, par définition insatisfait de son sort. Le « changement » agit comme un déclic dans l'opinion : pour moi, demain sera meilleur qu'aujourd'hui. Est-ce si sûr ? Car le caractère vertueux du mot cache le flou des propositions.

Le terme magique en commande d'autres, qui profitent de son aura, à commencer par ceux de « modernité », de « rénovation », de « réforme ». La lapalissade balladurienne du *Dictionnaire de la réforme* en dit long sur l'ambiguïté du mot « réforme » : « Toute politique de réforme a pour ambition de construire un avenir autre que le présent. » À elle seule la réforme s'identifie à l'action : « Si on ne réforme pas ce pays, on ne résoudra pas les problèmes du pays », déclare Nicolas Sarkozy à *L'Heure de vérité*, le 6 juin 1993. Une réforme n'est jamais bonne en soi et pour tout le monde. Mais, opposée au péjoratif « problème », elle devient *de facto* la solution pour tous. Ce qui rend superflu, et même nuisible à l'« intérêt général », tout débat sur son opportunité ou son contenu. Beau tour de passe-passe.

Cependant, l'opinion ne reconnaît pas toujours la vertu de la réforme, et parfois même manifeste bruyamment son désaccord dans la rue. Un mot surgit alors, celui de « pédagogie » : la réforme n'est jamais mauvaise, elle est simplement « mal comprise ». Pas d'erreur politique, pas de mauvais choix, simplement une maladresse de communication ! Au besoin, on flattera l'intelligence de l'opinion (« les Français sont majeurs », « aptes à comprendre ») ou, implicitement, on suggérera qu'« on » (= les manipulateurs du camp d'en face) les a trompés : « Je ne voudrais pas froisser les gens de bonne foi qui sont allés manifester, car je suis certain qu'il y a eu des tas de gens de bonne foi qui y ont été » (Nicolas Sarkozy, *L'Heure de vérité*, 26 janvier 1992). Il ne reste plus qu'à lancer le mot qui atteste l'ouverture d'esprit de ceux qui gouvernent : le « dialogue » (social), qui signifie, en fait, le refus de « négocier » ou de renégocier la réforme. On discute, mais on ne changera rien.

Les Français tu rassembleras

Pas de langue de bois sans « union » ou « rassemblement ». Il est d'ailleurs intéressant de remarquer que la droite gaulliste a, jusqu'à une période récente (l'hégémonie sarkozyste sur l'UMP), refusé l'étiquette de « droite » que voulait lui coller la gauche, préférant lui réserver celle de « rassemblement ». Comme l'expliquait aux téléspectateurs, le 1er novembre 1958, le ministre de l'Information du général de Gaulle, Jacques Soustelle, durant la campagne électorale, en présentant l'Union pour la nouvelle République (UNR) : « Notre fidélité envers le général de Gaulle [...] nous dispense d'accoler à notre nom des adjectifs dont d'autres se servent sans modération ou encore de nous classer à gauche, à droite, ou ailleurs. »

Depuis les années 1960, tous les sondages le disent, l'opinion rêve confusément d'un gouvernement rassemblant toutes les forces et intelligences politiques du pays. Plus de droite, plus de centre, plus de gauche, tous unis ! Pour quoi faire ? C'est une autre question… Ajoutées aux vieux réflexes antiparlementaires des Français, qui ne voient dans l'action partisane qu'ambition et manœuvre, et à sa victoire étriquée de 1974 (50,5 % des voix), ces enquêtes permettent à Valéry Giscard d'Estaing d'affirmer que le « clivage droite/gauche » est dépassé et de populariser une formule aux accents tautologiques, la « politique politicienne ».

Sous la IIIe, et plus encore sous la IVe République, l'anglicisme « politicien » était employé par les détracteurs du système parlementaire. Mendès France, lui, critiquant les blocages du régime, parlait plutôt de « professionnels de la politique » pour souligner que l'idéal de la Cité, reposant sur la charge élective, avait été dévoyé par les combinaisons de partis. Avec la « politique politicienne », Giscard d'Estaing dénonce, sans la démontrer, la mauvaise foi de ses adversaires. La formule et ses variantes (« arrière-pensées politiques », « polémiques politiques, ou politiciennes ») sont bien commodes pour fuir la discussion et se donner le beau rôle, à tel point que la gauche elle-même l'adopte, à l'instar de Pierre Bérégovoy, qui déclare : « Ne perdons pas notre temps à faire de la politique politicienne, parlons aux Français, soyons plus proches d'eux » (*7/7*, TF1, 4 octobre 1992). Il y aurait donc une « politique politicienne », celle des manœuvres – la politique des autres –, et une « politique noble », celle de l'action – la sienne –, au service des citoyens, celle des « vrais défis » et des

« vrais enjeux », des « vraies valeurs » et du « débat d'idées », répondant aux « préoccupations des Français » ; autant de mots stéréotypés, creux sur le fond, mais qui visent à montrer artificiellement la solidité du lien avec l'opinion publique.

La politique politicienne divise, alors qu'il faut unir. Mais unir qui ? Les siens, bien sûr. Et il est toujours de bon ton de nier ses propres divisions : « Contrairement à ce que vous croyez, le parti socialiste est un parti fraternel », affirme Ségolène Royal à *L'Heure de vérité*, le 26 juin 1994, ajoutant : « Je crois que les socialistes savent se rassembler à chaque fois qu'ils ont des épreuves. » Elle croit ? Elle n'en est donc pas sûre ? La langue de bois trahit parfois.

Unir en s'alliant, ensuite. François Mitterrand a fait preuve d'une subtile invention en cultivant la notion de « forces de progrès », ce qui lui évitait de parler de « communistes » tout en captant le mot « progrès », paré des plus nobles vertus, et en rejetant l'ennemi dans l'enfer de l'obscurantisme. En digne héritier, Laurent Fabius pouvait remarquer, le 19 janvier 1992 (*7/7*, TF1) : « Je suis pour une France prospère, mais pour une France solidaire, et c'est là où est la différence, qu'on ne comprend pas toujours, entre les forces conservatrices et les forces de progrès. » Autrement dit : la vocation de la droite égoïste est de ruiner la France !

Car l'union suprême, bien sûr, c'est celle des Français. C'est là que le mot « rassemblement » prend tout son sens. À quoi s'oppose-t-il naturellement ? À la division, mais aussi à l'affrontement. C'est sur ce clivage fondamental que Mitterrand fonde sa stratégie de campagne en 1988. Son slogan la « France unie » prend tout son sens dans le combat contre Chirac, suggérant qu'il s'agit d'unir la France autour du président sortant contre le leader de la droite, dont la brutalité sera facteur d'affrontement !

Cette même année, d'ailleurs, s'impose un mot subrepticement aperçu en 1974, lorsque Giscard d'Estaing avait nommé Françoise Giroud, femme de gauche, au secrétariat d'État à la Condition féminine : l'« ouverture ». Tactiquement, dans la campagne de 1988, « rassemblement » fonctionne avec « ouverture », l'un devant mécaniquement amener l'autre dans l'opinion. L'ouverture a un nom plus prosaïque : le « débauchage ». Mais les hommes politiques de l'UDF entrant dans un gouvernement socialiste dirigé par Michel Rocard (comme Michel Durafour, Jean-Pierre Soisson ou Lionel Stoléru) ne vont pas « à la soupe » : ils répondent à l'offre d'« ouverture », participant ainsi au « rassemblement » des Français. Les accompagnent des « représentants de la société civile » (tels Bernard Kouchner ou Alain Decaux), expression équivoque qui donne l'illusion d'associer directement l'opinion aux affaires.

Car l'enjeu est bien là : pouvoir se prévaloir du « peuple » ou se dissimuler derrière la légendaire sagesse des Français. La langue de bois les sollicite sans cesse pour justifier une politique : « Les Français disent », « Les Français pensent » sont des amorces courantes pour refermer le débat sur sa propre vérité. L'homme politique est à leur « écoute » et entend « le message des Français ». S'en remettre à eux est une technique éprouvée pour, en dernier ressort, écarter une question gênante. Comme l'observe Jacques Chirac au *Club de la presse* d'Europe 1 : « C'est aux Français de décider. Je trouve qu'on est bien léger de décider à leur place » (19 mars 1993). Ah, le bon sens des Français !

Slogans & petites phrases

« La lutte contre le chômage sera la priorité des priorités » (Alain Juppé, *Le Monde*, 9 février 1993) ; « L'objectif, c'est l'exclusion zéro » (Alain Madelin, *Le Figaro*, 6 septembre 1994). Combien de fois a-t-on entendu ces formules, à tel point qu'on ne sait plus si elles ont été prononcées par des hommes de droite ou des hommes de gauche, ni même à quel moment elles ont surgi ? Elles sont pourtant l'expression même de la langue de bois. Quel gouvernement afficherait son indifférence sur la question du chômage ? Quel ministre prétendrait vouloir creuser l'« exclusion » ? Ce dernier mot est d'ailleurs fort intéressant puisqu'il euphémise les réalités généralement admises, celles de la « pauvreté », voire de l'« inégalité » sociale, ou, selon le schéma marxiste, de l'« exploitation en système capitaliste ». La vraie question est celle des mesures concrètes de lutte contre le chômage ou l'exclusion que ces slogans, puisés dans le registre du marketing, concoctés dans des réunions stratégiques, répétés dans toutes les tribunes médiatiques par des hommes politiques en service commandé, contribuent à masquer. Le volontarisme des mots se substitue à l'efficacité de l'action : l'objectif est d'abord de faire passer un message et d'imposer un slogan qui, repris par la presse, frappera l'imagination.

Il en va de même pour toutes ces métaphores qui parlent au bon sens mais en elles-mêmes ne signifient rien, à tel point que, lorsqu'on les sort de leur contexte, elles deviennent anonymes et intemporelles. Prenons l'exemple de la grandiose et si commune métaphore maritime, pour nous livrer à un petit jeu. Qui a dit : « Quand vous êtes dans une tempête, déjà tenir le bateau à flots, éviter les écueils, ce n'est pas mal. Si, en plus, vous dites, pendant la tempête, il faut en même temps que je refasse le moteur et que je repeigne le bateau, ce n'est pas facile ! » ? Alain Madelin, à *L'Heure de vérité*, le 27 février 1994. Qui a dit : « La barre du navire France est tenue par un bon Premier ministre » ? Nicolas Sarkozy, dans *Libération*, le 12 octobre 1994. On pourrait poursuivre, en explorant le registre de la métaphore sportive ou de la métaphore des « travaux publics », très prisée par Valéry Giscard d'Estaing, qui, le 21 avril 1981, déclare à la télévision pour convaincre les Français de lui accorder un second mandat à l'Élysée : « Ceux qui n'ont pas construit les fondations ne peuvent construire qu'une maison de papier parcourue par les courants d'air des fausses promesses et des déceptions » (entendez : Mitterrand).

Parfois même, la recherche du slogan atteint le vide sidéral ou la tautologie la plus cocasse : « Lutter contre l'exclusion, c'est lutter contre les exclusions » (Édouard Balladur, *Le Monde*, 25-26 septembre 1994) ; « Il faut toujours décoller pour prendre de l'altitude » (Georges Marchais, *7/7*, TF1, 23 mars 1992).

Au fond, ce qui motive de telles généralités, c'est la recherche du consensus. Pour rassembler, il faut éviter de choquer le public : difficile de marquer son désaccord avec de telles banalités. C'est ainsi que fonctionnent les slogans de campagne, construits sur le mode de la publicité ou fabriqués, depuis la fin des années 1970, par les publicitaires eux-mêmes (le prototype en est « La force tranquille », en 1981) et parfaitement interchangeables. Dans tous les camps, on exaltera le « changement », l'« avenir », l'« union », le « rassemblement », la « confiance ». Pour une élection présidentielle, on célébrera la France : « Pour le succès de la France » (de Gaulle, 1965) ; « Avec la France, pour les Français » (Pompidou, 1969) ; « Il faut une France forte » (Giscard d'Estaing, 1981) ; « Croire en la France » (Balladur, 1995) ; « La France unie » (Mitterrand, 1988) ; « La France pour tous » (Chirac, 1995) ; « La France en grand, la France ensemble » (Chirac, 2002)… À gauche, on y ajoutera la thématique de la justice sociale : « Avec François Mitterrand, construisons une France plus juste » (1974) ; « Pour une France plus juste » (Jospin, 1995) ; « Plus juste, la France sera plus forte » (Royal, 2007).

Pour une élection législative, on choisira un slogan marquant le dynamisme, et si possible la proximité, mais qui dissimulera soigneusement l'étiquette politique, comme en 1986 : « En avant, le Nord » (Pierre Mauroy) ; « De l'avant » (Jean-Michel Baylet) ; « Gagnons pour le Rhône » (Raymond Barre) ; « Pour l'Hérault, passionnément » (Georges Frêche) ; « L'Isère en forme » (Alain Carignon) ; « L'avenir, maintenant » (André Rausch) ; « Allons-y » (Jean Bousquet) ; « Aujourd'hui plus que jamais » (Guy Bèche), etc. De vrais programmes politiques !

La superficialité des slogans, qui prête à sourire, ne signifie cependant pas qu'ils ignorent l'état de l'opinion, bien au contraire. Prenons l'exemple des élections européennes vues par les socialistes. En 1979, l'Europe représente un espoir confus, que le PS traduit par l'émouvant « Donnons-lui l'Europe », accompagné de l'image d'un enfant aux yeux clairs. Dix ans plus tard, alors que la gauche progresse partout en Europe, les socialistes affirment, de manière plus prosaïque : « L'Europe, un nouvel espace social. » Bref, si ce n'est pas fait, cela ne va pas tarder. Apparemment, en 2004, l'espace est encore en chantier : « Et maintenant, l'Europe sociale. » Le doute se confirme avec le référendum de l'année suivante : « L'Europe sociale passe par le oui. » En 2009, on suggère qu'il faut tout recommencer : « Changeons l'Europe, maintenant. » Et si le changement ne vient pas, que restera-t-il : « Reconstruisons l'Europe », voire « Sauvons l'Europe » ? Le slogan stéréotypé montre la manière dont on court derrière l'électeur, de plus en plus sceptique à l'égard de ce qui pouvait, naguère, apparaître comme un rêve exaltant, comme une « grande ambition collective », pour reprendre une formule... très langue de bois !

S'assimilent aux slogans les petites phrases qui, si elles ne disent rien sur l'action politique concrète, ont l'insigne mérite d'attirer l'attention des médias et, mieux, de masquer les insuffisances de l'argumentation. Un bon mot tournant en boucle dans les journaux télévisés, et hop, on oubliera tout ce que vous avez dit ou tu, et vous aurez le beau rôle. Le mieux est encore de le préparer.

On pourrait en chercher l'origine dans l'Athènes de Périclès, mais dans leur version moderne les petites phrases médiatiques sont plutôt inspirées de la politique américaine. À cet égard, « la seule chose que nous devons craindre est la crainte elle-même », prononcé par Roosevelt en 1933, reste un modèle du genre. Depuis, Kennedy a fait mieux : « Ne demandez pas ce que votre pays peut faire pour vous, mais ce que vous pouvez faire pour votre pays » (1961). Son frère, Robert, était même devenu un spécialiste des *sound bites*, des « inserts sonores », ces petites phrases conçues pour des clips télévisés de quelques secondes : « Certaines personnes voient la réalité et disent "pourquoi ?". Moi, je rêve à l'impossible et je dis "pourquoi pas ?" » (1968).

Aux États-Unis, les débats électoraux télévisés sont depuis longtemps l'occasion de glisser des formules faussement spontanées, fabriquées par des communicants, tel le « Ça y est, c'est reparti », lancé par Reagan en 1980 à Carter, qui ne cessait de l'interrompre : la scène, reprise sur toutes les chaînes, donna au candidat républicain l'image d'un homme franc et direct, alors que son adversaire, cherchant à argumenter, semblait s'embrouiller dans ses chiffres. Il en alla de même huit ans plus tard, avec George Bush interpellant Dan Quayle, en articulant lentement : « Lisez sur mes lèvres : pas d'impôt. » Parfait pour un *sound bite* !

En France aussi, la petite phrase est devenue un exercice obligé. De Gaulle, dès les années 1960, sait les glisser dans ses allocutions ou ses conférences de presse pour éviter de discuter les questions sur le fond. Le 14 juin 1960, à propos de sa politique de décolonisation, il lance : « Il est tout à fait naturel qu'on ressente la nostalgie de ce qui était l'empire, tout comme on peut regretter la douceur des lampes à huile, la splendeur de la marine à voile, le charme du temps des équipages. Mais quoi ! Il n'y a pas de politique qui vaille en dehors des réalités. »

Ces réalités-là, précisément, sont contestées sur sa droite. Le bon mot permet de voiler son changement d'attitude à propos des colonies et de renvoyer l'argumentation de ses adversaires au rayon des antiquités.

Les petites phrases de Giscard d'Estaing (« le monopole du cœur », « l'homme du passé ») décochées lors du duel présidentiel télévisé de 1974 contre Mitterrand, qui lui réplique sept ans plus tard (« l'homme du passif »), ciselées en coulisse, sont suffisamment célèbres pour qu'on ne s'y attarde pas. Le phénomène se généralise dès les années 1970, dans tous les camps, y compris celui des communistes. Marchais n'est pas le moins assidu à l'exercice, particulièrement lorsqu'il attaque Giscard d'Estaing : « Pendant une période, le tee-shirt à la mode était "Giscard à la barre". On pourrait maintenant ajouter que, avec Giscard, c'est vraiment le coup de barre pour les contribuables » (12 juin 1974) ; « Je dis assez de la République des châteaux et des cadeaux, de l'État des cousins et des copains, du clan des chers parents et des princes » (20 janvier 1981). Reprises dans la presse garanties.

Tout le monde s'y met, y compris Raymond Barre, qui, le 8 mars 1988, lors de la campagne présidentielle, résume ainsi l'attitude de Mitterrand à l'égard des Français : « Bonne nuit les petits. Faites de beaux rêves. Tonton veille sur vous. » La télévision s'empare de la formule. Du coup, deux jours plus tard, en meeting à Metz, Jospin s'essaie à l'humour : « Je reconnais qu'en matière d'assoupissement, et mes collègues députés savent de quoi je parle, M. Barre est effectivement un spécialiste […]. C'est vrai qu'on lui a vu faire à l'Assemblée des siestes glorieuses, des siestes béates, des repos réparateurs après des déjeuners superbes. Alors que François Mitterrand nous a rappelé lui-même qu'il était comme le chat et que, quand il dormait (ce qui lui arrive aussi), il ne dormait que d'un œil. » Spécial petit écran…

Rien d'étonnant à ce qu'un ancien communicant, Jean-Pierre Raffarin, devenu Premier ministre de la France, produise la petite phrase proverbiale jusqu'au vertige. Cela commence dès la déclaration de politique générale, le 3 juillet 2002 : « Dans cette situation, notre route est droite, mais la pente est forte. » Le festival peut commencer : « Je suis l'éclaireur sémantique de Chirac » ; « Ne soyons pas frileux, ne soyons pas frigides » (à propos de l'Europe) ; « La crise du développement, c'est le développement de la crise » ; « Nous avons débloqué un certain nombre d'impasses dans lesquelles les Français étaient encerclés » ; et peut-être la formule le plus en phase avec son temps : « Je n'aime pas beaucoup ne pas être dans le logiciel central de moi-même. »

10

Quelques virtuoses en représentation

« Fécamp, port de pêche qui entend le rester et le restera ! » En visite dans la cité cauchoise, en juillet 1960, le général de Gaulle semble confusément faire écho au facétieux Alphonse Allais qui écrivait : « L'Angleterre est une île et entend demeurer telle tant que se prolongeront les siècles et les siècles. » Faut-il attribuer le plaisant truisme à un petit coup de fatigue du président de la République ? Veut-il, par une formule aux accents tautologiques, faire allusion aux effets, sur la capitale française des Terres-Neuvas, de la « guerre de la morue » qui, en 1958, opposa violemment Islandais et Britanniques ?

À vrai dire, le Général semble curieusement troublé par l'air iodé et les embruns. Deux mois plus tôt, venu à Saint-Nazaire pour la cérémonie de lancement du paquebot *France*, il avait commencé son discours par ces mots : « Il va épouser la mer. La mer, si redoutée et si désirée des peuples, la mer, qui sépare les nations mais leur permet de se joindre, la mer, par où les pires dangers peuvent menacer les États mais sans laquelle il n'est point de grandeur. » Un tissu de lieux communs dont de Gaulle est familier. C'est en tout cas ce qu'affirme Jean-François Revel, dès 1959, dans *Le Style du Général*, échange cruel sur le langage du chef de l'État entre deux analystes imaginaires, dissimulés sous les pseudonymes de Nemesius et Eumathe.

De Gaulle ? Il finira à l'Académie française, disaient ses ennemis, qui se gaussaient de son penchant pour l'écriture et souhaitaient surtout ne pas le voir sortir de sa retraite. Si on suit Revel, le Général aurait plutôt tendance à tourner définitivement le dos à la Coupole. D'abord, déplore-t-il, de Gaulle maltraite en permanence la langue française : par exemple, il dit « j'ai entamé le processus nécessaire » ou « je m'empresse de vous exprimer mon intention », là où on attendrait : « j'ai commencé à faire le nécessaire » et « je vous fais part de mon intention ». De même, à propos de la phrase « Et si les choses continuent de la façon dont elles sont engagées », Revel persifle : « On engage une affaire ou une négociation, on n'engage pas une chose, si ce n'est au mont-de-piété. »

La critique féroce ne n'arrête pas là. Elle s'attaque aux platitudes métaphoriques du Général, comme celle relevée le 5 juin 1958 : « Voilà la flamme immense qui sort de toutes les âmes. » Le jugement est sans appel : « C'est le genre de métaphores qui font généralement s'écrier : un dessin, s'il vous plaît ! » Le philosophe s'en prend aussi aux formules dignes des comices agricoles : « En Algérie, œuvre avant tout humaine, à laquelle *chacun* doit contribuer *la main dans la main.* » Inutile de dire que, pour se tenir la main, il faut être deux ! Enfin, impitoyable, Revel ironise sur les fréquentes familiarités de De Gaulle, comme « la France a pris le départ dans la course à la prospérité », digne, selon lui, de *Paris-Turf* ou du Tour de France…

On pourrait prolonger la liste des clichés au-delà du livre cité, en mentionnant, notamment, toutes ces banalités flatteuses que le Général sert à ses hôtes. Le 16 février 1959, par exemple, à Perpignan, il lance à la foule rassemblée : « Je sais que dans votre Roussillon, en particulier, on ne plaint pas son effort, on ne plaint pas sa peine, on en est fier, même quand, parfois, on n'en récolte pas tout de suite les fruits que l'on voudrait. » Certes, mais un tel compliment vaut aussi pour les Bretons, les Lorrains ou les Picards. Chaque voyage est alors l'occasion de louer l'« esprit » du cru, de le donner en exemple au pays, pour mieux exalter l'unité nationale dans des envolées, lyriques dans la forme mais creuses sur le fond, comme à Perpignan : « Oui, la France est une seule chose, une seule grande chose, une chose humaine, pleine de confiance en soi, et c'est justifié. Et l'avenir lui appartient. »

À l'étranger aussi, le Général sait manier la platitude la plus vibrante et la caresse la plus enjôleuse. Le 24 septembre 1964, en tournée en Amérique du Sud, il s'exclame en espagnol, du balcon du palais national de Quito : « Avec ses terres fécondes, avec ses hommes valables et courageux, l'Équateur veut que son destin soit l'indépendance et le progrès. » Tonnerre d'applaudissements assuré. On peut néanmoins s'interroger sur la nature du « progrès » que garantit la junte militaire au pouvoir. C'est avec la même conviction que de Gaulle saluera ensuite la route du « progrès » construite par les Péruviens, les Boliviens, les Chiliens, les Argentins, les Paraguayens ou les Uruguayens.

Bien sûr, me direz-vous, tout cela relève du langage diplomatique, on n'insulte pas celui qui vous reçoit. On est tout de même un peu étonné par le discours que tient le Général à la télévision soviétique lors de son voyage à Moscou, en juin 1966. Celui qui n'a pas de mots assez durs pour condamner, en France, l'« entreprise totalitaire », c'est-à-dire le parti communiste français, déclare aux téléspectateurs : « Après l'immense transformation déclenchée chez vous par votre révolution depuis cinquante ans, au prix de sacrifices et d'efforts gigantesques ; puis après le drame terrible que fut pour vous la guerre gagnée il y a plus de vingt années et dont la part que vous y avez prise a porté l'Union soviétique au plus haut degré de la puissance et de la gloire ; enfin, après votre reconstruction succédant à tant de ravages, nous vous voyons vivants, pleins de ressort, progressant sur toute la ligne. » Et il ajoute : « C'est en connaissance de cause que le peuple français mesure vos mérites et vos réussites. » Lieux communs de la flagornerie, certes, mais qui ne doivent pas vraiment attrister les hiérarques du Kremlin.

Fin tacticien, le général de Gaulle sait maîtriser le langage imprécis ou équivoque, allusif ou implicite. C'est vrai pour l'Algérie : le « Je vous ai compris » prononcé à Alger le 4 juin 1958 a l'avantage de pouvoir être interprété comme on veut. C'est vrai aussi lorsqu'il s'agit de parler des adversaires politiques. Les voici confondus avec les « nuages », les « soupirs », la « mélancolie », avec l'« impuissance » du passé, le « tumulte », l'« incohérence ». De Gaulle décrit un monde imaginaire mais parfaitement manichéen dans lequel à l'obscurité d'hier a succédé la lumière d'aujourd'hui.

Ses entretiens radiotélévisés avec Michel Droit, entre les deux tours de la présidentielle de 1965, en fournissent un éclatant exemple. Il amalgame les oppositions, les regroupe sous le terme générique de « régime des partis » (celui de la IVe République), se garde de discuter leurs arguments. Le Général s'applique à ne jamais nommer son adversaire, ce qui reviendrait à reconnaître sa dignité politique : François Mitterrand n'est, dans la bouche de De Gaulle, que le « personnage » cité par Michel Droit. Quant aux forces qui le soutiennent, au projet qu'il représente, ils sont évoqués sous les termes les plus péjoratifs : « combinaisons (fallacieuses) », « système », « fractions », « micmacs », « (affreuse) confusion », « pagaille », « abaissement », « échec », « démagogie ». De l'autre côté sont portés aux nues la « stabilité », « l'efficacité », la « (croissante) prospérité », la « paix (complète) », le « (chemin du) progrès », la « grandeur » et la « continuité » de tant de bonnes choses incarnées par un homme : le général de Gaulle. Reste que tous ces termes, jamais explicités, sont des mots écrans qui jouent sur les émotions sous prétexte d'appeler à la raison.

Habile Général qui manie l'emphase comme la formule familière (« La France tient le bon bout »), qui sait cultiver le bon sens comme la fausse évidence (« Chacun sait que... ») dans ses allocutions mais aussi dans ses conférences de presse, car il est sûr qu'il ne sera pas contredit par des journalistes révérencieux. Il fait l'honneur à quelques-uns de pouvoir poser une question, énoncée à l'avance en coulisse, et nul ne prendrait le risque d'une insolence qui serait aussitôt sanctionnée : pas d'invitation à la prochaine conférence de presse ! Maître du jeu, intervenant comme bon lui semble, de Gaulle peut développer sa langue de bois en toute quiétude.

Formidable Jack Lang !

« Y a-t-il une recette Lang ? » demande Henry Chapier au ministre de la Culture, un soir de septembre 1985, faisant allusion à sa popularité mesurée par les sondages. Sourire modeste, il répond : « Je n'ai pas de recette. La seule recette, c'est de rester moi-même. »

Chouchou de l'opinion, aimé des jeunes, ami des artistes, des intellectuels, des gens de télévision, Jack Lang ne résiste pas à un micro, une caméra, une invitation sur un plateau de télévision. Le 21 septembre 1995, Laure Adler lui a demandé de venir au *Cercle de minuit* pour parler des relations entre hommes et femmes avec l'écrivain Han Suyin. Ce soir là, il lance un vibrant appel à la gent masculine : « Engagez-vous pour ce combat pour les femmes. Et je souhaiterais […] qu'une sorte de mouvement des hommes pour l'égalité des femmes se constitue. » « Formidable ! » réagit Han Suyin. Encouragé, Lang poursuit, avec flamme : « Je veux dire aux hommes que je rencontre : n'ayez pas peur. »

Pour les observateurs, qui s'en amusent, pour les humoristes, qui le brocardent, Jack Lang a vite incarné une forme de langue de bois très particulière, celle de la passion permanente, de l'émerveillement perpétuel, de l'émotion démonstrative. C'est pour caractériser son invariable exaltation chaque fois qu'il s'agit d'évoquer le président de la République que la presse invente le mot « mitterrandolâtre ». De même, lorsqu'il s'agit pour lui de défendre le gouvernement auquel il appartient, il ne peut jamais rester simple ; il faut qu'il en rajoute. Invité sur le plateau de *Soir 3* le 25 septembre 1985, on l'interroge sur la déclaration du Premier ministre, Laurent Fabius, qui s'est solennellement engagé à établir toute la vérité sur l'affaire Greenpeace, reconnaissant aussi la responsabilité de la DGSE dans le naufrage du *Rainbow Warrior*. Dans la langue de bois usuelle, un ministre aurait salué la « ferme volonté du gouvernement » et manifesté sa « confiance » à son chef « pour faire aboutir la vérité ». Avec Lang, c'est le pathos et la flatterie qui dominent : « J'ai été une fois de plus impressionné par le courage, la force de caractère, la fermeté et la probité du Premier ministre. Et je pense que tous les Français qui l'auront entendu auront été touchés et émus par sa volonté obstinée de mettre au jour la vérité. Laurent Fabius, adepte de Pierre Mendès France et de François Mitterrand, est en effet animé par ce seul précepte depuis que l'affaire a éclaté : découvrir la vérité. »

Les termes de « passion », d'« enthousiasme », de « plaisir » sont sans doute, avec ceux qui se rapportent à son domaine de compétence (« intelligence », « imagination », « savoir »), les plus caractéristiques de son vocabulaire. À Ève Ruggieri, qui, dans *Musiques au cœur*, le 22 janvier 1992, l'interroge sur sa fonction de ministre de la Culture, Jack Lang répond, l'œil humide : « Ma plus grande récompense, c'est de pouvoir […] faire le plus beau métier du monde. […] Pouvoir allier la passion de l'action qui m'anime et la passion de l'art, qui est la passion de ma vie, en conformité, en même temps, avec mon idéal moral. Que peut-on rêver de plus beau ? »

Lang manie le langage avec élégance. Il l'allège de toute référence technique, de toute tournure technocratique. Mais les mots qu'il aligne puisent volontiers dans la sémantique classique de la langue de bois. En juin 2007, par exemple, devant le triomphe annoncé de la droite sarkozyste aux législatives, il déclare : « La sagesse, le bon sens, l'intérêt du gouvernement, c'est d'être constamment tonifié par une opposition sérieuse, solide, constructive », manière implicite d'implorer l'électeur de sauver le soldat socialiste. Avec « sagesse », « bon sens », il cultive la fausse évidence. « Tonifié » est un mot original, propre au répertoire de Lang, un mot à connotation positive, mais qui, d'un point de vue strictement institutionnel, ne veut rien dire. Quant à l'« opposition sérieuse, solide, constructive », lieu commun politique s'il en est, elle mériterait une définition qui ne vient pas. Passe encore pour « sérieuse » ou « constructive » : la gauche avancera-t-elle des propositions qui pourront être approuvées par la majorité de droite ? La première ne fera-t-elle pas obstruction à la seconde ? Mais « solide » relève du flou le plus total. Surtout, la phrase de Jack Lang nie, à dessein, la réalité du fonctionnement de la Ve République : la majorité parlementaire décide, dans l'« intérêt du gouvernement », et l'opposition regarde passer les trains, criant, au besoin, son indignation à l'opinion publique.

Pas d'homme politique sans mandat du peuple. Conseiller municipal de Paris depuis 1983, il lui faut trouver une terre où il puisse s'implanter. Les élections législatives de 1986 lui en donnent l'occasion. La convention nationale du parti socialiste des 9 et 10 novembre 1985 le désigne comme tête de liste dans le Loir-et-Cher, réputé peu favorable à la gauche. C'est ce qu'on appelle un parachutage ! Six jours plus tard, il reçoit les caméras d'Antenne 2 à Blois, dans les locaux de la fédération socialiste, entouré de quelques militants. « Pourquoi Blois ? » lui demande le journaliste. « Je me sens bien à Blois, répond Jack Lang. Je me sens bien dans le Loir-et-Cher. C'est un très beau pays où j'ai la chance d'avoir beaucoup d'amis, en particulier la fédération socialiste. » Les « amis » qui l'entourent, si l'on en juge par leurs visages fermés, ne semblent pas partager cet enthousiasme. Malicieux, l'interviewer enchaîne : « Ç'aurait pu être une autre ville ? » Un peu agacé, mais gardant le sourire, Lang réplique : « Mais je suis ici. Je suis ici avec plaisir, et je me prépare à accomplir une campagne pragmatique, concrète, dans le Loir-et-Cher, et mon intention est de m'installer ici le plus longtemps possible, d'y vivre une partie de ma vie... » Ah, il va quitter son appartement parisien de la place des Vosges ?

Rien d'exceptionnel, apparemment, dans cette déclaration convenue. Mais les mots prononcés ne manquent pas de piquant quand on sait que Lang a tout fait pour échapper à une investiture dans le Loir-et-Cher. Le 10 septembre, il avait écrit au Premier ministre, Laurent Fabius, et au premier secrétaire du PS, Lionel Jospin, pour s'indigner du sort qu'on lui réservait. Ici, pas de langue de bois : « Paradoxalement, ma petite popularité personnelle se retourne contre moi. Sachant que je serai accueilli dans de nombreux départements, on m'envoie n'importe où, y compris dans un pays de "bouseux". »

Dans le courrier qu'il adresse conjointement à François Mitterrand, il substitue à « pays de bouseux » l'expression plus convenable de « pays rural et vieux [1] ». Pas rancuniers, les « bouseux » l'élisent député, et bientôt maire de Blois, en 1989.

Pour les municipales de 2001, Lang, devenu ministre de l'Éducation nationale du gouvernement Jospin, vise l'écharpe de premier magistrat de la capitale. Il affiche publiquement ses intentions. Vainement : les socialistes parisiens investissent Bertrand Delanoë. Le voici alors retournant en campagne dans sa « bonne ville » de Blois. Le 18 mars 2001, la mine déconfite, il apparaît, en direct, sur les écrans de télévision : il vient de perdre l'élection... pour trente-quatre voix. Il a soigneusement préparé l'interprétation qu'il donnera de sa défaite : « J'ai accepté voici un an une mission nationale à la tête de l'Éducation nationale, qui m'a été confiée par le Premier ministre. J'y ai consacré mon énergie, mon enthousiasme et mon temps, je dirais à 100 %. Et c'est vrai qu'au cours de cette année je me suis trop éloigné de Blois. » Claude Sérillon, taquin, lui demande : « Et votre aller-retour sur Paris a joué un rôle ? » Dans une magnifique pirouette, Lang répond : « Peut-être, mais l'essentiel n'est pas là », avant de se lancer dans une micro-analyse des résultats nationaux. Cette défaite, « je l'assume personnellement et seul », conclut-il. Adieu le Loir-et-Cher, donc, et bonjour le Pas-de-Calais, où le parachuté Jack Lang est élu député en 2002.

---

1. Archives Jack Lang, IMEC. Cité par Laurent Martin, *Jack Lang. Une vie entre culture et politique*, Paris, Complexe, 2008, p. 345 (note 12).

En octobre 2006, après un petit tour de piste, l'ancien ministre renonce à présenter sa candidature à l'investiture du PS pour l'élection présidentielle de 2007. Rallié à Ségolène Royal près de deux semaines avant que les militants ne la désignent comme leur candidate, il en devient le « conseiller spécial », ce qui l'expose médiatiquement durant la campagne. Pas de chance pour lui : il est invité au *Grand Jury RTL-LCI-Le Figaro* le 7 janvier 2007, c'est-à-dire au lendemain de la fameuse sortie de Royal sur la « bravitude ». Contraint d'évoquer le barbarisme qui fait se gausser ses adversaires, Jack Lang joue les funambules : « Je suis un peu envieux, j'aurais aimé inventer ce beau mot » (assurant qu'il est employé « dans certains jeux vidéo »). Et il poursuit : « Le mot est beau, il exprime la plénitude d'un sentiment de bravoure », avant de conclure : « L'inventivité sémantique fait partie de la capacité d'un candidat à parler une autre langue que la langue de bois. Elle parle une langue qui touche le cœur des gens. »

Le numéro d'équilibriste se prolonge à propos de la déclaration de Ségolène Royal : « La France et la Chine partagent une même vision du monde. » Mal à l'aise, Lang explique qu'elle est « une femme qui n'a pas froid aux yeux » et se dit convaincu qu'« on peut parfaitement concilier avec quelque pays que ce soit de bonnes, solides et sérieuses relations d'État à État, respectueux de la souveraineté du pays, respectueux de sa politique, et en même temps ne pas rester insensible aux droits humains, sociaux, de l'environnement et des personnes ». « Insensible » ? Le professeur de droit international sait jongler avec l'argutie diplomatique et dégaine un mot dont le flou savant cache un lourd embarras devant une déclaration plus maladroite qu'audacieuse.

Jack Lang est habile dans l'art de l'esquive. Nommé membre de la commission de réforme de la Constitution par Nicolas Sarkozy, en juillet 2007, l'hypothèse selon laquelle il pourrait entrer dans le gouvernement Fillon agite les médias. Sans surprise, les journalistes l'interrogent sur ce point, le 26 septembre, lors de l'émission *Questions d'info* sur LCP-France Info. Ferme, il répond : « Cette question ne se pose pas. » Mais l'interviewer a perçu une nuance : « Est-ce que vous dites "ne se posera jamais" ? » Irrité, Lang réplique : « Elle ne se pose pas ! Écoutez, je suis un député d'opposition. Je suis un socialiste. [...] Je ne suis pas à la recherche d'un hochet. J'existe par moi-même. » Que doit-on retenir ? L'indignation sur le hochet ou le refus de parler au futur ? Décidément, Jack Lang maîtrise parfaitement les subtilités du français. C'est bien pourquoi sa langue de bois est si admirable.

Le Pen, antisémite ?

« L'immigration et l'identité française » : c'est le titre d'une table ronde organisée le 1er avril 1990 par Nicolas Sarkozy et Alain Madelin, dans le cadre des états généraux de l'opposition, où s'expriment Jacques Chirac et Valéry Giscard d'Estaing. En découvrant son titre, qui semble reprendre les thèses du Front national, le centriste Bernard Stasi a téléphoné aux deux organisateurs pour dire son effroi : trop tard, la réunion aura bien lieu. Un peu plus de trois mois plus tard, lors de la rituelle interview du 14 Juillet, Mitterrand parle des

« Français de bonne souche » et nul ne semble s'en étonner. Et le 21 septembre 1991, dans *Le Figaro magazine*, Valéry Giscard d'Estaing déclare : « Le type de problème auquel nous aurons à faire face se déplace de celui de l'immigration vers celui de l'invasion. » L'« invasion étrangère », l'« invasion des immigrés », le plus vieux thème du Front national…

La « lepénisation » du vocabulaire politique et médiatique est en marche. Elle a un artisan : Bruno Mégret. Ce polytechnicien, qui a frayé un moment avec le RPR avant de fonder les comités d'action républicaine, a rejoint le parti de Jean-Marie Le Pen en 1985 ; il devient son directeur de campagne lors de la présidentielle de 1988. Le stratège, c'est lui, et sa stratégie repose notamment sur les mots, qu'il considère comme des armes. C'est lui qui pousse Le Pen à assener en permanence le terme d'« identité » dans les interviews, lui-même le célébrant par la revue qui porte ce nom, *Identité*, créée en décembre 1989. C'est lui encore qui impose la « préférence nationale », formule qui masque le slogan « La France aux Français », lui qui invente les « droits de l'hommistes » et le « lobby de l'immigration » pour stigmatiser SOS-Racisme ou le MRAP, lui qui forge l'« établissement », emprunté à l'anglais *establishment*, pour fustiger la « nomenklatura politicienne », la « classe politico-médiatique », « la bande des quatre » (PS-RPR-UDF-PCF), les « ripoublicains », la « caste d'apparatchiks », formules si chères à Le Pen.

À la fin des années 1980, les futurs cadres du FN suivent des stages de formation. À cette occasion, ils étudient le texte d'un fascicule polycopié, rédigé sous la responsabilité de Mégret, qui révèle combien, à ses yeux, les mots occupent une place stratégique. On y explique, par exemple, comment nommer les leaders. Le Pen, seul, sera appelé par son prénom, « Jean-Marie ». L'adversaire, comme Chirac, aura droit à un « Monsieur ». L'ennemi, lui, sera simplement nommé « Marchais ».

« Ne parlons pas comme eux », recommande le polycopié en évoquant les autres partis politiques. Ainsi, à propos de la France, on ne dira pas « ce pays », mais « notre pays », et les « ressortissants français » seront désignés comme « nos concitoyens ». Il faut bannir la sémantique des « droits de l'hommistes » : « exclus, exclusion, humanité, genre humain, crime contre l'humanité » et, bien sûr, « droits de l'homme », rebaptisés « droits et devoirs du citoyen ». Il faut laver le vocabulaire français de ses stigmates marxistes. Plus de « travailleurs », mais des « Français actifs » ; plus de « conquêtes sociales », mais des « avantages sociaux » ; plus de « patrons », mais des « employeurs ». En revanche, il convient de s'inspirer de l'exemple des communistes qui, selon Mégret, sont parvenus par les mots à imposer leurs thèmes. Évitons aussi les insultes qui tomberont sous le coup de la loi antiraciste de 1972 : on ne dira pas « les bougnoules à la mer », mais plutôt : « Il faut organiser le retour chez eux des immigrés du tiers monde. » C'est le prix de la respectabilité.

Le vocabulaire du FN est soigneusement codifié. D'abord, chaque mot ou chaque formule appelle son contraire : à l'identité et aux valeurs identitaires qu'incarne Le Pen s'opposent le « cosmopolitisme » et, bientôt, le « mondialisme ». Ensuite, ils agissent comme des masques et des signaux, imperceptibles pour le profane mais bien reçus par les initiés. Les « lobbies » dénoncés sont rarement identifiés dans le discours public. Mais il suffit d'accoler « lobby » et « cosmopolite » pour que surgissent dans l'imaginaire des militants les vieux démons de la théorie du complot, et le juif, le « cosmopolite » majeur, le désintégrateur de l'identité nationale. C'est bien pourquoi les mots ont une fonction capitale : leur acceptation est la clé qui ouvre tous les verrous de la pensée. On commence par les répandre, on en banalise l'emploi ; bientôt, les consciences conquises, ils commanderont toute raison.

Ce que la presse appelle, par un curieux euphémisme, les « dérapages » de Le Pen relève, en fait, d'une tactique de conquête. Un vieux gaulliste comme Pierre Messmer ne s'y trompe pas. Le 15 septembre 1987, au lendemain de la sortie du président du FN sur les chambres à gaz, « point de détail de l'histoire de la Seconde Guerre mondiale », il observe tranquillement : « Je crois que M. Le Pen est trop habile pour faire des gaffes. » Autrement dit, il l'a soigneusement préparée. Il en va de même pour ses jeux de mots (« Durafour-crématoire ») ou, en août 1996, lorsqu'il déclare : « Je crois à l'inégalité des races, oui, c'est évident. Toute l'histoire le démontre. » Et comment interpréter, en juin 1995, son choix d'appeler Patrick Bruel – qui refuse de monter sur scène à Toulon, tenu par le FN – par son nom de famille, sinon qu'il rappelle à ses partisans, par un signal codé, les origines juives du « chanteur Benguigui » ? Celles qui, aux yeux des frontistes, disqualifient définitivement ses propos.

Le discours de Jean-Marie Le Pen sur le thème des juifs, de l'antisémitisme, plus largement du racisme, éclaire la singularité de sa langue de bois, fondée sur la dérobade, l'indignation et l'insinuation.

Les journalistes ont involontairement contribué à son épanouissement. Partagés entre leur mission d'information (on ne peut éviter de recevoir Le Pen dans les émissions politiques) et leurs préceptes moraux (on ne peut traiter Le Pen comme les autres), ils ont longtemps cherché à lui faire dire ce qu'il refusait précisément d'avouer, à l'instar de Jean-Louis Servan-Schreiber, à *L'Heure de vérité*, le 13 février 1984. L'interview consiste à faire réagir le chef du FN à des propos racistes et antisémites de ses partisans, comme cet extrait de tract diffusé dans le Morbihan : « Demain les immigrés s'installeront chez vous, mangeront votre soupe et coucheront avec votre femme, votre fille ou votre fils. » Dans un premier temps, Le Pen esquive, non pas en niant, mais en banalisant, en rapportant ces paroles à une sorte de schématisation propre au langage politique, à une forme de « parler vrai » populaire, à la nécessaire expression du bon sens qui le place du côté du peuple contre les élites : « Je sais ce que ces propos, disons virils, ont de choquant quand ils sont regardés à la loupe dans les salons parisiens, chez les gens de qualité. […] La politique, c'est un art de communication. […] Cela consiste […] à traduire la gravité des problèmes politiques dans des termes qui soient compréhensibles par tous. Or comment décrire autrement la véritable invasion qui est en train de se produire dans notre pays […] ? Et cette invasion – je ne sais comme dire cela autrement – qui ne cesse de croître, comment expliquer aux gens qu'elle est une menace dans l'essence même de leurs libertés et de leur devenir ? »

Le Pen n'a pas répondu sur le fond, mais est parvenu à faire passer le mot clé, celui qui compte pour lui : « invasion ». Servan-Schreiber poursuit néanmoins, avec d'autres citations. Le chef du FN refuse de les commenter : « J'ai dit que je n'étais ni raciste, ni fasciste, ni extrémiste » ; pour autant, il ne désavoue pas les paroles racistes et antisémites évoquées par le journaliste, qui insiste. Alors Le Pen explose : « Cela me rappelle les procès de l'Inquisition. C'est une inquisition politique ! » Nous en sommes arrivés au registre de la victimisation, servie sur un plateau par Servan-Schreiber. Au bout du compte, Le Pen n'aura rien lâché, tout en parvenant à agiter son drapeau.

Chez Le Pen, tactique, comportement et langage sont toujours étroitement imbriqués. Le 27 janvier 1988, toujours à *L'Heure de vérité*, un téléspectateur, par le biais du standard de « SVP », l'interroge sur ce que lui inspire Auschwitz. Il tente, d'abord, le contournement : « Je n'ai strictement aucune responsabilité dans Auschwitz, alors que les communistes en ont très directement. Et je voudrais vous poser une question, M. de Virieu… » Mais l'animateur de l'émission ne cède pas, revenant à l'interrogation du téléspectateur. Le Pen ouvre alors un autre registre, celui de l'indignation et de la victimisation. Habilement, c'est lui qui fait allusion à sa phrase sur le « point de détail » (évitant cependant de reprendre cette formule), mais pour hurler à la « manipulation de l'opinion artificiellement déclenchée par un groupe de médias » : « On a trafiqué ma déclaration de façon mensongère ! » Ce n'est pas le sujet, mais cela lui évite de répondre sur Auschwitz.

Virieu relevant l'esquive, le leader du FN dégaine une nouvelle arme, celle de la dilution, combinant généralisation, personnalisation du propos et amalgame. Généralisation par une tautologie : « La guerre mondiale a été ce qu'elle a été » (= pas de spécificité d'Auschwitz, donc). Personnalisation : « Certains, comme moi, en ont souffert dans leurs affections les plus chères » (= discours d'autorité de Le Pen, pupille de la nation). Amalgame : « Je n'oublie [pas] qui, aujourd'hui, maintient dans des camps, comme celui d'Auschwitz, des hommes et les y font mourir, que ce soit en URSS, en Chine communiste, à Cuba, au Nicaragua, au Cambodge ou au Vietnam » (= tous les camps se valent). Bref, ce ne sont pas tant les mots ou formules figées qui fondent la langue de bois lepéniste qu'une dialectique du discours qui brouille les pistes. Quand Le Pen, s'indignant du trucage qu'on aurait fait de sa déclaration, affirme : « Je n'ai jamais dit que les chambres à gaz n'ont jamais existé », il se garde bien de dire : « Les chambres à gaz ont existé. » L'équivoque de sa langue de bois est un message à qui veut l'entendre.

C'est aussi l'équivoque qu'il cultive face à Lionel Stoléru, secrétaire d'État chargé du Plan, le 5 décembre 1989, sur le plateau de la Cinq, dans le journal de la mi-journée. Ici, le propos repose sur une autre technique de Le Pen, celle de l'insinuation et de l'intimidation qui doivent disqualifier l'interlocuteur.

> Jean-Marie Le Pen *(document en main)* : Je voudrais vous poser une question, M. Stoléru. Est-il exact que vous ayez la double nationalité ?
> Lionel Stoléru : Laquelle ?
> JMLP : Je ne sais pas, je vous pose la question.
> LS : Je suis français.
> JMLP : Avez-vous une double nationalité ?
> LS : Non, je suis français.
> JMLP : Vous n'avez pas de double nationalité ?

LS : Non, je n'en ai pas.
JMLP : Ah, parfaitement. J'aime mieux cela. Parce que j'aurais été, je dois vous le dire, un peu gêné si j'avais su que vous aviez une autre nationalité...
LS : Laquelle ?
JMLP : ... que la nationalité française...
LS : Laquelle ?
JMLP : ... ben, je vous pose la question. Vous me dites que non. Par conséquent, il n'y a pas de débat... Je voudrais seulement vous dire...
LS : ... c'est aussi un détail ?
JMLP : Non, écoutez, pas ce genre d'argument pitoyable, M. Stoléru...
LS : Qui est-ce qui prend des arguments personnels, c'est vous ou moi ?
JMLP : Ben, je vous pose la question... vous êtes un ministre français... on a le droit de savoir qui vous êtes, tout de même...

Là, l'animateur du débat, Jean-Claude Bourret, intervient. Sous prétexte de mettre fin au « langage un peu codé », il pose cette question hallucinante qui entre de plain pied dans le jeu du leader du FN : « M. Stoléru, vous êtes juif ou non ? » Légitimement, le ministre, mis en accusation (juif, c'est une tare ?), répond qu'il ne s'agit pas d'une nationalité. Alors, Bourret précise : « M. Le Pen faisait peut-être allusion à la possibilité que vous ayez la double nationalité israélienne et française... » C'est ce que, d'un air modeste, Le Pen confirme, précisant son interrogation : Lionel Stoléru est président de la Chambre de commerce franco-israélienne. « J'ai démissionné en entrant au gouvernement », réplique le ministre. Après avoir semé le doute, le chef frontiste peut conclure l'échange : « Comme on m'avait dit que vous étiez de nationalité israélienne, je vous posais la question. Mais, puisque vous dites que vous ne l'êtes pas, j'accepte cette affirmation. »

Le Pen sait parfaitement que Stoléru n'a pas la double nationalité. Mais il n'ignore pas non plus le pouvoir ravageur de la calomnie. Bien sûr, la main sur le cœur, le leader du FN rejette tout antisémitisme (« je ne voulais pas parler des juifs »). Mais comment ne pas faire le rapprochement entre israélien et juif ? Comment les antisémites qui écoutent et se régalent ne le feraient-ils pas ? Et cela, sans besoin de recourir à la phraséologie frontiste des « lobbies » et du « cosmopolitisme » qui menace. La langue de bois lepéniste sait s'adapter ; tous les outils sont bons pour distiller le message : les mots du quotidien, porteurs de faux bon sens, comme les mots codés, qui réveillent les haines enfouies au fond des conciences.

Artilleurs de la République

Aboyeurs, chiens de garde, pit-bulls, porte-flingue, artilleurs... Les porte-parole des leaders et des partis, occasionnels ou permanents, sont devenus des personnages médiatiques de premier plan. Leur monde est en noir et blanc : d'une obscurité orageuse lorsqu'il s'agit de leur adversaire, d'une clarté virginale lorsqu'il s'agit de leur champion. Leur rôle est de s'exposer, de sourire aux admirables leçons d'intérêt général délivrées par leur camp, de frapper comme des sourds sur le crâne de l'ennemi qui ne sait rien, qui ne comprend rien, qui agit en dépit du bon sens, quand il ne ment pas aux Français, délibérément.

Face aux micros et aux caméras qu'il attire ou qu'il convoque, le porte-parole ne fait pas dans la nuance. Il est là pour protéger le chef par le rempart des mots, ceux que les médias reproduiront, ceux qui passeront en boucle à la télévision, ceux qu'on conçoit pour le format du 20 heures et qu'on appelle « petites phrases ». Les formules définitives, teintées de mauvaise foi ou de calomnie, sont lancées comme des boulets de canon. Une fois la guerre déclenchée, l'artilleur s'effacera devant le général, qui aura alors beau jeu d'intervenir pour calmer les esprits, réclamer la paix, rassembler les peuples. Après tout, les propos du porte-parole n'engagent que lui... mais ce qu'il aura dit aura été entendu, et c'est bien ce qui compte. Bref, s'il est un langage stéréotypé en politique, soigneusement préparé en coulisse, c'est bien celui des porte-parole politiques. Ils tutoient le firmament de la langue de bois.

La posture la plus caractéristique du porte-parole est sans doute celle de la « réaction ». Qu'un ministre annonce une quelconque mesure et les partis réagissent, doublant leur communiqué à la presse d'une déclaration de leur interprète aux journalistes. Qu'un événement quelconque à portée politique se produise et les micros se tendent, en quête de la « réaction » ; ce sera l'objet d'un montage au JT : un coup à droite, un coup à gauche, un coup au centre, et le sujet est dans la boîte. Les contraintes de temps, du reste, ont réduit les interventions. Là où, il y a vingt ou trente ans, la chaîne des réactions tenait en deux ou trois minutes, elle doit désormais se concentrer en soixante ou quatre-vingt-dix secondes. Les artilleurs se sont adaptés : plus de fioritures, mais une formule bien sentie, qui fait mal pour faire mouche.

Le 28 avril 1988, par exemple, la France est tendue vers le débat de l'entre-deux-tours de l'élection présidentielle, où s'affrontent Jacques Chirac et François Mitterrand. À peine le duel achevé, François Léotard, pour l'un, Pierre Bérégovoy, pour l'autre, sont prêts à réagir, avec la spontanéité de celui qui a préparé son intervention bien avant que les protagonistes n'apparaissent sur le plateau de l'émission, dans le secret des états-majors de campagne où se mêlent responsables politiques et communicants. Bien sûr, les deux n'ont pas vu le même débat, mais l'un comme l'autre doivent développer un commentaire conforme à la stratégie de son champion. Chirac cultive l'image de dynamisme face à un adversaire âgé : Léotard a donc choisi la métaphore sportive. Mitterrand, lui, joue le rassemblement, la sagesse, la force tranquille de l'homme apaisé qui regarde vers l'avenir. C'est sur cette carte que Bérégovoy doit miser.

Léotard apparaît le premier à l'écran : « Moi, j'ai toujours vu un Mitterrand en fond de court, recevant des services, comme on dit au tennis, extraordinairement durs et très difficiles à rattraper ; et chaque fois il s'est justifié. […] Et j'ai trouvé que c'était, pour lui, très difficile. Et Chirac était en forme, il était à l'aise. Il était, dans le ton, à la fois ferme, convaincant, offensif, léger, au sens sportif du terme. Moi, j'ai trouvé qu'il a bien gagné le match. À mon avis, l'un mérite d'être président de la République : c'est d'Artagnan-Chirac, et l'autre mérite, eh bien, de rentrer tranquillement chez lui – c'est d'ailleurs ce que nous souhaitons – : c'est Tartufe-Mitterrand. » D'Artagnan contre Tartufe à Roland-Garros, il fallait y penser. Pour le reste, un jugement de valeur attendu.

Puis vient Pierre Bérégovoy : « Ce qui m'a frappé, tout au long de ce débat, c'est qu'il y avait un chef d'État qui regardait devant lui, et il y avait un Premier ministre qui regardait constamment derrière lui. Il y avait un homme qui prépare l'avenir, et un autre qui se contente du passé. C'était très frappant. Alors, naturellement, comme toujours, M. Chirac a déformé la vérité, il n'a pas répondu aux problèmes qui se posent au pays. [...] Je l'ai trouvé souvent en difficulté. Mais, je le répète, c'est aux Français d'en juger. » Au-delà du point de vue purement subjectif, nourri des mots classiques, creux et implicites de la langue de bois (« naturellement », « comme toujours », « problèmes », « difficulté »...), Bérégovoy joue d'autant la partition de la douce certitude que les sondages (secrets) donnent Mitterrand gagnant. « C'est aux Français d'en juger » : formule convenue, mais qui indique discrètement l'assurance de la victoire.

Plus le temps passe, plus les artilleurs cherchent à réagir systématiquement aux propos de leurs adversaires. Et, plus ils s'imposent parmi les visages familiers des téléspectateurs, plus ils frappent fort, par des formules lapidaires. Julien Dray, porte-parole du PS, fait partie de ceux-là. Le 26 juin 2006, au soir d'une intervention télévisée où Jacques Chirac a renouvelé sa confiance à Dominique de Villepin, il assène devant les caméras, avec une ironie empreinte de colère : « Le président de la République nous a délivré une information très importante : il est satisfait de son Premier ministre [...]. Finalement, on n'attendait pas grand-chose de l'intervention du président de la République, on n'a pas été déçus. »

Il est toujours plus facile d'attaquer que de défendre, même avec les mots les plus convenus. C'est bien pourquoi l'audace ou l'outrance de Frédéric Lefebvre, devenu porte-parole de l'UMP en 2007 et désigné par Nicolas Sarkozy, selon la presse, comme son « chien de chasse », étonne. Se pressent dans sa bouche des mots ou des formules qu'on n'avait pas l'habitude d'entendre, même dans les charges les plus violentes. « Faire la relance par la consommation, c'est simplement stupide », dit-il au micro de France-Info le 26 février 2009, répondant aux propositions socialistes pour résoudre la crise économique. « Mme Royal a besoin d'une aide psychologique », lance-t-il le 20 avril suivant. Bref, un nouveau style, où l'on appelle un chat un chat. Une leçon de « parler vrai » ? Prudence…

En avril 2009, montant au créneau pour défendre l'action d'Éric Besson sur le dossier des clandestins, Frédéric Lefebvre affirme : « La dénonciation, c'est un devoir. » Il va plus loin en proclamant qu'à l'opposé de la « délation » il s'agit là d'un « beau mot ». Le 8 mai 2009, au *Grand Journal* de Canal +, il justifie cette appréciation en prenant l'exemple du « J'accuse » de Zola, qui « dénonce les injustices », ajoutant : « Je crois que la langue française, elle est importante. Il ne faut pas se laisser avoir par un certain nombre de gens qui pratiquent l'amalgame. » Certes, le mot « dénoncer » vient du latin *denuntiare*, « faire savoir ». Mais chacun sait que ce qui compte, c'est l'usage courant du mot, la manière dont il est généralement compris. On n'ignore pas non plus que, depuis le XVIe siècle, le « mouchard » est celui qui espionne en vue de « dénoncer à la police ». L'apologie du mot « dénonciation », dans le contexte de son application (dénoncer les clandestins), ne tiendrait-elle pas, alors, de la mauvaise foi sur laquelle s'épanouit si communément la langue de bois ? Difficile d'y échapper, quand on porte la parole (des autres) !

Grognards des soirées électorales

Dans une soirée électorale, on ne vient pas débattre, on ne vient même pas pour commenter les résultats : on vient délivrer un message. Pour que le message passe bien, il faut se concerter. Rien ne serait pire que de se laisser piéger par les journalistes. Les Français n'y verront que du feu : même le zappeur le plus fou ne peut suivre en même temps les multiples émissions proposées par la télévision ou la radio, nationales, régionales, locales. La tactique n'est pas nouvelle : depuis toujours, les équipes politiques s'enferment dans leur état-major de campagne pour concocter une déclaration qui reflétera la position commune. Mais les choses se sont compliquées à partir de 1978, sous l'effet des sondages et du direct.

En 1974 encore, aucun candidat ne s'exprimait avant 22 heures et les premiers résultats annoncés par le ministère de l'Intérieur : leurs discours étaient enregistrés, comme les rares réactions des responsables de partis, ce qui laissait peu de place à l'improvisation. En raison de l'importance du scrutin (la France va-t-elle basculer à gauche ?), TF1 décide d'organiser pour le premier tour des législatives de mars 1978 le premier débat en direct d'une soirée électorale. L'anime Yves Mourousi, entouré du socialiste Pierre Mauroy, du gaulliste Yves Guéna, du centriste Jean-Pierre Soisson et de quelques autres. Il ne commence qu'à 22 heures, ce qui laisse le temps de la décantation : on peut affûter ses arguments. Pour le second tour, les résultats, grâce aux estimations des sondeurs, sont connus dès 20 heures : les hommes politiques se manifestent peu à peu au cours de la soirée et le débat en direct reste tardif.

En 1981, il n'est déjà plus question d'attendre. Dès l'annonce des estimations, les chaînes veulent des réactions. Du coup, à rebours de ce qu'on connaissait depuis vingt ans, les soutiens des leaders sont parfois conduits à s'exprimer avant leur champion. Le système se complique encore avec la multiplication des débats en direct, à la télévision, mais aussi à la radio. Les grognards des soirées électorales tournent de plateau en plateau, de studio en studio ; pour répondre aux demandes médiatiques, il faut en grossir les rangs. Alors, pour ne pas commettre d'impair en direct, on a tout intérêt à se mettre bien d'accord sur le message à faire passer, sur les mots même qu'on emploiera, ce qui *de facto* fige le discours. Si tous les représentants d'un camp disent la même chose, c'est qu'en vertu de l'enjeu les états-majors ont étudié depuis plusieurs jours tous les scénarios possibles. À chacun d'eux sont attachés un discours et des consignes pour le répandre.

En mars 2008, *Le Canard enchaîné* publie une note de Matignon, signée par Myriam Lévy, conseillère « presse » du chef du gouvernement, et destinée à tous les ministres qui auront à commenter les résultats du premier tour des municipales dans les débats télévisés. Il faut d'autant plus se préparer que les résultats s'annoncent mauvais. Intitulé « Messages clés et éléments de langage » et long de trois pages, le document explique notamment : « Notre ligne devra être de rappeler le différentiel de participation avec le caractère local de ces élections pour contrer l'argument du test national et du vote sanction dès le début de la soirée. [...] Rappeler que, pour les élections municipales, les enjeux sont avant tout locaux et le choix se fait en fonction de considérations locales. » Autrement dit : il faut relativiser la déconfiture. C'est un vieux truc de la langue de bois électorale. Si vous gagnez des élections locales, vous direz qu'elles avaient une valeur nationale (ce qu'avait admirablement fait Mitterrand, en 1976, pour les cantonales, et en 1977, pour les municipales). Dans le cas contraire, vous en minimiserez la portée en rappelant que le scrutin était local. Dans un cas, vous oublierez le taux de participation, dans l'autre, vous vous souviendrez brusquement qu'il est toujours inférieur à celui d'une présidentielle, façon habile de réduire la portée du vote.

Mais attention, les municipales comportent deux tours de scrutin ! La consigne de Matignon commande d'insister : « L'élection n'est pas jouée. » Et, au soir du premier tour, les recommandations sont respectées à la lettre par Roselyne Bachelot, Valérie Pécresse, Rama Yade, Rachida Dati et les autres ministres. Tous les téléspectateurs ont bien compris : « Ce n'est pas un vote sanction. » Comme le relève ironiquement *Le Canard enchaîné*, « on aurait dit une classe d'écoliers récitant une leçon bien apprise ».

Le « rien n'est joué » et le « tout reste possible » sont des classiques des soirées électorales. Il faut éviter le triomphalisme, pour ne pas risquer de démobiliser son électorat, tout en montrant que la « dynamique de la victoire » est dans son camp. Tout le monde, bien sûr, sonne le « rassemblement », leitmotiv d'une soirée électorale de premier tour, sans qu'on sache très bien en quoi il consiste. Mais le mot est d'autant plus souvent avancé que le moral n'y est pas.

Prenons les exemples des soirées électorales du premier tour des présidentielles de 1974 et de 1981. Dans les deux cas, Pierre Mauroy est en première ligne ; mais son langage s'avère radicalement différent. En 1974, chez les socialistes, on doute de la victoire de François Mitterrand. On ne le dira pas, évidemment. Un mot pourtant trahit l'inquiétude : « rassemblement ». Il faut rassembler (façon de faire du pied aux électeurs déçus de Chaban-Delmas) et Mauroy décline le thème sur tous les tons devant les caméras de télévision. Sept ans plus tard, en revanche, c'est le terme de « victoire » que Mauroy martèle dès qu'un micro est tendu. « Belle victoire pour François Mitterrand », « très belle victoire », « très nette victoire »… : on en oublierait presque qu'un second tour est prévu ! Cette fois, on sent le pouvoir à portée de main et il est nécessaire d'imposer l'idée du triomphe comme une évidence, celle qui fait accourir les indécis dans le camp annoncé victorieux, celle qui permettra au citoyen le plus apolitique de clamer, le 10 mai 1981 : « C'est aussi grâce à moi ! »

Puis arrive le résultat du second tour. Là, deux options : vous êtes vainqueurs ou vous êtes défaits ; à vous d'adapter votre discours à la situation.

Le vainqueur évitera d'exprimer une quelconque arrogance. Mitterrand donne l'exemple en mars 1977, à l'issue des municipales : « J'éprouve une sorte de force tranquille en moi-même » (tiens, le slogan de 1981 est déjà en gestation !). Laurent Fabius l'imite le 8 mai 1988 : « C'est peut-être une joie différente de celle du 10 mai 1981. C'est une joie plus mûrie. » Et il ajoute :

« Je pense aussi aux gens dont le candidat n'a pas gagné. Mais ce qui est très très important, je crois, c'est de bien comprendre qu'il faut avoir la main tendue, être fidèles à notre projet, mais avoir un esprit d'ouverture. » Ne pas écraser le vaincu et faire un clin d'œil aux centristes : une tactique au service de l'échéance qui vient, celle des législatives. Rien ne dit qu'elles seront gagnées par les socialistes !

Du côté des perdants, tout dépend de la prochaine étape. Dans le cas d'une présidentielle suivie de législatives, on minimisera la victoire de l'adversaire pour ne pas démobiliser son électorat (même si, sur ce plan, on ne se fait guère d'illusions) : les officiers remontent sur leur cheval et galvanisent leurs troupes ! Ce qui donne, chez Alain Juppé, au soir du 10 mai 1981 : « Je crois que ce qui s'est passé aujourd'hui, c'est surtout un vote de déception [*c'est donc la faute de Giscard d'Estaing, pas celle de Chirac !*], beaucoup plus qu'un vote d'adhésion à un programme politique dont il faut bien dire qu'il comporte encore un certain nombre d'incertitudes ou imprécisions. Ces incertitudes et ces imprécisions, il faudra bien les lever lorsque vous allez vous présenter, comme nous, devant les électrices et les électeurs pour les élections législatives. »

En revanche, dans le cas où aucune autre échéance ne se présente à l'horizon, la langue de bois consiste, avec la plus mauvaise foi, à relativiser sa propre défaite et la victoire de l'adversaire. Alors que les socialistes connaissent la débâcle, en mars 1993, Paul Quilès incrimine le mode de scrutin : « Le revers important de la gauche est à l'évidence très amplifié par les effets brutaux du scrutin majoritaire, qui donnent aux résultats de ce soir un aspect quelque peu caricatural. » Il n'était pas caricatural en 1981 ? La gauche, au pouvoir depuis 1988, n'avait pas les moyens de changer le mode de scrutin ?

La palme de la langue de bois revient peut-être au type de déclaration que propose Alain Juppé, au soir du second tour des municipales de 1989. Depuis le siège du RPR, il explique : « Il me paraît très exagéré, en tout cas prématuré, de laisser croire que nous assistons à une vague de fond qui porterait la majorité présidentielle. » C'est lui qui parle de vague de fond : les journalistes observent surtout les bons résultats de la majorité, alors que les élections intermédiaires sont généralement défavorables au pouvoir. Juppé poursuit : « Il est exact que le parti socialiste reprend une partie du terrain qu'il avait perdu en 1983 [*donc c'est lui qui était en retard !*], mais en partie seulement. En ce qui concerne le Rassemblement, nous perdons, c'est vrai, des villes importantes [*qu'il ne nomme pas*], mais nous en gagnons beaucoup sur le parti socialiste : Castres, Lens, Saint-Chamond, Cavaillon, Guingamp, Vire, Boulogne-sur-Mer, Aubusson ; sur le parti communiste, Sarlat, Lons-le-Saulnier. » Sans faire injure à leurs habitants, ces villes n'ont tout de même pas la dimension d'Aix-en-Provence, Strasbourg, Nantes, Brest ou Mulhouse, qui basculent à gauche, comme une trentaine d'autres municipalités.

Heureusement, il est un thème qui réconcilie tout le monde, devenu un poncif des soirées électorales : « Les sondages se sont trompés ! » On se demande bien pourquoi, alors, les états-majors des leaders les observent à la loupe et en commandent en secret. « Les sondages se sont trompés » ? Peut-être le cri de douleur du conjoint trahi…

II

N'avoue jamais...

« Pourquoi n'a-t-on pas dit que la radioactivité augmentait ? » Le 11 mai 1986, dans *Antenne 2-Midi*, le journaliste Hervé Claude a le regard et le ton de celui qui ne lâchera pas sa proie tant qu'elle ne se sera pas soumise. L'homme qui lui répond en duplex depuis Grenoble, Alain Carignon, ministre de l'Environnement, passe sans doute l'un des plus mauvais quarts d'heure de sa carrière politique. La veille, le professeur Pellerin, directeur du Service central de protection des radiations ionisantes (SCPRI), a reconnu sur TF1 ce que les autorités scientifiques et politiques ne s'empressaient guère d'avouer depuis le 26 avril, date de l'explosion de la centrale nucléaire de Tchernobyl : les mesures de radioactivité étaient anormales, sur le territoire français, depuis le 30 avril. Ce jour-là, Jean Chanteur, directeur adjoint du SCPRI, délivrait aux téléspectateurs d'Antenne 2 un message rassurant : « Je peux vous dire qu'en France il n'y a aucun risque. On pourra certainement détecter, dans quelques jours, le passage des particules ; mais, du point de vue de la santé publique, il n'y a aucun risque. » Que fallait-il comprendre par « certainement » ?

Le nuage de Tchernobyl avait scrupuleusement respecté le barrage des douanes françaises ; la France avait été protégée de la contamination, tantôt par la pluie, tantôt par l'anticyclone des Açores... Apaisant, le premier communiqué officiel du gouvernement, émanant du ministère de l'Agriculture, affirmait le 6 mai : « Le territoire français, en raison de son éloignement, a été totalement épargné par les retombées de radionucléides consécutives à l'accident de la centrale de Tchernobyl. » Pourtant, le même jour, une dépêche AFP, rapportant une déclaration du professeur Pellerin, titrait : « Radioactivité : retour progressif à la normale sur la France ». Retour à la normale ? Aurait-on omis de nous dire quelque chose ? À partir du 9 mai, les informations étaient arrivées au compte-gouttes : la radioactivité avait atteint 360 becquerels, et non 200, comme on l'avait jusqu'ici prétendu ; le nuage n'avait pas épargné la France, touchant notamment l'Est, le Sud-Est, la Corse...

Du coup, on comprend l'irritation d'Hervé Claude lorsque, enfin, le ministre de l'Environnement accepte de s'exprimer à la télévision. En début d'interview, Carignon tente de se défausser sur les services du professeur Pellerin, « qui a souvent été mis en cause en matière d'information ». Par qui ? Quelle information ? Et que doit-on entendre par « souvent » ? Légitimement, le journaliste s'étonne : l'information ne dépend pas du ministère de l'Environnement ? Carignon s'engage dans une explication fumeuse pour contourner la question : « Ce qu'il faut savoir, c'est que si l'information [*celle qu'on n'a pas donnée ou celle qui était volontairement fausse* ?] a été mise en cause [*par qui ?*], jusque-là, le thermomètre, c'est-à-dire l'instrument qui permet de mesurer la radioactivité, ne l'a pas été [*ce n'est pas du tout la question !*], parce qu'en France il y a sur le territoire cent trente thermomètres de la mesure de la radioactivité [...]. Donc, on a un instrument de mesure qui est considéré comme fiable en France et en Europe [*par qui ?*] ; c'est un élément très important, parce que ce n'est pas toujours le cas dans les autres pays où il y a, on le voit bien [*qui voit quoi ?*], une certaine cacophonie à l'intérieur même des pays. »

Une tentative maladroite d'esquive, une affaire de thermomètres que le monde nous envie, la vieille ficelle du « c'est pire chez les autres », la langue de bois d'Alain Carignon n'est pas convaincante et, à l'écran, il n'a pas l'air très convaincu non plus. D'où la question d'Hervé Claude : « Pourquoi n'a-t-on pas dit que la radioactivité augmentait ? » Suit un savoureux échange qui mérite d'être intégralement reproduit :

Alain Carignon : Alors, déjà, les instruments de mesure ont diffusé tous les jours, depuis le 28 avril, tous les jours en fin de soirée, vers minuit... les services du Pr Pellerin [*c'est bien vers lui que les regards désapprobateurs doivent tendre !*] ont diffusé les chiffres. Et puis, samedi, hier exactement, le Pr Pellerin a pu présenter une carte qui est la première carte coordonnée du taux de radioactivité publié par un pays européen [*la France, en pointe dans la transparence !*], parce que, pour la publier, pour des raisons techniques [*chers téléspectateurs, c'est technique, ne cherchez pas à comprendre...*], il faut un certain délai, puisqu'il faut que la radioactivité nouvelle ait été prise en compte [*n'est-ce pas qu'on attendait qu'elle redescende ?*] ; donc, hier...

Hervé Claude : ... hier, quinze jours après ?

AC : Ah non, mais quotidiennement les chiffres ont été publiés...

HC : Alors, comment expliquez-vous que les Français ne l'ont jamais su ?

AC : Écoutez, c'est aux médias de répercuter ces chiffres...

HC : C'est nous qui n'avons pas bien fait notre travail ?

AC : Tous les jours, ils ont été diffusés... [*Carignon gagne du temps, pour mieux esquiver une question gênante*]. Maintenant, je vais quand même ajouter quelque chose sur ce problème de l'information [*généralisation qui minimise la responsabilité du gouvernement : mais d'où vient le « problème », alors ?*] qui est capital. Il est capital parce que je crois que les Français sont majeurs ; ils ont le droit de savoir, ils ont le droit de connaître [*topos de la langue de bois. Connaître quoi ? La vérité ?*]. Je crois que tout le monde s'accorde à penser que les taux tels qu'ils se sont développés ne sont pas dangereux [*justement, tout le monde de « s'accorde pas à penser », à commencer par les écologistes*], suivant les normes de l'Organisation mondiale de la santé ou suivant les normes d'Euratom [*rapprochement d'autorité, amalgame qui permet d'éviter de citer les normes*], dans les deux cas, les taux tels qu'ils sont déterminés en France [*mais la France, ce n'est pas l'OMS !*] ne sont pas dangereux [*quels taux : ceux d'aujourd'hui ou ceux d'il y a deux semaines ?*]. Mais se pose le problème de l'information, et il faut tirer l'expérience, n'est-ce pas, de ce qui vient de se produire. Je crois que, dans tout événement, il faut en tirer la leçon [*sic*]. D'abord, parce qu'un tel accident peut se reproduire ; il peut se reproduire, car il faut le dire [*vous voyez bien que je suis transparent !*], il y a vingt-cinq centrales à peu près du même type en URSS, il y en a dans les pays de l'Est. L'incident [*curieux euphémisme*] peut aussi se reproduire en Europe... Bref... [*attention : terrain glissant, la France est en Europe !*].

On le voit, en service commandé, Alain Carignon est là pour minimiser la responsabilité du gouvernement, détourner l'attention de l'opinion sur ce qui vient de se passer : nous n'avons rien à cacher et, maintenant, parlons d'avenir ! Le ministre martèle d'autant plus le mot « information » qu'elle a fait largement défaut de la part des autorités de l'État. C'est pourquoi Hervé Claude le pousse dans ses derniers retranchements : pourquoi pas « une Haute Autorité de l'information nucléaire, comme le réclament les écologistes » ? La langue de bois reprend immédiatement ses droits : « Je ne sais pas sous quelle égide et sous quelle forme... il faut que cette coordination se fasse, car je crois que nous en avons les moyens en France. » Difficile de produire réponse plus floue. « Se fasse » : la coordination (mot vague) va se faire toute seule ? « Nous en avons les moyens en France » : un cocorico qui indique « parlons vite d'autre chose ».

La pathétique intervention du ministre de l'Environnement annonce, en fait, une contre-offensive de communication, de la part du gouvernement, conduite deux jours plus tard par le ministre de l'Industrie, Alain Madelin. Le 13 mai, au JT de 20 heures d'Antenne 2, il explique : « Il faut dans cette affaire du nucléaire [*ce n'est pas une vague « affaire », mais une forte interrogation de l'opinion sur les risques de contamination, après l'accident de Tchernobyl*], puisqu'elle suscite une émotion chez les Français [*émotion = irrationalité*], jouer complètement le jeu de la transparence, cartes sur table. » Des formules qui s'éclairent peu après : « Il n'y a pas eu de maillon faible dans la sécurité des Français ; il y a eu un maillon faible dans la procédure de communication. » Le gouvernement n'a donc rien caché (d'ailleurs, il n'y avait rien à cacher, puisqu'il n'y a jamais eu aucun risque) ; il a juste mal expliqué – à moins que les Français aient mal compris.

Encore trois jours et, le 16 mai, Alain Madelin présente fièrement à la télévision le Numéro Vert gratuit de la cellule d'information qu'il vient de mettre en place. Un mot d'ordre : rassurer. Ce qui, dans les propos du ministre, se traduit notamment par : « Nous n'avons rien à cacher. Nous mettons cartes sur table. Chose promise, chose due [*croix de bois, croix de fer…*]. Nous jouons le jeu de l'information avec les Français. [...] Écoutez, du calme, du calme, dans cette affaire. Il n'y a vraiment aucun risque sanitaire. [...] Il n'y a aucune inquiétude à avoir. [...] Que les Français soient rassurés et, s'ils ont un doute, qu'ils nous téléphonent ! » Alain Madelin, ou comment, armé d'un sourire jusqu'aux oreilles et en débitant des slogans à la manière d'un camelot alpaguant le chaland, on met fin à une profonde crise de confiance de l'opinion. Sans rien avouer, ni mensonge, ni incompétence, ni même impuissance. Car, s'il est un domaine d'excellence de la langue de bois, c'est bien celui qui permet à l'homme politique de ne jamais faire l'aveu de ses erreurs, de ses reculades ou de ses ambitions personnelles. Montrons-le, exemples à l'appui.

Je ne change pas, je m'adapte

« Le gouvernement et sa majorité traversent une crise de "sémantique" », observe ironiquement *Libération* en mai 1982. Le pouvoir socialiste s'apprête à prendre un virage économique marquant la fin de la relance engagée un an plus tôt, au profit du blocage des salaires et des prix ; mesures insuffisantes pour éviter la catastrophe financière et budgétaire et qui nécessitent, en mars 1983, un nouveau plan gouvernemental allant plus loin encore dans la compression du pouvoir d'achat. C'est pourtant sur un programme radicalement opposé que, le 10 mai 1981, François Mitterrand a été élu, celui du « changement ». Comment alors masquer par les mots ce qui faut bien appeler un échec et le choix brutal d'une politique qu'on condamnait jusqu'ici ?

Au printemps 1982, la consigne de l'Élysée est claire : ne surtout pas dire qu'on change de politique. Le président montre lui-même l'exemple lors de sa conférence de presse du 9 juin. L'idée est d'imposer aux médias un slogan qui euphémise la réalité, une formule à valeur positive, la « seconde phase du changement », celle de l'« effort », dans laquelle le gouvernement s'engagerait désormais. « Nous gardons les mêmes objectifs », affirme Mitterrand, qui martèle le terme « volonté ». Mais, si on l'écoute bien, le mot d'ordre « priorité à l'emploi », constamment répété depuis un an, a disparu ; le vocable même de « chômage » est absent. Des expressions nouvelles, vagues dans leur formulation, mais révélatrices d'un virage idéologique, percent dans le discours, comme « priorité à l'investissement et à l'innovation », « accroître la compétitivité », « reconstituer l'épargne »… Quant au lourd revers socialiste, il est relativisé par un constat qui cache l'impuissance : « Nous avons rencontré des obstacles. […] Il nous a fallu du temps pour coordonner, pour saisir les objectifs, pour harmoniser et aller au plus pressé, sans perdre de vue l'essentiel. » Décodée, cette langue de bois signifie : « Nous avons fait erreur, il faut tout reprendre de zéro. »

Embarrassé, Mitterrand verse même dans la métaphore cycliste en évoquant le Tour de France : les coureurs, « lorsqu'il font la première étape, c'est généralement avant la deuxième, et lorsqu'ils font la deuxième étape, ils continuent de tendre vers le but initial, c'est-à-dire celui de la victoire. [...] Là, c'est la plaine, là, c'est la montagne ». Cette lapalissade sportive a de quoi inquiéter : le Tour de France compte une vingtaine d'étapes ! Enfin, le président sort de sa besace les deux arguments qui masquent les lendemains douloureux ; d'abord, celui de la « crise mondiale [qui] s'est aggravée » (on ne pouvait pas prévoir !) et celui de l'héritage laissé par les prédécesseurs au pouvoir : tout était « délabré ». Facteurs exogènes ou, si on préfère, « c'est pas ma faute, m'sieur, c'est l'autre »...

Le lendemain, avec discipline, le porte-parole du parti socialiste, Bertrand Delanoë, déclare : « M. Mitterrand confirme qu'il a un sens aigu du temps et de la constance dans les choix politiques. » Il faudrait donc être d'une sacrée mauvaise foi pour percevoir un changement de politique ! Le 13 juin, dans l'allocution qui suit la dévaluation du franc, le Premier ministre, Pierre Mauroy, après avoir dressé un tableau positif de l'action gouvernementale, explique que « les résultats » n'étant « ni assez sensibles ni assez rapides », il faut s'« adapter aux difficultés du parcours. C'est ce que le président de la République a appelé la seconde phase du changement ». On ne change pas, donc : on s'adapte ; preuve de clairvoyance et de pragmatisme ! « Nous poursuivrons dans [la même] voie en adaptant chaque fois que cela sera nécessaire le rythme et les moyens. » « Rythme » et « moyens » : deux mots volontairement flous et généralisants qui donnent l'impression du contrôle. Bref, « nous changeons de vitesse » et, prolongeant la métaphore présidentielle, Mauroy explique : « Chacun sait qu'il est bien plus facile de rouler en plaine que de gravir la montagne. » Enfin, trois jours plus tard, le Premier ministre, annonçant le blocage des prix et des salaires, se livre à une paradoxale contorsion : « C'est parce que nous avions tenu nos promesses sociales que nous avons pu changer de cap. »

La presse, pourtant, n'est pas dupe. Et certains socialistes, qui ne croyaient pas à l'efficacité de la politique de 1981, l'aident à voir clair. Dès le 10 juin, dans *Le Nouvel Observateur*, Michel Rocard vend la mèche : « Voici venue l'heure de la rigueur socialiste, celle de l'équilibre entre la lucidité économique et l'imagination sociale. » Ces deux dernières formules, en elles-mêmes, n'ont pas grande signification ; l'important, c'est que le vilain mot, « rigueur », est lancé. On conçoit la fureur de Mitterrand ! La rigueur, on la fait, pas la peine d'en parler, commande le chef de l'État, et les ministres ont pour consigne d'éviter soigneusement le mot face aux journalistes, ce qui devient de plus en plus intenable, car tous les médias l'ont déjà adopté. Les socialistes, finalement obligés de le reprendre, tentent alors de le minimiser.

Or, face aux difficultés qui s'amoncellent, s'impose l'évidence d'un nouveau plan, plus contraignant encore pour les Français. En février 1983, la communication élyséenne songe même à l'enrober sous la séductrice formule du « nouvel élan ». La manœuvre est si grossière qu'on y renonce. Le 16, le Premier ministre est l'invité de *L'Heure de vérité*. On assiste à une performance de funambule, un numéro rare de langue de bois. Un nouveau plan ? Pas du tout ! On ne change rien, notre politique est équilibrée : « Un excès de rigueur entraînerait une nouvelle poussée du chômage, un manque de rigueur laisserait repartir l'inflation. » Du reste, il serait inutile puisque « les gros problèmes sont derrière nous » et que « tous les indicateurs […] se remettent tranquillement au vert ». Tout cela n'est que rumeur d'un adversaire qui enrage de voir « le spectacle de la gauche en train de réussir ». Être Premier ministre, ce n'est pas facile tous les jours…

Et puis la nouvelle tombe : le 25 mars, la France bascule officiellement dans le second « plan de rigueur ». Mitterrand l'a annoncé deux jours avant à la télévision. Évoquant Mauroy, il avait précisé : « Ce que j'attends de lui n'est pas de mettre en œuvre je ne sais quelle forme d'austérité nouvelle, mais de continuer l'œuvre entreprise, adaptée à la rigueur du temps, pour que nous sortions au plus vite du creux de la tempête. » Donc, toujours pas de changement de voie, mais une rigueur passagère qui, derrière la note météorologique, serait, comme dit la speakerine lors d'un incident technique, « indépendante de notre volonté ». Que peut-on faire contre les assauts de la météo ? On se protège, on sort son parapluie et on espère le retour du soleil.

Le président a fait usage du mot « rigueur » pour mieux le minimiser. Mais le terme déshonorant qu'il a rejeté d'un revers de main est celui d'« austérité ». Il fait froid dans le dos des socialistes : c'est celui qu'ils employaient, en 1976-1977, pour stigmatiser l'action de Raymond Barre ! Du coup, Mitterrand, qui a toujours nié le changement d'orientation, décide de cultiver l'évidence lorsqu'on lui parle de rigueur. Avec une certaine audace, le 28 juin, en recevant les journalistes d'Europe 1 à l'Élysée, il joue l'étonnement : « Quoi, on aurait tout d'un coup découvert la rigueur, on ne s'était pas aperçu qu'il y avait la rigueur ? Et moi-même je ne m'en serais pas aperçu ? Est-ce que vous imaginez un instant qu'en 1982 comme en 1983 ces politiques ont pu être décidées sans que l'élan vienne d'ici ? [...] Alors, je vous le dis, la rigueur, en 1982, c'était déjà sérieux. » Il va d'ailleurs plus loin, le 10 mai 1984, dans l'interview qu'il accorde à *Libération* et qu'il a minutieusement relue. Il ne se contente pas de quelques formules langue de bois habituelles : « Il faut épouser le terrain sans perdre le nord, je veux dire le projet » ; « Être de gauche, c'est proposer un certain type de rapports entre l'État et les citoyens, la société et les individus, les travailleurs et l'entreprise. » Car, sans avoir l'air d'y toucher, Mitterrand révise totalement son vocabulaire : « Quoi, les termes modernisation, entreprise, innovation, compétitivité, risque, initiative, profit, etc., seraient de droite ? Mais c'est un postulat absurde ! Ces vocables sont aussi bien de gauche dès lors qu'on leur ajoute ceux de liberté, responsabilité, plan, secteur public, redistribution des profits et des pouvoirs. » « Liberté », « responsabilité » ? Des mots pourtant qui, appliqués à l'économie, n'ont jamais été défendus que par la droite ! Et Mitterrand continue à affirmer : non, je n'ai pas changé...

Un mot revient constamment dans l'interview : « modernisation ». Il fallait en effet un terme qui, par son sens positif (avenir/progrès/mieux-être) puisse contrebalancer d'abord, effacer ensuite, celui de rigueur :

c'est la fonction de la « modernisation » que s'approprie le pouvoir. La rigueur *pour* la modernisation ! Depuis la crise de 1973-1974, son emploi avait lentement reculé chez les leaders politiques. Plus personne ne le revendiquait vraiment. Puis, à partir de 1984, c'est la grande offensive socialiste. Dès le 29 février, dans *Le Monde*, Mauroy signe un article intitulé « Moderniser la France ». Mais c'est son successeur, Laurent Fabius, qui le transforme en signe de ralliement. Une modernisation tous azimuts, comme il l'indique à *L'Heure de vérité* le 5 septembre : modernisation économique, sociale, de l'État, des rapports sociaux... Une modernisation accolée à un mot séducteur, généreux, mais dont la définition reste bien vague, celui de « solidarité ». Tactique habile pour se prémunir d'une critique sur le « tournant libéral » du pouvoir. Économique, la modernisation ? Pas du tout, elle est aussi sociale, puisqu'elle repose sur la solidarité ! Et la « rigueur » ? N'en parlons plus, c'est le passé, tournons-nous vers l'avenir.

Crise : je contrôle

Si la route d'un gouvernement n'était jonchée que de bonnes nouvelles, sans doute la tentation de la langue de bois se ferait-elle moins pressante. Mais, comme on sait, ce n'est pas le cas. Et l'un des plus redoutables obstacles que les responsables publics ont à surmonter est sans doute celui de la crise économique. Insensé de se montrer silencieux, l'opinion publique ne le comprendrait pas. Mais impossible de ne pas enjoliver la réalité si on veut éviter la panique collective et endiguer l'impopularité. À cet égard, en comparant la langue de bois qui accompagne la crise des années 1970 et celle qui se développe dans la crise ouverte en 2008, on note des similitudes troublantes, mais aussi quelques nuances.

Au printemps 1974, lorsque Valéry Giscard d'Estaing arrive à l'Élysée, la France ressent encore modérément, sauf en matière d'inflation, les effets du choc pétrolier de l'automne 1973. C'est en 1975 qu'on commence vraiment à mesurer les effets de ce qui est désormais qualifié de crise économique : 15 000 faillites d'entreprises (contre 12 000 en 1974), barre du million de chômeurs franchie, ralentissement de la hausse du pouvoir d'achat, etc.

Tout le discours du président de la République et de son Premier ministre, Jacques Chirac, est alors orienté vers un seul objectif : rassurer les Français en soulignant le caractère éphémère des difficultés. D'abord, on nie la crise, à l'instar de Chirac qui, le 8 août 1974, déclare sur Radio Monte-Carlo : « Il n'y a pas de crise économique française, n'en déplaise à M. Séguy [*leader de la CGT*]. » Ensuite, tout en évitant de la nommer, on en annonce la fin. « Nous sommes repartis sur une meilleure voie. Nous apercevons la sortie du tunnel », affirme le Premier ministre depuis ses terres de Corrèze le 17 août 1975. « Le plus dur de la crise est derrière nous », acquiesce Giscard d'Estaing en novembre, aux Assises nationales des chambres de commerce.

Après une apparence de reprise, l'inflation est à 10 % et le chômage touche 1,3 million personnes fin 1978 : entre-temps, la France a subi un second choc économique. La crise ne se résorbe pas ; au contraire, elle s'aggrave. C'est un Giscard d'Estaing à bout d'arguments qui explique à la télévision, en décembre : « Le problème, c'est le développement de l'activité économique [*évidence !*]. Il faut que 1979 marque un progrès sur 1978 [*évidemment !*], et la solution du problème de l'emploi suppose une imagination tous azimuts. » On est passé de la certitude à l'incantation (« il faut »). Le chômage (et ce qu'il suppose d'épaisseur humaine et de souffrances individuelles) est devenu un « problème » technique (technocratique) baptisé « emploi ». Et le président en est réduit à en appeler à une « imagination tous azimuts », formule caricaturale de la langue de bois marquée par son vide abyssal.

Les mêmes mots répétés, les mêmes promesses de lendemains plus clairs réitérées se heurtent à l'échec des plans de « lutte contre l'inflation », de « lutte pour l'emploi » proposés par Raymond Barre, à Matignon depuis l'été 1976, et à la sécheresse des chiffres (1,5 million de chômeurs et 14 % de hausse des prix en 1980) et discréditent la parole gouvernementale. La langue de bois giscardienne n'est peut-être pas étrangère à la défaite du président de la République sortant, en 1981.

Trente ans plus tard, la France est confrontée à une nouvelle crise économique. Sollicités par les médias, les ministres-techniciens de Bercy sont appelés régulièrement au chevet du malade : c'est à eux qu'il revient d'établir le diagnostic, de commenter la courbe de température, au jour le jour. Avançant à tâtons, évitant de déclencher une tempête médiatique, le ministre de l'Économie et des Finances, en première ligne, est alors tenté de déployer le parapluie des vocables ésotériques qui impressionnent le quidam, de puiser dans le stock des mots écrans qui serviront à nier, relativiser, atténuer les réalités trop cruelles. C'est la mission de Christine

Lagarde, dès l'été 2007, lorsque se déclenche, aux États-Unis, la crise des *subprimes*.

« L'économie française repose sur des fondamentaux qui sont solides. [...] Je ne conçois pas aujourd'hui de contamination à l'économie mondiale », déclare la ministre de l'Économie et des Finances le 17 août 2007, dans une conférence de presse à propos de la crise boursière américaine. Le même jour, elle confirme au *Parisien* : « Nous assistons aujourd'hui à un ajustement [...], une correction financière certes brutale, mais prévisible. » Le 18 décembre, sur France-Inter, elle parle de « dommages collatéraux ». Deux mois plus tard, le 11 février 2008, elle paraît plus nuancée, expliquant au *Figaro* : « Les États-Unis devraient éviter la récession, leur croissance sera toutefois très faible. L'Europe sera elle aussi touchée. » Une inquiétude confirmée, le 26 mars, dans une conférence de presse : « La volatilité actuelle des taux de change et le niveau du dollar sont un risque pour notre croissance. » À la fin d'été 2008, la ministre se veut de nouveau rassurante, confiant le 15 septembre, sur Europe 1 : « Les mécanismes sont en place, il n'y a pas de panique à bord. » Cinq jours plus tard, elle est catégorique : « Le gros risque systémique [...] est derrière nous. » Toute cette langue de bois traduit-elle du pilotage à vue ou la volonté de ne livrer qu'une part de la vérité ?

Le 3 octobre 2008, à Antibes, se tiennent les journées parlementaires de l'UMP. La veille, l'INSEE a annoncé un recul probable du PIB de 0,1 % aux troisième et quatrième trimestres 2008. Sommes-nous en récession ? C'est le débat qui s'engage, sachant que la définition technique de la récession correspond précisément à deux trimestres consécutifs de recul. Le mot effraie ; il est tabou. Prudent, l'INSEE lui-même a préféré l'écarter, titrant sa note : « La croissance cale. » On peut discuter du choix de la métaphore automobile. Car, lorsqu'une voiture cale, soit le moteur est défaillant, soit le conducteur est incompétent...

Dans les allées des journées parlementaires, les élus UMP, pressés de s'exprimer par les journalistes, ont une consigne : ne pas parler de récession. Deux attitudes dominent. La première est de dire, comme Christine Lagarde la veille, qui a refusé de prononcer le mot interdit, « ce n'est pas le plus important » ; on botte en touche, comme on dit au rugby. C'est celle que choisit le ministre du Travail Xavier Bertrand : « Il faut un discours de réalisme. Cette crise est grave, elle a des conséquences sur la croissance et sur le chômage. Mais un discours de réalisme, ce n'est pas un discours de catastrophisme. » Une langue de bois éprouvée. On commence par un constat : personne ne niera que la crise est grave et qu'elle a des conséquences. Tout est alors dans le « mais » ; ne compte que ce qui suit : réalisme = non catastrophisme. Si je suis réaliste (et je le suis forcément : j'ai les pieds sur terre), je reconnaîtrai avec Xavier Bertrand la nécessité de relativiser la situation. Donc, c'est grave, mais pas si grave que ce que suggère le mot méprisable de récession.

L'autre attitude consiste à euphémiser le terme tabou en lui inventant un synonyme plus présentable, quitte, parfois, à verser dans le non-sens : Éric Woerth, le ministre du Budget, admet une « décroissance » pour mieux faire valoir la « récession mondiale » (= donc, la France est moins touchée !) ; Jérôme Chartier, député

UMP du Val-d'Oise, « préfère parler de croissance négative », tandis que Frédéric Lefebvre, porte-parole de l'UMP, opte pour « passage récessif » après avoir hésité avec « croissance molle ». Que ne faut-il inventer pour éviter les mots qui fâchent et font peur !

Le 14 mai 2009, pourtant, au vu des chiffres publiés par l'INSEE, la France est bien entrée en récession. Mais Christine Lagarde se refuse toujours à prononcer le terme tabou : en 2009, « la croissance du PIB de la France devrait s'établir autour de – 3 % ». Et voici entérinée la « croissance négative » : le PIB augmente en diminuant, grandit en s'atrophiant, croît en décroissant…

Reste que la crise, pour les Français, se traduit d'abord par la perte de leur travail. Le 25 février 2009 tombent de très mauvais chiffres du chômage : 90 200 chômeurs supplémentaires en janvier. Le même soir, Christine Lagarde et Laurent Wauquiez, secrétaire d'État chargé de l'Emploi, sont à la télévision, l'une sur France 2, l'autre sur France 3. Une question taraude les journalistes : combien de chômeurs fin 2009 ? La ministre de l'Économie et des Finances reste floue : « Je ne saurai vous dire, parce que ça dépend du moment où la reprise va bénéficier à l'économie française [*l'UNEDIC parle de 300 000 chômeurs*]. Mais on aura une année 2009 qui, dans l'ensemble, sera dure. » À la même question, Laurent Wauquiez répond [*sic*] : « Vous savez, ce que j'essaie surtout de ne pas oublier, c'est que c'est pas que des chiffres. […] Et il faut jamais oublier que 90 200, comme ça, on a l'impression que c'est juste une statistique ; mais c'est surtout des hommes et des femmes pour lesquels perdre leur emploi, c'est une inquiétude pour leur avenir [*qui prétendrait le contraire ?*]. Je pense qu'on rentre dans une phase où on va avoir des chiffres comme ça sur plusieurs mois. » Bref, ici, le message, c'est le ministre : vous voyez, je suis présent, vous pouvez compter sur le gouvernement. Plus compassionnel chez Wauquiez, plus sec chez Lagarde, le message est concerté : reconnaître que les chiffres seront encore mauvais pour amortir les chocs mensuels des statistiques de l'INSEE ; mais, surtout, n'en avancer aucun, toute précision pouvant avoir un effet boomerang. C'est en cela, aussi, que la langue de bois ministérielle a considérablement progressé depuis Giscard d'Estaing !

Petits meurtres entre amis

Jamais de crise entre nous ! À gauche comme à droite, la langue de bois est un outil particulièrement commode pour nier les différends à l'intérieur d'un même parti ou d'une majorité politique, pour cacher, derrière les mots d'« unité » et de « rassemblement », ses ambitions personnelles.

« Vous savez, chacun arrive ici avec ses idées et a envie d'écouter les autres. Et, quand les autres ont de bonnes idées, je ne vois pas pourquoi on ne les utiliserait pas. » Le 30 octobre 1983, dans la salle du congrès socialiste de Bourg-en-Bresse où la télévision est venue l'interviewer, Bertrand Delanoë, porte-parole du PS, nous raconte ainsi la belle histoire d'amis politiques dénués de toute arrière-pensée, ouverts, tolérants, heureux de vivre ensemble. Pourtant, le changement de politique économique de Mitterrand et la défaite aux municipales de mars provoquent des vagues chez les socialistes, sensibles à la défiance croissante de l'opinion. Mais motus et bouche cousue : face aux micros, on fait bonne figure. Personne n'oserait se démarquer de la langue de bois béate que Bertrand Delanoë est chargé d'orchestrer.

Sept ans plus tard, en mars 1990, au congrès de Rennes, la langue de bois socialiste tourne au ridicule. Tous les journalistes l'expliquent à l'opinion : ce qui se joue, dans la lutte fratricide entre Jospin et Fabius, c'est la succession de Mitterrand. Le congrès de Rennes est un combat d'ego que, face aux micros, chacun fait mine d'ignorer. Chez Fabius comme chez Jospin, on ne parle que de « projet » (d'abord le projet, les hommes, c'est secondaire...), de « synthèse » entre les motions (que personne ne veut, en réalité), de « rassemblement » (le mot magique qu'on s'approprie pour renvoyer sur l'autre la responsabilité de la division). À la tribune du congrès, les orateurs d'un camp se font siffler par les délégués de l'autre camp. Mais nul n'oserait dire les choses franchement et désigner l'ambitieux par son nom. La langue de bois d'Henri Emmanuelli, numéro deux du parti, résume bien la gêne des socialistes : « Reconnaissons qu'il s'est créé une distorsion préoccupante qui serait dangereuse si nous persévérions dans l'erreur. » « Distorsion préoccupante », doux euphémisme pour dire qu'on n'est d'accord sur rien.

Il faut dire qu'en matière de langue de bois les socialistes ont été à bonne école avec François Mitterrand. Prenons l'exemple de sa candidature à la présidentielle de 1981. Il n'a jamais douté qu'il serait candidat. Mais, face à l'impatience de Rocard, chouchou des sondages, il maintient un faux suspense jusqu'au dernier moment. Quand un journaliste l'interroge sur ses intentions, comme Jacques Hébert, au JT de TF1, le 19 août 1980, il répond : « Monsieur Hébert, je n'ai jamais exprimé le désir ni l'intention d'être candidat à l'élection à la présidence de la République de 1981, jamais. Si on me pose la question, et vous me la posez, et la presse me la pose, et l'opinion publique, très souvent, me la pose, et mes amis du PS me la posent, c'est sans doute pour des raisons objectives qui tiennent à la situation de la France, à la situation du pays [...]. Alors qui ? Un représentant de l'opposition. Oui, je crois que l'opposition, et particulièrement l'opposition socialiste, peut et doit emporter l'élection présidentielle, ce qui veut dire battre M. Giscard d'Estaing. Alors qui ? Voilà la question. Je serai en tout cas, et je l'ai toujours dit, celui qui fera tout pour que cette élection soit gagnée. » Habile Mitterrand, qui, tout en esquivant la question, arrive à suggérer que tout le monde, pour des « raisons objectives », le juge le plus apte à assurer la victoire socialiste.

Deux mois plus tard, le 26 octobre, en meeting à la fête de la Rose à Marseille, il s'adresse à ses partisans : « D'autres que moi peuvent remplir maintenant cette étape qui va nous conduire jusqu'au mois d'avril et jusqu'au mois de mai prochains à la bataille présidentielle [...]. Je ne crois à rien d'autre, pour l'avenir proche de la France, pour cette fin de siècle, qu'à la capacité des socialistes à transformer ou à changer la vie qui est la nôtre. Quel est le meilleur moyen ? Quel est le meilleur chemin ? À vous de me le dire ! Moi, je vous écoute sans me presser, sûr d'avoir raison si j'exprime votre volonté. » Rusé Mitterrand, qui s'en remet à la sagesse des militants, là où Rocard, une semaine avant, s'est déclaré candidat à la candidature sans les consulter. Comme le dit malicieusement la journaliste Danièle Breem, « tout comme dans les romans policiers, on arrive au dénouement à tout petits pas ». Les petits pas de la langue de bois mitterrandienne, tracés pour aboutir non pas à une candidature, mais à l'évidence d'une candidature, pour mieux briser Rocard, l'homme trop pressé !

À droite aussi, la langue de bois est utile pour écarter l'ami politique, voire le renverser dans le fossé. Cela commence dès janvier 1969, lorsque le général de Gaulle mouche Georges Pompidou pour son intolérable insolence. De passage à Rome, en effet, l'ex-Premier ministre livre quelques confidences sur son ambition présidentielle à un journaliste de l'AFP, aussitôt relayées par les journaux, notamment *Paris-Presse*. Le Général est furieux. Il n'est pas question, bien sûr, de répondre directement. Mais, quatre jours après la déclaration de Pompidou, il fait publier un communiqué dont la sécheresse claque comme une remontrance : « Le président de la République a le devoir et l'intention de remplir son mandat jusqu'à son terme. » Aucune allusion aux propos publiés, mais ce sont bien eux que vise la langue de bois diplomatique de l'Élysée.

À droite comme à gauche, on use avec art du mot codé. Comment lâche-t-on un Premier ministre de son camp ? En déclarant, comme Charles Pasqua, à la tribune de l'Assemblée, le 9 mai 1972 : « Le Premier ministre, en conduisant la majorité aux prochaines élections, portera la responsabilité du maintien ou de la disparition des institutions de la Ve République. » Rien de moins ! Dans le viseur : Jacques Chaban-Delmas, dont l'UDR veut se débarrasser au profit de Pierre Messmer. La petite phrase de Pasqua est un message d'encouragement au président Pompidou : Chaban-Delmas mènera la majorité à sa perte ; le Président doit le contraindre à quitter Matignon ! Ce qui est fait, deux mois plus tard.

En 1974, Valéry Giscard d'Estaing entre à l'Élysée et choisit Jacques Chirac comme Premier ministre. Le président est centriste, mais le chef du gouvernement peut compter sur la domination des gaullistes au Palais-Bourbon. Situation explosive pour la majorité présidentielle, qui, très tôt, s'exprime par de petites phrases codées. Le 2 février 1975, par exemple, au congrès des Républicains indépendants (RI), Michel Poniatowski, intime du chef de l'État, qui l'a nommé ministre de l'Intérieur, déclare vouloir faire des RI « le premier parti de France ». Quelques heures plus tard, Chirac réplique devant le comité central de l'UDR : « Nous avons la prétention de demeurer le premier parti de la majorité. »

Le bras de fer entre Giscard d'Estaing et Chirac ne fait que commencer. Un seul exemple pour le montrer. Le 1er septembre 1975, une grève, à l'appel du CAR (Comité anti-répression), est lancée en Corse. Le mouvement est si suivi que, le 12, le président adresse une lettre à son Premier ministre dont la copie est complaisamment envoyée à la presse : « Je vous demande de tenir compte de la sensibilité particulière de l'âme corse. » Façon de désavouer publiquement la brutalité du « jacobin » Chirac, qui attend la bonne occasion pour riposter. Elle vient dès le 18-19 septembre, avec cinq nouveaux attentats en Corse. Une semaine plus tard, devant les parlementaires, le Premier ministre tient sa revanche : « Seuls des rêveurs ou des irresponsables peuvent préconiser des parlements ou des exécutifs régionaux élus. » Où placer Giscard d'Estaing ? Du côté des rêveurs ou des irresponsables ?

Non, la droite n'a rien à envier à la gauche dans l'usage de la langue de bois toutes les fois où il s'agit d'administrer le coup de pied de l'âne à un ami politique. Si l'on n'en était pas encore convaincu, il suffirait de rappeler le feuilleton politique de 1994, celui des « amis de trente ans » Chirac et Balladur. Le plus savoureux, peut-être, est la manière dont, dans le camp Balladur, on s'évertue à nier l'évidence : le Premier ministre sera candidat à la présidentielle de 1995.

Dans les premiers mois de 1994, une formule aux accents tautologiques revient systématiquement dans la bouche des ministres, et singulièrement du premier d'entre eux, pour esquiver la question de la candidature Balladur : « Le gouvernement gouverne. » À la fin de l'été, la situation n'est plus tenable. Une nouvelle partition est alors jouée : le RPR choisira le candidat le mieux placé (cela tombe bien, Balladur est largement en tête des sondages !). « Celui qui aura le moins de chances d'être élu se retirera très naturellement un ou deux mois avant l'élection présidentielle », déclare Patrick Devedjian. « Très naturellement » ? Que vient faire la nature dans un choc d'ambitions ? Mais, étant donné que Chirac n'a pas du tout l'intention de se retirer, les balladuriens changent de répertoire. Deux formules magiques sont introduites dans le discours des ministres favorables à Édouard Balladur, si mécaniquement avancées qu'on sent la leçon bien apprise : la « machine à perdre » qui, selon eux, s'est mise en route à droite (= Chirac l'a déclenchée), et les « primaires » pour départager les prétendants, le moment venu.

C'est Chirac qui clôt le débat en annonçant sa candidature à l'Élysée, le 4 novembre. Un mois plus tard, le

11 décembre, il réunit le congrès du RPR. S'adressant à la foule de ses partisans dans un langage codé, mais facile à décrypter, il clame, sourire aux lèvres : « Mes vrais amis, c'est vous ! Les courtisans dépendent des fonctions et des sondages, souvent aussi du vent et de la mode. Mais, comme disait Jean Guitton : "Être dans le vent, c'est avoir un destin de feuille morte." » Dans les partis politiques, où la langue de bois masque les appétits inavouables, les feuilles mortes se ramassent souvent à la pelle.

12
Promis, j'arrête la langue de bois

Le titre du livre que publie en 2006 Jean-François Copé[1], député UMP, ministre du Budget et porte-parole du gouvernement Villepin, résonne comme le *mea culpa* de l'homme politique repenti et comme le serment d'un responsable public jeune (il a quarante-deux ans), soucieux de rompre avec les vieilles habitudes de ses aînés. « Promis, j'arrête la langue de bois », comme d'autres ont arrêté l'alcool, la cigarette ou le communisme.

La quatrième de couverture de l'ouvrage est pleine de promesses. Copé « dévoile » sa vie au gouvernement, « n'élude aucune question des réalités souvent cachées par les dirigeants », établit « un diagnostic sans tabou de la France d'aujourd'hui ». Monsieur le juge, je jure de dire la vérité, toute la vérité…

Le livre sort en pleine crise du contrat première embauche (CPE). Sa promotion dans les médias donne

---

1. Jean-François Copé, *Promis, j'arrête la langue de bois*, Paris, Hachette, 2006.

donc au porte-parole du gouvernement l'occasion de magnifiques mais délicats travaux pratiques. J'arrête la langue de bois ; chiche ! C'est le défi que lui lance Françoise Laborde, qui l'invite à son émission *Les Quatre Vérités*, sur France 2, le 3 avril 2006.

La tâche de Copé n'est pas facile. Devant les manifestations répétées des étudiants, après une grève interprofessionnelle qui a réuni plus de deux millions personnes dans la rue, Jacques Chirac est intervenu à la télévision, le 31 mars, pour annoncer une décision invraisemblable : la loi sur l'égalité des chances sera promulguée, mais le gouvernement s'assurera qu'aucun CPE ne sera signé tant qu'une autre loi modifiant la précédente ne sera pas votée ! Obéissant aux consignes du chef de l'État, le ministre du Travail envoie même une lettre aux responsables patronaux pour qu'ils n'appliquent surtout pas le CPE ! Pendant ce temps-là, les manifestations se poursuivent, avec une grande journée d'action prévue le 4 avril. Bref, la mission de Copé est de justifier l'injustifiable... sans langue de bois !

« On est dans une espèce d'absurdité républicaine totale, non ? » interroge d'emblée Françoise Laborde. « Non, non, réplique Copé. Je vais vous expliquer les choses là-dessus pour que vous ayez bien tout à l'esprit. » Dire que le ministre prend la journaliste pour une nigaude serait peut-être excessif, mais il utilise là une vieille ficelle d'intimidation qui vise à prendre en main la conduite de l'échange. Sous prétexte de pédagogie, Copé minimise le CPE : certes, la loi sur l'égalité des chances ne se réduit pas au CPE, comme il le souligne, mais c'est bien le CPE qui cristallise la crise ! C'est lui qui a entraîné « un certain nombre de difficultés » et qui nécessite des « aménagements », euphémismes classiques employés par le porte-parole du gouvernement pour cacher la profondeur du conflit social et la nécessité de revoir complètement la copie de Villepin. « Ce n'est pas un peu langue de bois ? » s'amuse la journaliste. « Si cela vous paraît de la langue de bois, je peux recommencer, vous savez », riposte Copé. Si c'est pour dire la même chose… Le dialogue se poursuit :

> Françoise Laborde : Est-ce que le CPE n'a pas été suspendu pour ne pas vexer Villepin ?
> Jean-François Copé : Encore une fois, l'idée sur le CPE, c'est de prolonger ce qui a été évoqué par Dominique de Villepin depuis pratiquement trois semaines, qui est de dire « Écoutez, sur les difficultés que vous soulevez, cela provoque effectivement des inquiétudes, des interrogations, de ceux qui manifestent comme de ceux qui ne manifestent pas »…
> FL : Ça, c'est de la langue de bois…
> JFC : Attendez, non, non. C'est pas de la langue de bois. La vérité, c'est quoi ? C'est que sur ces sujets Dominique de Villepin […] a dit à plusieurs reprises : « Je suis prêt à travailler avec tout le monde. La main est tendue. »
> FL : Il a dit aussi ni retrait ni dénaturation… Or, franchement, elle [la loi] est dénaturée sur le CPE… C'est pas la loi qu'il voulait…
> JFC : Je vous propose de vivre la suite des événements ensemble. Le problème, aujourd'hui, est de faire une étape après l'autre. […]
> FL : Combien de fois de fois Dominique de Villepin a-t-il menacé de démissionner si sa loi n'était pas promulguée ?
> JFC : Alors, là, honnêtement, je n'en ai strictement aucune idée. Et, à ma connaissance, non, je ne crois pas. […]
> FL : Est-ce une victoire ou un échec pour Dominique de Villepin ?

JFC : [...] Personne n'imagine qu'en quelques minutes ou en quelques heures on sorte d'une période aussi difficile. Moi, je vais vous donner le fond de ma pensée. Dans ces périodes-là, il y a toujours la tentation de dire qui a gagné, qui a perdu. Laissons cela, si vous le voulez bien, aux livres d'Histoire...
FL : Ça, c'est très langue de bois...
JFC : ... On verra bien le moment venu. Non, mais, attendez, c'est pas ça, la langue de bois. La langue de bois, c'est se cacher derrière son petit doigt. C'est répondre... c'est ne pas répondre aux questions...

Et c'est effectivement ce que vient de faire Jean-François Copé. Tout y est : l'esquive répétée comme la formule stéréotypée à l'appui du message gouvernemental. Copé reprend même les mots clés prononcés par Villepin et Chirac, qui réduisent le clair désaccord traduit par les grèves et les manifestations à des « inquiétudes » et des « interrogations », et établissent le faux équilibre entre la minorité agissante (« ceux qui manifestent ») et la majorité silencieuse (« ceux qui ne manifestent pas »). Un bel exercice de funambule. Il faut dire qu'à cette époque les ministres évitent les micros et les caméras. Le porte-parole du gouvernement est envoyé seul au front, et il sait combien la situation est intenable. D'ailleurs, le 10 avril, Villepin, contraint par Chirac, annonce le retrait de son projet dans les termes euphémisants de la langue de bois : « Les conditions nécessaires de confiance et de sérénité ne sont pas réunies ni du côté des jeunes ni du côté des entreprises pour permettre l'application du contrat première embauche. » C'est le moins que l'on puisse dire...

Le ministre se fait donc piéger à son propre jeu de la vérité. Cela n'est guère étonnant. Car ce qu'il entend par

« arrêter la langue de bois » relève d'abord de la stratégie politique. Il veut mettre fin aux « tabous » de la droite en matière d'immigration, d'école, de retraites, d'impôts, etc., c'est-à-dire, en fait, « assumer » un vrai programme de droite et ne plus « se cacher derrière son petit doigt », comme il le disait à Françoise Laborde : « Assumer, c'est porter son étendard, ses couleurs, sa vision pour son pays, sans ostentation, mais sans complexe [1]. » Exactement ce que souhaite incarner Nicolas Sarkozy, à la même époque, estimant que la droite s'est trop longtemps soumise à la « pensée unique » de la gauche. Cela n'affecte en rien les habiletés du discours. Car dire *la* vérité revient, en effet, à défendre *sa* vérité ; une vérité nouvelle, certes, mais tout aussi subjective que la précédente. C'est toute la fragilité du parler-vrai. Chacun y prétend : qui, en effet, afficherait son ambition de « parler faux » ? Reste que la défiance accrue de l'opinion à l'égard du discours politique, ces trente dernières années, a poussé les responsables publics à faire du parler-vrai un argument fort de stratégie de communication.

Rien que la vérité

« Dire la vérité aux Français » : la formule est aussi vieille que la République. Cependant, son intensité varie au cours du temps, sa présence dans le discours se faisant d'autant plus forte que l'opinion exprime des doutes sur la sincérité de ses gouvernants. À la Libération, au sortir d'une période où le mensonge fut élevé au rang de principe de gouvernement, mais également au moment où

---

1. *Ibid.*, p. 261.

l'exigence démocratique conduit à mettre en cause les hypocrisies, les ruses, les impostures politiques de la IIIe République, la vérité apparaît comme le fondement sur lequel doit se reconstruire la république. Le socialiste Léon Blum est sans doute le responsable public qui exprime le plus nettement l'urgence morale de la transparence. L'épreuve de la défaite, de l'occupation, du tribunal de Riom où le traîna Vichy, de son incarcération dans le camp de Buchenwald n'est pas étrangère à son regard. Aussi, le 17 mai 1945, à peine rentré de captivité, s'adresse-t-il au public du *Populaire* pour lui faire une promesse : « Je m'astreindrai vis-à-vis de mes lecteurs à une rigueur absolue de probité, de sincérité, de loyauté, de franchise. Je ne leur dirai que ce que je crois être vrai, ce qui est facile. Je dirai *tout* ce que je crois vrai, ce qui est plus difficile, au risque de leur déplaire, au risque de les choquer, au risque même d'apparaître en désaccord avec tel ou tel de mes compagnons. » Parler vrai, c'est donc, selon Blum, au nom de la vérité toujours bonne à dire, accepter l'incompréhension des siens, quitte à se retrouver seul et, au-delà, assumer le péril politique de l'impopularité.

La IVe République ne tourne pas exactement comme l'espérait Blum. Les détestables habitudes reviennent. Le monde politique est tiraillé entre les rigidités idéologiques (communistes, en tout premier lieu) et les tentations démagogiques des partis et de leurs élus, tout occupés à se faire élire ou réélire, accrochés à leurs places, sacrifiant l'intérêt général à leurs propres intérêts. Membre du parti radical, mais en dehors de l'appareil, Pierre Mendès France n'accepte pas cette fatalité. Devenu président du Conseil en juin 1954, il érige son action sur le principe de la vérité. Il s'engage publiquement à faire la paix en Indochine et en Tunisie, et respecte sa promesse. Chaque semaine, il s'adresse à l'opinion, grâce à la radio, pour l'informer du déroulement de son action. Mendès France n'est pas un saint et il est bien obligé de composer avec les parlementaires, mais il s'efforce de ne rien cacher aux Français des difficultés du pays. Trop populaire aux yeux des partis, il est renversé par l'Assemblée nationale après neuf mois de gouvernement.

Pour ses partisans – ceux, notamment, de *L'Express*, groupés autour de Jean-Jacques Servan-Schreiber et de Françoise Giroud –, il devient l'homme du parler-vrai. Que faut-il entendre par là ? Une éthique politique que Mendès France exprime dans un grand discours à Évreux sur « La crise de la démocratie », le 23 juillet 1955, cinq mois après son départ forcé de Matignon. « Le premier devoir des hommes politiques, c'est la vérité », clame-t-il. Et il détaille ce qu'il recouvre : « Informer le pays, le renseigner, ne pas ruser, ne dissimuler ni la vérité ni les difficultés ; ne pas éluder ou ajourner les problèmes, car, dans ce cas, il s'aggravent ; les prendre de face et les exposer loyalement au pays, pour que le pays comprenne l'action du gouvernement. »

Vingt-quatre ans plus tard, en publiant *Parler vrai*, dialogue avec Jacques Julliard, Michel Rocard se positionne clairement comme le fils spirituel de Mendès France. L'ancien dirigeant du PSU, qui a rejoint le parti socialiste en 1974, n'a pas la réputation de sacrifier ses idées aux artifices de la communication. Il se fait notamment remarquer, le 19 mars 1978, au soir du second tour des élections législatives qui voit la gauche échouer dans sa conquête du pouvoir, par des propos bien peu conformes à la ligne de Mitterrand. Tandis que, dans les médias, les socialistes minimisent leur défaite, se réjouissent benoîtement des progrès accomplis, ménagent confusément les communistes, bref pratiquent une langue de bois de circonstance, Rocard paraît à la télévision, le visage livide, marqué par une colère froide. Dès l'entame de son intervention, il jette un pavé dans la mare : « La gauche vient donc de manquer un nouveau rendez-vous avec l'Histoire, le huitième depuis le début de la Ve République. » Ses propos glacent les mitterrandistes. Il dit sa vérité ; pas complètement, cependant, puisqu'il ne met pas en cause Mitterrand, le chef des troupes en déroute, et ne révèle pas encore son ambition : briguer la candidature socialiste à la présidentielle de 1981.

Rocard rejette la raideur des clivages idéologiques et le discours stéréotypé des appareils, et devient suspect au sein même de son camp. Il dénonce l'« archaïsme » du PS, en décembre 1978, ce qui n'est peut-être pas la meilleure manière de le conquérir. Dès 1981, il se montre publiquement critique à l'égard de la politique économique de Mitterrand. Lui qui n'a jamais été un chaud partisan des nationalisations déclare, en janvier 1983 : « L'État n'est pas fait pour produire, mais pour réguler le système. » Rocard marque sa différence et refuse, notamment, de se plier aux contraintes de la télévision, d'appauvrir délibérément son vocabulaire, de nourrir son discours de formules toutes faites, quitte à paraître, parfois, un peu abscons.

Un jour de 1988, il devient Premier ministre. Mitterrand l'a choisi pour user sa popularité : sauf exception, on sort de Matignon dans un état de consumation avancé. Les deux hommes ne s'apprécient pas et leurs relations sont exécrables. Tous les journalistes le savent et en font état. Prudent, Rocard reste très distant à l'égard des médias, ce qui lui évite de trop pratiquer la langue de bois. Mais on finit par spéculer sur son prochain départ. Alors, le 28 juin 1990, invité sur le plateau de TF1, il s'attend à la question qui tue : « Vos relations sont-elles bonnes avec le président de la République ? » Il a mûrement réfléchi sa réponse. Lorsque la question vient, il l'accueille avec un sourire jubilatoire : « À travailler avec François Mitterrand, on s'enrichit. C'est un privilège. Alors j'en redemande. » Il faut croire que la langue de bois est parfois efficace puisqu'on ne l'interroge plus sur le sujet. Onze mois plus tard, au faîte des sondages, le Premier ministre démissionne. « J'ai été viré », dira-t-il plus tard. Cela, on s'en doutait. Mais, sur le coup, les convenances prirent l'ascendant sur le parler-vrai, et il n'en dit rien.

Rocard n'est pas seul à parler de vérité. À vrai dire, le mot se banalise dans les années 1980. Car moins l'opinion croit à la vérité des hommes politiques, plus ceux-ci en parlent avec chaleur, comme si le serment pouvait conjurer la défiance. Du reste, le terme vertueux en amène d'autres. Jamais on n'avait autant évoqué la « franchise », l'« honnêteté », la « bonne foi », la « clarté », et ce nouveau sésame de probité que représente la « transparence ». À bien y regarder, on constate que ces vocables, employés mécaniquement, ont surtout deux fonctions : soit ils agissent comme des mots écrans destinés à se donner le beau rôle face à l'adversaire, toujours accusé d'« hypocrisie », de « mauvaise foi », voire de « démagogie » ; soit ils se réduisent à des outils tactiques dans les mains de la nouvelle génération politique, tendue vers l'espoir d'éliminer les aînés encombrants. Français, vous ne croyez pas à l'honnêteté des hommes politiques en place, faites confiance aux jeunes ! Dans l'exercice, François Léotard, qui s'imagine un destin national menant tout droit à l'Élysée, n'est ni le plus mauvais ni le moins assidu. On peut en juger avec sa prestation télévisée à l'émission *Questions à domicile*, dont il est la vedette en juin 1985. Il l'a préparée dans les moindres détails et a finement ciselé des formules de sincérité qu'il distribue à chaque nouveau thème abordé : « Nous devons la vérité aux Français » ; « il faut avoir le courage de la dire » ; « c'est le contraire de la démagogie, c'est le langage du courage » ; « c'est pas des propos de tréteaux, ça ! », etc. C'est beaucoup, peut-être trop, pour convaincre.

Et puis, à partir des années 1990, le lexique s'enrichit encore de deux autres mots : les « conformismes » à combattre et les « tabous » à lever (curieux tabous exposés en place publique !) : « Il faut lever les tabous et débattre librement et sans idées préconçues des grands problèmes » (Jacques Chirac, *Le Figaro*, 10-11 février 1994) ; « On ne doit pas avoir de tabous » (Nicolas Sarkozy, *Grand Jury RTL-Le Monde*, 8 mai 1994) ; « Ce que nous demandons aux Françaises et aux Français, c'est la force nécessaire pour soulever le rocher du conformisme » (Jean-Pierre Chevènement, *7/7*, TF1, 15 mai 1994), etc.

« Conformisme » et « tabou » sont des vocables bien commodes pour cacher la mise en cause des acquis sociaux ou justifier des politiques de répression. Car, si lutter contre les conformismes et dénoncer les tabous marque une aspiration au progrès, ceux qui s'opposent aux mesures proposées ou prises au nom de l'anticonformisme et de la désacralisation sont *de facto* rejetés dans le camp des immobilistes, des obscurantistes, des odieux réactionnaires. De l'art de transformer un recul en avancée.

Parler-vrai ou démagogie ?

« Vous, les Bretons, vous êtes des primitifs, des petits-bourgeois. Vous êtes des voyous, des valets de l'impérialisme. » En meeting à Brest, en 1981, Georges Marchais exprime ainsi sa fureur, alors que des militants écologistes ont décidé de perturber le discours du secrétaire général du PCF. Le propos est peut-être sincère, mais l'insulte n'est jamais le meilleur instrument pour conquérir le cœur des électeurs ! Le leader communiste n'est pas près de remettre pas les pieds dans le Finistère ; disons que, dans la région, on ne le souhaite pas ardemment…

Ici, la violence du propos n'est pas calculée. En d'autres circonstances, elle relève de la tactique populiste, qui se fonde sur ce principe bien connu : je dis tout haut ce que tout le monde pense tout bas. En brisant avec fracas les normes du discours politique, on est au moins sûr d'attirer les médias, ce que fait admirablement Bernard Tapie dans les années 1980-1990. Le 28 janvier 1992, par exemple, chef de file de la majorité présidentielle pour les élections régionales en Provence-Alpes-Côte d'Azur, il hurle à la tribune du meeting de lancement de sa campagne, qui se tient à Marseille : « C'est parce qu'on déculpabilise ceux qui se trouvent une bonne raison qu'on a un Front national si fort. Car, si Le Pen est un salaud, ceux qui votent pour eux [*sic*] sont des salauds ! » Un langage de guerre civile qui n'endigue en rien la montée du Front national.

« Parler vrai », chez les populistes de droite ou de gauche, revient souvent à « parler peuple ». Le raisonnement est élémentaire : je parle comme vous, donc je suis des vôtres, donc je vous comprends, donc j'exprime ce que vous pensez et, donc, je dis la vérité que les autres vous cachent. La grossièreté est alors un moyen de couper avec les convenances politiques. Les extrêmes l'ont toujours exploité avec zèle.

Prenons l'exemple, au tournant des années 1960-1970, du journal maoïste *La Cause du peuple*, organe de la Gauche prolétarienne que Sartre dirige à partir de mai 1970, après l'incarcération de ses deux premiers directeurs, Jean-Pierre Le Dantec et Michel Le Bris. Il rompt avec la phraséologie marxiste tant entendue dans les amphithéâtres de la Sorbonne, en mai 1968, avec la langue de bois gauchiste, à base de mots d'ordre puisés dans les écrits de Marx, Lénine, Trotski ou Mao. *La Cause du peuple* se veut un journal « des masses pour les masses ». D'une certaine manière, par le ton employé, il s'inscrit dans la tradition des brûlots de la Révolution française qui prétendaient parler comme le peuple, à l'instar du *Père Duchesne*.

L'insulte et la menace y sont érigées en principes d'expression. S'adressant aux patrons, en octobre 1969, le journal écrit : « On vous crachera à la gueule et on vous pendra ; par les pieds d'abord ; si vous n'avez pas compris, par le cou. Et on aura raison. » Même Simone de Beauvoir s'adapte au prétendu « parler peuple » : « Quand on bouffe du flic et qu'on voit les bourgeois se goberger toute l'année, on a bien envie de faire payer tout ça à quelques ventrus gras et roses » (août 1970). Et puis, au printemps 1972 éclate l'affaire de Bruay-en-Artois, marquée par le viol et l'assassinat d'une fille de mineur, âgée de seize ans, Brigitte Dewèvre. Les soupçons se portent sur un notable de la ville, le notaire Pierre Leroy. *La Cause du peuple* a trouvé son coupable : « Il n'y a qu'un bourgeois pour avoir fait ça. » Ce crime illustre « la vie cochonne des bourgeois ». « Elles puent trop, ces mœurs bourgeoises, ces ballets infects [*sic*], ces orgies. » Et le journal reprend à son compte les supposés cris du « peuple » de Bruay : « Qu'ils nous le donnent, nous le découperons morceau par morceau au rasoir. [...] Il faut lui couper les couilles ! »

À défaut de parler comme le peuple, on peut prétendre parler au nom du peuple contre le pouvoir établi. On est alors naturellement porteur de vérité puisque, comme chacun sait, le peuple ne se trompe pas. C'est l'attitude du populisme d'extrême droite, qui y ajoute un ingrédient essentiel : la diabolisation. Le Front national n'a cessé de dénoncer, sans jamais le démontrer, le complot politico-médiatique visant à l'empêcher de parler. Si on veut le faire taire, n'est-ce pas parce que Le Pen dit la vérité ? Vieille tactique qu'emploie déjà en 1956 Pierre Poujade, présenté par ses amis comme le justicier du peuple, l'« Éternel Spartacus », selon Pierre Dominique dans *Les Écrits de Paris*, qui lutte contre les « professionnels de la politique ». Ils publient notamment une affiche, puisée dans l'imaginaire des westerns, où l'on voit le visage de Poujade surmonté de cet avertissement en grosses lettres : « Attention ! Cet homme est dangereux. » Et pourquoi l'est-il ? Parce qu'il a « flétri les mensonges » de la gauche, parce qu'il s'est attaqué aux

« puissances financières » soutenues par la droite, « parce qu'il a dénoncé la complicité de tous les partis gouvernementaux dans le pillage des fonds publics, dans la liquidation de l'Empire », parce qu'au total « il combat la gabegie et la trahison ».

Poujade prétendait dire la vérité parce qu'il était un homme du peuple. C'est parce qu'elle est une « travailleuse du rang » qu'à l'extrême gauche Arlette Laguiller assure, dans sa campagne télévisée de 1974, « dire la vérité » contre « ces gens-là », les Chaban-Delmas et Giscard d'Estaing, les « hommes politiques de la bourgeoisie », les « représentants directs des industriels, des trusts et des banquiers », « des riches et des bourgeois », « des grosses sociétés capitalistes ». C'est parce qu'elle n'est pas un « homme politique professionnel » qu'on peut la croire. Comme elle l'affirme le 3 mai 1974 : « Il faut que tous les politiciens [*dont Mitterrand !*] qui briguent aujourd'hui *nos* suffrages apprennent que les travailleurs ne sont pas dupes de leurs promesses et de leurs mensonges, qu'ils savent reconnaître qui les trompe et qui leur dit la vérité. »

« Travailleuses, travailleurs... » : l'aspect stéréotypé d'une rhétorique de l'indignation permanente, le schématisme des raisonnements, la mécanique des formules donnent au franc-parler de la porte-parole de Lutte ouvrière le parfum d'une langue de bois si routinière qu'elle finit par être sympathique, même à ses ennemis politiques. Le langage est parfois imagé : « Les bourgeois auraient bien tort de croire que la classe ouvrière, que tous ceux qui, dans ce pays, vivent de leur travail se résigneront et accepteront sans rien dire de continuer à les *engraisser* » ; « Ils incarnent un régime que nous *vomissons* » ; « Au nom de l'économie et de la productivité, les patrons préfèrent *risquer la peau* de leurs ouvriers. » Toujours on en revient à une vision manichéenne du monde qui place Arlette Laguiller au cœur même de la « population laborieuse » : « Il faut bien qu'une voix s'élève du rang des travailleurs » ; « C'est en tant que travailleuse que je dis cela. » Et, puisqu'elle se définit comme « travailleuse révolutionnaire », il va de soi que les travailleurs sont, par nature (celle que révélera la conscience de classe), révolutionnaires.

Il est pourtant des mots qu'elle n'emploie pas à la télévision : trotskisme, marxisme-léninisme, communisme, dictature du prolétariat et même révolution. Du coup, elle n'a pas à les définir ; du coup, ils n'effraient pas. C'est toute la tactique incantatoire de Lutte ouvrière. C'est ce qui explique aussi pourquoi Laguiller séduit l'électorat flottant, à gauche ou à droite, et pourquoi, bientôt, elle ne fait plus peur dans les beaux quartiers.

Parler-vrai ou gaffe ?

« Vive le Québec libre ! » Les mots prononcés par le général de Gaulle, le 24 juillet 1967, depuis le balcon de l'hôtel de ville de Montréal, provoquent une tempête politique et médiatique. « On croit rêver », écrit *Les Échos*, qui parle aussi de « l'ahurissante aventure canadienne du général de Gaulle ». *Les Dernières Nouvelles d'Alsace* évoquent « la chute du prestige international du président de la République ». C'est également l'avis de Pierre Sainderichin dans *Sud-Ouest* : « Qu'on le veuille ou non, le prestige du général de Gaulle subit une atteinte incontestable dans cette affaire. » L'antigaulliste

Combat affirme : « La France pardonnera mal au général de Gaulle de s'être ridiculisé et de l'avoir ridiculisée aux yeux du monde. » Même *Le Figaro* montre son embarras : « Le général de Gaulle a donné à ses déclarations une allure et un ton qui dépassaient de beaucoup ce qu'un chef d'État en visite dans un pays ami et allié peut se permettre de dire. »

Bref, jugée comme une ingérence dans les affaires intérieures canadiennes, la formule de soutien au nationalisme québécois est regardée au mieux comme une maladresse, au pire comme une gaffe. Le Général a rompu avec la langue de bois diplomatique et, dès le 25 juillet, Lester Pearson, le chef du gouvernement canadien, publie un communiqué dans lequel il observe notamment : « Je suis sûr que les Canadiens, dans toutes les parties de notre pays, ont été heureux de ce que le président français reçoive un accueil aussi chaleureux au Québec. Cependant, certaines déclarations faites par le président tendent à encourager la faible minorité de notre population qui cherche à détruire le Canada et, comme telles, elles sont inacceptables pour le peuple canadien et son gouvernement. » Tout est dans le « cependant ». En termes moins diplomatiques, Pearson dit à de Gaulle : « Mêlez-vous de vos affaires ! »

Alors : franc-parler ou gaffe ? Gêné, l'entourage du Général fait remarquer que son discours était improvisé ; et puis, on a peut-être mal compris… C'est peu connaître de Gaulle. Sans doute l'accueil enthousiaste des Québécois au long du parcours qui l'a mené jusqu'à Montréal l'a-t-il encouragé à lancer une formule devenue bientôt célèbre. Mais il l'avait déjà rodée à Québec. On attendait un discours sur les liens culturels entre la

France et le Canada et, à la place, on a entendu le Général prononcer des paroles très politiques : « On assiste ici à l'avènement d'un peuple qui, dans tous les domaines, veut prendre en main ses destinées. » Traduisez : « Vive le Québec libre ! »

De Gaulle, du reste, ne renie rien. Interrogé sur sa petite phrase quatre mois plus tard lors d'une conférence de presse, il persiste et signe, non sans lyrisme. « Le déferlement de passion libératrice était tel que la France avait, en ma personne, le devoir sacré d'y répondre sans ambages et solennellement. » Il fallait dire que « la mère patrie n'oublie pas ses enfants du Canada, qu'elle les aime, qu'elle entend les soutenir dans leur effort d'affranchissement et de progrès […]. Puis j'ai résumé le tout en criant : "Vive le Québec libre !" Ce qui porta au degré suprême la flamme des résolutions ».

L'homme politique, en tout état de cause, ne dit que ce qu'il veut bien dire, et le degré d'écoute de ses paroles dépend à la fois de son prestige et des enjeux politiques, sociaux, diplomatiques du moment. La souveraineté du Québec est une question sensible et les médias s'appliquent d'autant plus à décrypter les mots du Général qu'en mars 1967 il a subi un revers électoral : les gaullistes et leurs alliés ne disposent plus que d'une très faible majorité à l'Assemblée nationale. On attend alors la manifestation des signes d'usure du pouvoir, et ils arrivent un jour de juillet 1967, venus de l'autre côté de l'Atlantique. Mais le « dérapage » du Général n'aurait-il pas été salué comme une preuve de « courage » en 1959 ou 1962, au temps du gaullisme triomphant ? Bref, ce sont les médias qui qualifient la « gaffe », par leur jugement ou leur interprétation, et par l'écho qu'ils donnent aux critiques de la phrase incriminée.

Projetons-nous trente ans plus tard, au moment où le débat public est dominé par la montée du Front national et la question de l'immigration. Le 3 décembre 1989, Michel Rocard parle devant les militants du CIMADE (Comité intermouvements auprès des évacués, créé en 1939), dont la principale vocation est de venir en aide aux réfugiés sur le sol français. Le Premier ministre explique : « La France ne peut accueillir toute la misère du monde, mais elle doit savoir en prendre fidèlement sa part. » Une phrase somme toute assez banale, fondée sur l'équilibre politique. Mais l'image de la « misère » est forte, et l'opposition cherche des failles dans le discours de la gauche qu'elle accuse de laxisme en matière d'immigration. Elle a donc tout intérêt à retenir le premier membre de la phrase, qui claque comme une sentence, et à oublier le second, bien plus terne. Ce qu'elle fait, avec la complicité, parfois volontaire, le plus souvent involontaire, des médias, qui scrutent ce qui dans la parole politique sort de l'ordinaire, ce qui est source de polémique et de spectacle.

Pour tous, désormais, Rocard a dit : « La France ne peut accueillir toute la misère du monde », phrase regardée à la fois comme un pitoyable *mea culpa*, l'annonce d'un brutal durcissement de la politique d'immigration, un virage tardif pour les uns, un reniement de l'idéal humaniste pour les autres, et, pour tous, une forme confuse de ralliement aux lois répressives de l'époque où Charles Pasqua était ministre de l'Intérieur (1986-1988). La droite et l'extrême droite jubilent. La gauche socialiste fait profil bas. Les communistes condamnent. Du coup, Mitterrand monte en première ligne, expliquant le 10 décembre à la télévision : « Un clandestin doit être renvoyé chez lui. Mais il doit être renvoyé dans les conditions du droit. » Et, lorsque Christine Ockrent lui demande s'il accepte la notion de « seuil de tolérance », le chef de l'État répond : « Le seuil de tolérance, il a été atteint dès les années 1970. »

Le bourdonnement médiatique est devenu un fracas et la phrase de Rocard, une gaffe révélatrice de l'impuissance socialiste pour la droite, gênante, inopportune, intolérable pour la gauche. La formule tronquée, coupée de son contexte, instrumentalisée en permanence par ses adversaires, se transforme en boulet pour Michel Rocard, qui, seize ans plus tard, prend sa plume pour rétablir la vérité dans les colonnes du *Monde*, le 24 août 2006. Sans grand effet, à vrai dire : « La France ne peut accueillir toute la misère du monde » lui reste collée à la peau.

La formule est à Rocard ce que « le bruit et l'odeur » est à Chirac. Le 19 juin 1991, il préside un dîner-débat du RPR à Orléans, auquel assistent mille cinq cents militants. La presse est présente. Les caméras tournent. Soudain, en fin de repas, au moment du café, avec une certaine décontraction que souligne son sourire, il prononce les mots qui vont déclencher l'orage : « Comment voulez-vous que le travailleur français qui habite à la Goutte-d'Or, où je me promenais avec Alain Juppé la semaine dernière, il y a trois ou quatre jours, et qui travaille avec sa femme, et qui ensemble gagnent environ 15 000 francs, et qui voit, sur le palier à côté de son HLM [*sic*], entassée une famille avec un père de famille, trois ou quatre épouses, et une vingtaine de gosses... [*applaudissements*] Si vous ajoutez à cela le bruit et l'odeur [*rires*] *(bis)*, eh bien, le travailleur français, sur le palier, il devient fou *(bis)*, c'est comme ça. Si vous y étiez, vous auriez la même réaction, et ce n'est pas être raciste que de dire cela, nous n'avons plus les moyens d'honorer le regroupement familial. Eh bien, il faut faire un moratoire. »

C'est à la proposition politique qu'il voulait en venir, qui correspond au mouvement de reconquête de l'électorat de droite, abandonné au Front national. Mais, à vrai dire, tout le monde l'oublie. Une fois de plus, c'est l'image qui s'impose dans les médias, celle du « bruit » et de l'« odeur », une image qui parle aux sens et qui donne à la formule de Chirac un parfum de racisme ordinaire, alors même que son auteur rejette tout racisme. Que fait le président du RPR ? Il rapporte ce que lui ont dit des habitants de la Goutte-d'Or, des témoignages que les élus, de droite ou de gauche, entendent tous les jours. Dire que la cohabitation entre des populations d'origines diverses, dans les immeubles pauvres de la capitale, est conflictuelle, voire explosive, tient du secret de Polichinelle : c'est là-dessus que Le Pen prospère ! Mais aucun homme politique ne l'a jamais dit aussi crûment.

Ce qui rend d'autant moins tolérable la saillie de Chirac, aux yeux de ses détracteurs, ce sont l'image et le son qui l'accompagnant : le sourire de l'orateur, les applaudissements et les rires des spectateurs. Ce qui passe très bien auprès de militants convaincus devient obscène dès lors que la séquence, médiatisée, est étalée sur la place publique. Le parler-vrai chiraquien se transforme en gaffe politique.

Dès le lendemain, le Premier ministre, Édith Cresson, saute sur l'occasion : « J'ai dit que le langage de Jacques Chirac ressemble à celui de M. Le Pen. J'ai dit cela il y a quelques jours [*à l'Assemblée nationale*] et, aujourd'hui, tous les journalistes, tous les commentateurs disent la même chose. » Mais, dans l'opposition même, on sent un embarras profond. Le centriste Jacques Barrot déclare : « Une anecdote [...] ne peut sûrement pas tenir lieu de discours sur l'immigration. » Le gaulliste Philippe Séguin, lui, joue les équilibristes de la langue de bois : « Jacques Chirac est le tout premier à souhaiter qu'il n'y ait pas d'erreur d'interprétation et que les immigrés en situation régulière, les immigrés qui sont en cours d'intégration, les immigrés qui ont déjà la nationalité française ne prennent pas pour eux un propos de rejet qui s'adresse à l'immigration clandestine, ou un propos de refus qui s'adresse à de l'immigration supplémentaire. » Ouf ! Quant à Michel Noir, rival de Chirac au RPR, qui s'est distingué par son antilepénisme, il boit du petit-lait : « Le politique, il doit être un pédagogue [...], il ne doit pas monter une partie des Français contre les autres sous prétexte qu'ils ont des odeurs différentes. [...] C'est d'autant plus regrettable que je sais que Jacques Chirac n'est pas raciste. À quoi sert ce type de propos, sauf, éventuellement, à imaginer avec quel dessein politique [*sic*] courir après des voix extrêmes. Jamais un homme public ne doit s'autoriser un tel langage. »

Du coup, Chirac estime ne pas avoir le choix. Le soir même, il tente de désamorcer la bombe en intervenant au journal de 20 heures d'Antenne 2, interrogé par Henri Sannier et Rachid Arhab. « Le cas que vous citez [...] est-il tout à fait exceptionnel ? » interroge le premier. Là, la langue de bois reprend ses droits : « Bien entendu, il est exceptionn... pas tout à fait exceptionnel... Je peux vous en apporter plusieurs témoignages.

Mais le problème n'est pas là. [...] Ce que j'ai voulu faire, c'est apporter un témoignage pour montrer qu'il y a un vrai *problème*, qu'il y a une exaspération qui monte [...]. Je ne fais pas mien, bien entendu, le témoignage que j'ai rapporté. » Et il ajoute : « C'est tout de même autre chose que la langue de bois avec laquelle on a l'habitude de parler de ces *problèmes*. Et je demande simplement si, dans notre pays, nous pouvons parler aujourd'hui des *problèmes* d'immigration sans être l'objet d'une sorte de terrorisme intellectuel, si on peut en parler avec des mots vrais, tels que les gens le ressentent. » Donc, on a bien compris, il y a un « problème », et même plusieurs : mais lequel ou lesquels ? Comme à l'accoutumée, il constate, semble isoler une question, celle de l'immigration, qu'il dissimule derrière le mot masquant de « problème(s) », et n'en dit finalement rien. Et ce d'autant plus aisément que les journalistes ne se montrent guère curieux, tout occupés à savoir si les mots choquent ou pas, et si Chirac le comprend.

Ainsi se construit la gaffe, que confirme l'attitude du chef du RPR, qui se précipite sur un plateau de télévision pour se justifier et minimiser, finalement, la portée de ses propos. Mais Chirac n'a même pas le bénéfice de clore la séquence. Le privilège en revient, le lendemain, à Mitterrand. Invité de Jack Lang à Blois pour la fête de la musique, il en profite pour visiter un quartier de la banlieue de la ville, où il est accueilli par un groupe de rappeurs, et pour prononcer un discours à Issoudun. Très opportunément, il choisit le thème de l'immigration. Et, avec son habileté légendaire à pratiquer le sous-entendu, il évoque les « raisonnements à connotations racistes dont on peut user électoralement, mais qui ne correspondent à l'intérêt de personne ». Message reçu cinq sur cinq par Chirac.

Parler-vrai ou gaffe ? L'impact médiatique et le jeu politique en décident. Or la sincérité brutale peut avoir des conséquences funestes. Édith Cresson est bien placée pour le savoir, elle qui, quatre jours après son installation à Matignon, le 15 mai 1991, déclarait au *Journal du dimanche* : « La Bourse, je n'en ai rien à cirer. » Un style nouveau ? Une bourde, dès lors que les difficultés politiques s'amoncellent. C'est là que les conseillers en communication doivent faire preuve de vigilance. À l'issue d'une conférence de presse, par exemple, les journalistes ont l'habitude d'interroger l'homme politique, dont l'interview, réduite à quelques dizaines de secondes, passera le soir ou le lendemain au journal. Les conseillers sont là pour ciseler la formule qui retiendra l'attention, pour modeler un discours qui n'engagera pas trop, pour cultiver la langue de bois de leur champion. Bien sûr, on n'est pas à l'abri du dérapage. Attentifs, ils écoutent, et s'ils notent quelques parasites dans le message ils rattrapent le journaliste au vol : « Attendez, on va la refaire ! » Quelques mots à l'oreille du leader, et celui-ci est prêt à délivrer la bonne version de sa pensée. Peut-être moins sincère, mais tellement plus télévisuelle !

Sarkolangue

« Moi, je voudrais un gouvernement qui parle vrai » (*L'Heure de vérité*, 26 janvier 1992) ; « Vous en avez assez de la langue de bois et vous avez raison » (meeting de Villebon-sur-Yvette, 20 mars 2007). Avec Nicolas Sarkozy, parler vrai n'est plus une posture, c'est une marque de fabrique.

« On parle entre nous [*les hommes politiques, les médias*] de sujets avec des mots que personne ne comprend, explique-t-il à *L'Express* (17 novembre 2005). La sémantique, ça compte. Les idées, les mots, les concepts servent à déverrouiller l'action. Je prends une image : la communication est à l'action ce que l'aviation est à l'infanterie ; l'aviation doit passer pour que l'infanterie puisse sortir ; c'est lorsqu'on a gagné la bataille de la communication qu'on peut agir. Il y a vingt-cinq ans, on agissait puis on communiquait ; à présent, tout a changé, c'est parce qu'on a communiqué et qu'on se fait comprendre qu'on peut agir. »

Sarkozy révèle ici sa conception du parler-vrai. Le problème n'est pas de dire à tout prix la vérité, mais de parler avec des mots vrais, ceux que tout le monde comprend. Il s'agit moins alors d'informer que de communiquer. Les mots précèdent puis accompagnent l'action ; ils sont le levier qui permet d'entraîner l'opinion publique, de ne jamais perdre le contact avec elle. Répondant à un calcul politique, ils doivent donc être soigneusement choisis. « Kärcher », « racaille » sont des termes ordinaires dans les quartiers pauvres des banlieues, et leur emploi le plus sûr moyen de toucher la cible visée. Peu importe que quelques intellectuels et journalistes s'en émeuvent. La seule chose qui compte, c'est leur effet de résonance, l'impact médiatique garanti par la rupture de la norme, la portée émotionnelle dans la « France d'en bas », pour reprendre le cliché de Jean-Pierre Raffarin.

L'emploi de mots crus ou l'usage d'un vocabulaire quotidien suffisent-ils pour conclure que le langage de Nicolas Sarkozy est radicalement nouveau, comme on l'a beaucoup écrit ? N'a-t-on pas tendance à confondre les apparences de ce langage avec le comportement de l'homme politique, qui ne se laisse jamais démonter, avec l'aplomb du débatteur qui, face à ses interviewers ou ses contradicteurs, a toujours réponse à tout ? L'étude de son discours montre surtout que Sarkozy n'ignore rien des tactiques, des ficelles, des habiletés du langage politique. En systématisant leur usage, en les poussant jusqu'au bout de leurs possibilités, en y ajoutant aussi sa patte, il a fini par se les approprier.

« Il ne faut pas qu'on trompe les Français là-dessus », « Je veux dire aux Français : il n'y a pas de fatalité », « Les Français savent que… », « Les Français disent que… », « Les Français attendent de nous… » : toutes ces phrases ou amorces de phrases aux allures de clichés, destinées à entretenir une connivence avec l'auditeur ou le téléspectateur, à donner aussi de la crédibilité à son propos, ces formules si communes aux hommes politiques, Sarkozy les utilisait déjà en abondance en 1992-1993, au temps où les médias le présentaient comme le plus prometteur espoir du RPR.

S'identifier aux Français est un vieux stéréotype du langage politique. Mais, devenu ministre de l'Intérieur, en 2002, et visant l'Élysée, Sarkozy n'en use pas comme d'un outil parmi d'autres : c'est là-dessus qu'il fonde sa communication. Son discours est entièrement soutenu par l'idée qu'il baigne dans le quotidien du peuple, qu'il est l'un des siens, sans doute le seul homme politique à pouvoir se prévaloir d'une telle appartenance : « Je parle d'une réalité que je connais et je m'adresse à des gens qui m'entendent » (*L'Express*, 17 novembre 2005).

Caricaturer l'adversaire et déformer sa pensée est aussi ancien que la politique. Sarkozy ne se contente pas de cela : il pousse ces procédés jusqu'à bâtir un monde où le bon sens, la réalité, la rationalité quotidienne (la sienne et celle du peuple) s'opposent aux élucubrations, à l'irrationalité coupable, à l'angélisme funeste (des autres). Les mots sont, pour Sarkozy, les armes qui doivent lui faire gagner la bataille de l'imaginaire. C'est pourquoi aussi il aime à transformer l'adversaire en une force aux contours flous : « ceux qui », « certains », « on », leviers sémantiques qui permettent d'attribuer à ses contradicteurs les pires intentions et attitudes. « La rupture avec le fatalisme, nous l'avons proposée aux Français. Ils l'ont approuvée sans ambiguïté, condamnant même avec sévérité *ceux qui* présentaient l'insécurité comme un fantasme, une exagération médiatique ou tout simplement une mode » (Assemblée nationale, le 26 juillet 2002) ; « Si *certains* sont du côté des fraudeurs, moi je suis du côté des honnêtes gens », affirme-t-il dans un meeting à Lille, le 28 mars 2007 ; « Ça fait trop longtemps que, dans notre pays, *on* laisse faire les choses » (France 2, 9 décembre 2002).

Nicolas Sarkozy a aussi le sens du slogan et de la formule, comme il l'a montré lors de la campagne présidentielle de 2007. L'originalité tient moins au procédé lui-même qu'à l'usage stratégique qu'il en fait en s'appropriant audacieusement les mots abandonnés par l'adversaire. Le « capitalisme prédateur » et les « requins de la finance », dont il parle à Lille le 26 février 2007, ont l'air tout droit sortis d'une affiche communiste du temps de la guerre froide. Quant à « la France qui se lève tôt », elle paraît empruntée aux clichés populistes de Maurice Thorez.

En fait, le parler-vrai de Nicolas Sarkozy tombe vite dans les vieilles ornières de la langue de bois, ses interviews télévisées en apportent la preuve. Prenons quelques exemples.

Qu'un homme politique tente de retourner la question de celui qui l'interroge en l'interrogeant à son tour n'est pas très neuf. Chez Sarkozy, la démarche tient du système pour enfermer son interlocuteur dans sa logique. La question qu'il pose est d'autant plus désarmante qu'elle relève de l'évidence et qu'elle se double parfois d'une anecdote, du témoignage d'un anonyme, source d'émotion et brevet d'expérience de terrain pour Sarkozy. Il est ainsi l'invité de David Pujadas, le 23 octobre 2002, pour évoquer son projet de loi sur la sécurité intérieure. Se désintéressant de la question du journaliste (« On vous reproche de criminaliser les pauvres… »), Sarkozy prend immédiatement l'ascendant :

> Nicolas Sarkozy : Je voudrais vous dire juste une chose. Est-ce que vous trouvez normal que ceux qui ont les métiers les moins valorisants, les moins payés, qui ont les durées de transport les plus longues, qui habitent dans les quartiers les moins favorisés, qui sont dans les appartements les plus petits et plus inconfortables, est-ce qu'il faut que ceux-là se résignent à avoir peur ?
> David Pujadas *(tentant de reprendre la parole)* : … D'accord…
> NS : Est-ce qu'il faut… non, c'est juste une question… est-ce qu'il faut que ceux-là n'aient pas le droit à la même sécurité que les autres ? Vous savez, l'occupation des halls, comment j'ai eu cette idée ? J'étais dans le 18e arrondissement au mois de juin. Et il y a un vieux monsieur, les larmes aux yeux, qui me dit : « Est-ce que vous croyez que

c'est normal [*curieusement, il emploie les mêmes formules que Sarkozy !*], monsieur Sarkozy, qu'à chaque fois que je rentre dans mon immeuble je doive baisser la tête et m'excuser de rentrer dans mon immeuble…
DP : … D'accord…
NS : … parce qu'il y a des gens qui ne travaillent pas, qui n'ont rien à faire et qui m'empêchent de rentrer ? »

Nicolas Sarkozy parle vrai, parce qu'il parle comme les « gens » qui parlent vrai… Renversant les rôles, son jeu de questions, ponctué d'amorces de bon sens (« vous savez », « je vais vous dire »), réduit le journaliste à acquiescer, quand il ne le culpabilise pas ! « Qu'est-ce que vous me reprochez ? », « Comment pouvez-vous laisser entendre… ? », « Qui peut raisonnablement penser… ? » : autant de formules qui fragilisent l'interviewer, contraint de regarder les trains passer.

La langue de bois, on l'a dit, est un art de l'esquive. Ici, la tactique du contournement joue sur la forme de la réponse, qui permet à Sarkozy de figer la discussion sur sa propre démonstration. Ailleurs, l'habileté repose sur le fond : il donne l'impression de répondre concrètement à la question du journaliste ; en fait, les arguments, rigoureusement sélectionnés, sont destinés à l'éviter. Le 24 avril 2007, il est l'invité de l'émission *À vous de juger*. À un moment, Arlette Chabot l'interroge sur son projet de ne pas renouveler le poste d'un fonctionnaire sur deux partant à la retraite : comment va-t-il faire ? « Savez-vous, commence Sarkozy, que la France a créé depuis 1981 un million d'emplois publics ? Il y a des marges de manœuvre. Je peux prendre des exemples : la douane, 20 000 fonctionnaires ; le même nombre de fonctionnaires qu'il y a vingt ans, mais, entre-temps, il n'y a plus de frontières.

Deuxième élément : la direction générale des impôts, 80 000 fonctionnaires, la comptabilité publique, 60 000 fonctionnaires. Chacun sait qu'il faut les rassembler... »

La douane ? C'est l'évidence ! Les gratte-papiers de Bercy ? Les Français ne les regretteront pas ! Mais, outre qu'il ne répond pas à la question sur le mécanisme qui conduira à ne pas reconduire un fonctionnaire sur deux, il arrête brusquement son addition. Et les gros bataillons de la fonction publique ? Les enseignants ? Les hospitaliers ? Les militaires ? Oubliés dans une brutale pirouette qui mène à un instant d'émotion : « Je dis d'ailleurs aux fonctionnaires que je n'aime pas la façon dont on parle d'eux. La performance, ça existe dans la fonction publique. Les fonctionnaires ont de petits salaires ; on va améliorer leurs conditions. Ils seront mieux formés. Il y aura plus de souplesse dans leur gestion de l'emploi [*sic*]. Mais on ne peut pas faire l'économie d'une économie en la matière. » Soudain, les mots deviennent flous et puisent même dans l'antique répertoire technocratique, si utile pour cacher les réalités. « Souplesse dans la gestion de l'emploi », même relié à « amélioration des conditions », annonce des lendemains qui déchantent.

Nicolas Sarkozy sait admirablement manier la langue de bois la plus académique, et il le montre le 30 juin 2008, lorsque, devenu président de la République, il répond aux questions des journalistes de France 3, parmi lesquels Audrey Pulvar. Grand moment de jeu du chat et de la souris :

> Audrey Pulvar : Vous avez fixé à 25 000 le nombre de reconduites à la frontière par an en France. Je voudrais savoir combien de contrôles d'identité, à combien d'arrestations il faut procéder pour pouvoir expulser 25 000 personnes par an ?

Nicolas Sarkozy : C'est une curieuse façon de présenter les choses...
AP : C'est une question...
NS : C'est une question, quand même... Par des questions, on peut présenter les choses... Vous me dites : combien d'arrestations ? Écoutez, madame...
AP : C'est une question qu'on se pose...
NS : Oui, vous me dites... Vous partez des arrestations... Je ne comprends pas...
AP : À combien de contrôles d'identité...
NS : ... non, ce n'est pas comme ça...
AP : ... Combien de personnes arrêtées pour obtenir 25 000 expulsés ?
NS : ... il s'agit d'obtenir, madame...
AP : Mais c'est un objectif que vous avez fixé, M. Sarkozy... Alors, comment on y arrive ?
NS : ... ce n'est pas comme ça que ça se passe. L'objectif que j'ai fixé, c'est que les étrangers qu'on reçoit, on leur garantisse un logement, un emploi, et qu'on ne fasse pas la fortune, madame, des négriers, de ceux qui utilisent la misère humaine en disant à de pauvres gens qui n'ont rien qu'ils peuvent venir en France, parce qu'il n'y a pas de contrôle, qu'on peut faire n'importe quoi...
AP : ... Mais ce n'était pas ma question, M. Sarkozy...
NS : Madame, mais c'est ma réponse, si vous permettez. Et je ne critique pas du tout votre question. Mais je vous demande ma réponse [*sic*], c'est celle-ci : le laxisme des années où il n'y avait aucun contrôle a conduit à l'enrichissement de ceux qui trafiquent sur la misère de pauvres gens. Voilà la vérité. Alors, le problème, il est le suivant...
AP : Mais vous n'avez pas répondu à ma question...
NS : Je vais y répondre...

Eh, non ! Nicolas Sarkozy n'y répondra pas ! « Ce n'est pas la question, mais c'est ma réponse... » On se croirait projeté près de trente ans en arrière, au temps où Georges Marchais contournait ouvertement les questions de Jean-Pierre Elkabbach dans leurs duels épiques à *Cartes sur table*. Une intervieweuse pugnace, un président de la République déstabilisé et répondant délibérément à côté de la question... Belle leçon de journalisme et belle démonstration de langue de bois.

Le 3 octobre 2006, le magazine *Acteurs de l'économie* publiait un sondage de l'Institut Fournier sur le parler-vrai. À qui les personnes interrogées faisaient-elles le plus confiance pour parler vrai ? À leur entourage personnel, d'abord (87 %), avant le monde médical (75 %), le monde de l'entreprise (35 %), etc. ; le monde politique arrivait bon dernier, avec 9 % ! Une autre question portait précisément sur la personnalité qui incarnait le mieux, quel que soit son milieu d'appartenance, le parler-vrai. Cette fois, les hommes politiques pointaient en tête. Et qui, parmi les réponses spontanées, l'emportait haut la main ? Nicolas Sarkozy (17 %), nettement devant Ségolène Royal (3 %), Jacques Chirac (2 %), Olivier Besancenot (1 %), les autres (Jean-Louis Borloo, Michel Rocard, François Bayrou, Philippe de Villiers, Bernard Kouchner) se partageant les miettes. Nicolas Sarkozy a donc tenu son pari : fin 2006, son image est associée au parler-vrai. Comment croire que son succès de 2007 y soit totalement étranger ?

13

Novlangues ? Pas mortes !

Le 25 mars 2009, grâce à l'AFP, la France apprend la grande nouvelle : le président de la République a « la banane » (traduisez : le sourire, la forme). Il l'a confié à des députés UMP, lors d'un cocktail à l'Élysée, et, bientôt, dans l'emballement médiatique qui suit toute déclaration de Nicolas Sarkozy, chacun rivalise pour trouver la bonne formule qui fera mouche dans la presse. François Hollande choisit d'ironiser avec sévérité : « Les Français, eux, ont les peaux de banane tous les jours. » Dominique de Villepin saute sur l'occasion pour donner une leçon de politique : « On n'attend pas de lui qu'il soit survitaminé, mais qu'il soit sage. » Quant à Laurence Parisot, la présidente du MEDEF, elle s'interroge sur les variations de la métaphore fruitière : « avoir la banane » ne fait pas partie de son vocabulaire ; elle dirait plus volontiers qu'elle a « la pêche ». C'est dire l'importance du débat.

On imagine mal Georges Pompidou ou Valéry Giscard d'Estaing proclamant, même en petit comité :

« L'Élysée, c'est le pied ! », pour reprendre une expression familière de leur époque. En fait, il y a une explication à tout cela : le relâchement du langage est devenu un outil tactique de communication pour montrer son naturel, sa proximité avec les « vrais gens », pour donner l'impression de rompre avec les pesanteurs de la langue de bois. En usant d'une tournure tendance, digne des séminaires d'entreprises à la campagne ou des G.O. du Club Méditerranée, Sarkozy s'affirme comme un président jeune qui, desserrant le lourd carcan des convenances républicaines, sait se faire comprendre des jeunes. La « banane » du président est un signal qui leur est envoyé.

Mais on peut aller plus loin, comme le montre Laurent Wauquiez, invité de Marc-Olivier Fogiel dans l'émission de M6 *T'empêches tout le monde de dormir*, le 4 décembre 2007. À trente-deux ans, le porte-parole du gouvernement – plus jeune député de France en 2004 – fait figure de prodige de la politique. Normalien, agrégé d'histoire, diplômé de Sciences Po, énarque, féru de culture arabe et connaissant bien la philosophie des Lumières, Wauquiez n'a rien à apprendre en matière de normes et de maniement du langage. Or, ce soir là, entouré de Josiane Balasko, de Bruno Solo, de Mohamed Mechmache (AC le Feu) et de quelques autres, il use d'un vocabulaire inhabituel pour un représentant du gouvernement : « putain » (murmuré, il est vrai), « connerie », « pognon », « mec », « vachement », « bosser »... Il a beaucoup de « machins » et surtout de « trucs » à dire, à faire, à montrer. Il est si à l'aise devant la caméra qu'il en arrive à tutoyer tous ceux qui l'entourent. Cela étonne même Bruno Solo : « Alors, on se tutoie ? » Heureux dans son « job », Laurent Wauquiez a compris que, dans une émission suivie d'abord par des moins de trente-cinq ans, il faut parler jeune ! Jusqu'au vertige.

La veille, il était sur France-Inter, interviewé dans le cadre du *Franc-parler*. Et, malgré le titre de l'émission, le porte-parole du gouvernement avait usé d'un tout autre langage : pas de « trucs » et de « machins », mais des « mesures », des « idées », un « programme ». Les Français n'étaient pas au « boulot » mais « au travail », pour gagner de l'« argent » et non du « pognon ». Dans le studio, on se vouvoyait, ce qui ne semblait gêner personne. Mais le public du *Franc-parler* n'est pas exactement celui de *T'empêches tout le monde de dormir*...

« Chacun des mots que j'utilise doit être bien dosé », avoue Laurent Wauquiez à Marc-Olivier Fogiel. On veut bien le croire. On y trouvera même l'une des clés du nouveau langage politique, celle de sa capacité à s'adapter aux publics divers qui regardent la télévision, écoutent la radio, lisent la presse. Imaginons un instant que Wauquiez ait parlé de « connerie » et de « pognon » aux auditeurs de France-Inter : c'eût déclenché une réprobation générale. Intolérable de la part d'un membre du gouvernement ! À l'inverse, le discours classique entendu au *Franc-parler* eût détonné sur le plateau de Fogiel : vous êtes ennuyeux, personne ne vous écoute, vous êtes un faux jeune, on ne vous réinvitera plus...

La manière de toucher l'opinion a totalement changé en vingt ou vingt-cinq ans. Les Français, dans leur majorité, ont délaissé les émissions politiques. S'ils veulent atteindre leur cible, et notamment la partie qui s'intéresse peu ou pas à la politique, les responsables publics doivent alors s'adapter aux règles des genres télévisuels à la mode : les *talk shows*. S'ils souhaitent pouvoir délivrer leur message, ils ne doivent pas seulement y venir dans une tenue décontractée (finie la cravate !), mais « décontracter » leur langage, faire preuve d'humour, de repartie, user des familiarités qui s'échangent communément sur les plateaux, éviter tout décalage avec les autres invités, acteurs, chanteurs, comiques, sportifs, stars d'un jour ou femmes à barbe... Bref, ils doivent participer au spectacle.

Toutefois, quoi qu'il arrive, ils restent dans leur fonction d'hommes politiques et leur passage à la télévision s'inscrit toujours dans une stratégie de communication ; il faudrait être bien naïf pour croire le contraire. Du coup, le caractère « tendance », « branché », « jeune », « super cool » de leur langage verse, par son excès même, dans le stéréotype. En cela, il donne naissance à une nouvelle langue de bois, fondée non plus sur les standards de l'expression politique (= le responsable public en majesté), mais sur ceux du show télévisuel (= celui du mélange des genres ; on va passer un « bon moment »). Cette langue de bois est d'autant plus difficile à saisir qu'elle ne repose plus sur les formules toutes faites de naguère, mais sur l'apparence du naturel. Pourtant, lorsqu'un ministre ou un leader de l'opposition vient parler dans les émissions de Michel Denisot, sur Canal +, ou de Laurent Ruquier, sur France 2, il reste maître de ses réponses, et son habileté à contourner les questions gênantes demeure intacte. Portée par la saillie humoristique ou la fausse gravité, une pirouette est toujours une pirouette.

Notre époque favorise donc l'émergence d'un genre nouveau du langage politique, construit sur les valeurs de la proximité (je parle comme vous = je suis comme vous = vous pouvez me faire confiance), bâti sur un discours de réaction à la langue de bois (soyons enfin sincères !), mais dont le caractère artificiel ne résiste guère à l'analyse. Ce n'est d'ailleurs pas le seul aspect des novlangues contemporaines.

Politiquement correct

« Je vois renaître les habituels serviteurs de la pensée unique, les gardiens du politiquement correct. […] Oui, mes amis, je dénonce ce politiquement correct qui interdit de parler lucidement d'immigration sans être soupçonné de xénophobie. […] Ce politiquement correct qui interdit de parler de revalorisation du travail sans être soupçonné de "faire le jeu des patrons" contre les salariés. […] Qui interdit de baisser les impôts sans être suspecté de "servir les intérêts du grand capital". » Le Premier ministre François Fillon, le 10 octobre 2007, réagit ainsi à la polémique qui a suivi le discours prononcé quatre jours plus tôt au conseil national de l'UMP, où il avait qualifié de « détail » l'amendement sur les tests ADN proposé par Thierry Mariani dans le cadre du regroupement familial, modifié par la loi sur l'immigration. « Détail », un mot sensible depuis les propos de Le Pen sur les chambres à gaz et qui avait fait notamment dire à Mouloud Aounit, président du MRAP : « En employant sciemment le mot détail […], [Fillon] franchit les limites de l'insoutenable et de l'indécence. »

La dénonciation du politiquement correct devient, dans la bouche du Premier ministre, un argument fort, non seulement pour stigmatiser les hypocrisies collectives, mais pour justifier toute la politique de son gouvernement ; le mot détail n'est, ici, qu'un instrument pour y parvenir. S'y opposer revient alors à vouloir cultiver l'obscurantisme, à élever des remparts pour protéger les tabous sociaux. L'amalgame est habile, mais la ficelle un peu grosse. Car c'est donner une définition à la fois réductrice et partisane d'une expression traduite de l'anglais, *political(ly) correctness*, et désignant un phénomène qui a provoqué une retentissante controverse aux États-Unis au tournant des années 1980-1990.

Qu'est-ce que le politiquement correct ? C'est un mode de pensée qui, visant à reconnaître l'identité des minorités et des groupes, s'applique à rayer du vocabulaire tout ce qui, jusque-là, pouvait les désigner de manière méprisante, blessante ou discriminatoire, et, en premier lieu, tout ce qui était de nature à stigmatiser les origines, le physique, les comportements ou la situation sociale des individus. Sur le fond, il s'agit alors de faire reculer le racisme, le sexisme, l'homophobie, de refuser l'exclusion sociale des infirmes, des pauvres, des classes inférieures. C'est donc par extension que le politiquement correct en vient à désigner les sujets délicats que les hommes politiques n'osent aborder, de peur de heurter tel ou tel groupe, ou dont ils parlent de manière convenue. Le politiquement correct est à la fois facteur et objet de langue de bois.

En France, le phénomène est moins récent qu'on pourrait l'imaginer, et les responsables publics ont largement contribué à son essor. Par exemple, dès 1957, avec la loi du 23 novembre votée par l'Assemblée nationale, l'« infirme » devient un « handicapé ». Trop brutal, le mot « avortement » se voit substitué le prudent euphémisme d'« interruption volontaire de grossesse » dans la loi Veil de septembre 1974 et, très vite, l'IVG entre dans le vocabulaire courant. Puis la vague ne cesse d'enfler dans les années 1980 et 1990. Le « technicien de surface », qui remplace le « balayeur », est attesté dès 1984. En 1990, on dispose déjà de deux ou trois vocables pour ne plus parler d'« aveugle » : « non-voyant », « handicapé visuel », voire « déficient visuel ». Le Noir devient une personne de couleur, le sourd un malentendant, le vieux un senior, le nain une personne de petite taille, le gros une personne à surcharge pondérale, le clochard un SDF (ou un sans-abri), et les prostituées veulent qu'on les appelle « travailleuses du sexe ». Le camping se métamorphose même en « hôtellerie de plein air ». Enterré, le « mensonge », et vive la « contre-vérité » ! Tous ces mots nouveaux ne sont pas neutres ; ils orientent notre regard sur la société et fondent ce que leurs détracteurs nomment la pensée unique. Comme souvent, on y voit l'influence néfaste du puritanisme américain : nous subissons la même dictature morale que celle qui sévit aux États-Unis, celle du politiquement correct !

On le sait peu, mais le *political(ly) correctness* est, à l'origine, une forme de plaisanterie. La locution se répand aux États-Unis, à l'époque stalinienne, chez les sociaux-démocrates et les anarchistes américains pour rire de leurs rivaux communistes qui obéissent comme un seul homme, le petit doigt sur la couture du pantalon, aux ordres les plus stupides et les plus contradictoires venus de Moscou. Péjoratif, le politiquement correct désigne donc le dogmatisme le plus obtus. Tombée en désuétude, l'expression renaît dans les années

1980 parmi les universitaires de gauche et les féministes américains qui se moquent d'eux-mêmes. Cette fois, il s'agit de brocarder les excès du discours rigoriste des plus extrémistes d'entre eux, de s'amuser, aussi, du fossé qui sépare les théories énoncées des pratiques quotidiennes de chacun : fais ce que je dis, ne fais pas ce que je fais !

Au-delà de la boutade émerge une réalité, celle des anciens contestataires des années 1960 qui se sont battus contre le ségrégationnisme et pour l'égalité des sexes. Devenus universitaires, ils entendent non seulement favoriser l'accès des minorités dans les universités, mais promouvoir leur culture, jusqu'ici exclue du savoir académique. Cela se traduit notamment par le développement d'enseignements spécifiques, *Afro-American Studies, Native Studies, Women Studies, Gay and Lesbian Studies*, mais aussi, dans la vie courante, par une révision du vocabulaire qui, selon eux, doit être épuré de toute empreinte raciste, sexiste ou homophobe. Se met alors progressivement en place un nouveau code de langage où le Noir devient un Afro-Américain, l'Indien un Amérindien, où, jugée trop sexiste, l'expression « droits de l'homme » est remplacée par « droits humains », etc.

Les mots ne sont que l'écume de la polémique qui se développe à la fin des années 1980, le véritable enjeu étant le savoir dispensé dans les universités américaines. Pour la droite conservatrice, les intellectuels de la gauche culturelle, marxistes honteux ou rampants, sont en train de détruire les racines et les valeurs du pays. C'est pourquoi le livre que le philosophe Allan Bloom publie en 1987 (traduit en français sous le titre *L'Âme désarmée*) devient leur bible : il s'en prend avec férocité au modèle d'éducation libéral (= de gauche) et stigmatise les dérives de l'enseignement dans les universités américaines. Bloom surestime volontairement l'influence de la gauche culturelle et l'ampleur du phénomène qu'il dénonce. Mais son pamphlet permet aux chercheurs ultraconservateurs de se regrouper autour de la *National Association of Scholars* (NAS) et de lancer une vaste offensive, appuyée par Reagan et Bush père, contre le terrorisme intellectuel censé servir dans les universités. Le lobby montre son efficacité puisque le débat, réduit jusqu'ici aux cercles de réflexion, est étalé sur la place publique le 24 décembre 1990, lorsque le magazine *Newsweek* consacre une inquiétante couverture au *politically correctness* : « *Watch what you say. THOUGHT POLICE* » (Attention à ce que vous dites. POLICE DE LA PENSÉE). Retour au maccarthysme ! Chasse aux sorcières ! Les accusations pleuvent.

Dès 1991, la controverse franchit l'Atlantique. Les intellectuels de droite français s'en saisissent. Annie Kriegel affirme que les campus américains sont « submergés, comme dans les années 1960, par une vague de dogmatisme hostile à tout élitisme » (*Le Figaro*, 7 mai 1991). François Furet parle d'« orthodoxie idéologique » et de « police morale » (Le *Nouvel Observateur*, 29 août 1991), Philippe Raynaud et Vittorio Zucconi dénoncent un prétendu « néo-jdanovisme [1] » (autrement dit, stalinisme !). Et, tandis qu'Alain Finkielkraut édite en français l'ouvrage de Dinesh D'Souza, *L'Éducation contre les libertés. Politiques de la race et du sexe sur les campus américains*, réquisitoire contre l'abandon des universités américaines aux puritanistes noirs, féministes, homosexuels

---

1. « L'Université américaine à l'heure du *political correct* », *Esprit*, 180, mars-avril 1992, p. 135.

(Gallimard, 1993), Jean-François Revel va jusqu'à les identifier à des « campus de concentration » (*Le Point*, 20 mars 1993) ! La greffe prend d'autant mieux chez les intellectuels de droite que les questions de l'immigration, de l'identité nationale et du développement du communautarisme acquièrent une place centrale dans le débat français. À leurs yeux, la gauche au pouvoir les minimise, répondant aussi aux pressions des groupes qui voudraient imposer leurs valeurs à toute la société. Pis, la droite leur paraît coupablement hésiter à y répondre franchement, apeurée à l'idée qu'on puisse, sur ces sujets, l'assimiler au Front national.

Les intellectuels de droite s'en prennent au terrorisme des mots qui commandent la pensée collective, à la manière dont, par le politiquement correct, la gauche culturelle impose une pensée unique. Cela leur paraît d'autant plus préoccupant que son influence se répand bien au-delà des États-Unis ou de la France. La « rectitude politique » est ainsi la version québécoise du *politically correctness* américain. La législation du Québec ne parle même plus de minorités noires, asiatiques, juives, mais de « communautés culturelles ». La discrimination positive à l'américaine y est dissimulée sous l'expression « accès à l'égalité ». Et, jugé trop sexiste, l'« homme d'affaires » devient même « gens d'affaires » !

Mais, là où les intellectuels de droite se trompent, c'est lorsqu'ils ne veulent voir qu'une seule origine possible au politiquement correct ; la droite sait aussi le pratiquer. On peut aisément l'illustrer. Au début des années 1980, la gauche est parvenue à imposer dans le vocabulaire médiatique et, partant, quotidien l'expression « sans-papiers » pour masquer la réalité des immigrés clandestins. Mais depuis la droite a fait mieux, qualifiant leurs expulsions de « reconduites à la frontière ». Gauche et droite savent donc très bien manier l'euphémisme et la périphrase pour atténuer les réalités les plus féroces et même s'accorder sur des formules qui les arrangent : car, si la gauche a inventé l'« exclusion » pour cacher la pauvreté, la droite s'est approprié le mot sans état d'âme.

Le 23 mars 2009, Alain Finkielkraut, pourfendeur du politiquement correct, déclarait sur RCJ : « L'antiracisme est la novlangue d'aujourd'hui. [...] C'est la langue taillée sur mesure pour l'idéologie totalitaire. » Et il ajoutait : « On ne peut pas parler cette novlangue et on ne peut pas parler avec ceux qui la parle. [...] On ne parle pas avec l'antiracisme idéologique. On le contourne, on parle une autre langue et on parle ailleurs. » Le philosophe estime qu'en imposant ses mots et, partant, son mode de pensée la gauche a gagné la bataille culturelle ; pas seulement en France, d'ailleurs, mais partout dans le monde, notamment en Afrique, dans les pays de la Conférence islamique, dans les instances de l'ONU. En quelque sorte, il invite à la résistance.

Une victoire culturelle de la gauche ? Tout dépend de quelle novlangue on parle. Car, lorsqu'on voit la manière dont la langue du marché a envahi la rhétorique politique, médiatique et même quotidienne, on a plutôt l'impression que le triomphe se situe dans le camp d'en face.

Langue du marché

Plus d'ouvriers mais des catégories modestes ou défavorisées, plus de patrons mais des dirigeants d'entreprise, plus de lutte de classes mais la cohésion, la concertation, le dialogue social : les dernières traces du marxisme qui imprégnaient encore le vocabulaire politique et médiatique il y a un quart de siècle ont totalement disparu. Aujourd'hui, la novlangue dominante est celle de l'économie libérale et, de plus en plus, de la cyberéconomie qui lui est liée. Elle vient à l'appui d'une pensée quasi fétichiste où le marché, par ses lois (autorégulation, concurrence), par sa rationalité, rejoint la nature et dépasse les hommes. En cela, elle constitue l'autre versant de la pensée unique, à laquelle adhère la droite, mais aussi la plus large partie de la gauche de gouvernement.

La sémantique du marché est fille de la crise économique des années 1970-1980 et des solutions exclusives qui y furent apportées. Elle a créé des habitudes de pensée, modelé les nouveaux fondements de la raison et du raisonnable, ancré dans les esprits certaines fatalités, comme celle du chômage. La fin des Trente Glorieuses a sonné le glas de l'hégémonie du politique sur l'économique, et le début de la soumission du premier au second, ce qui s'est traduit dans l'usage des mots. Le vocabulaire du marché s'est imposé aux responsables publics à l'époque de Giscard d'Estaing (« compétitivité », « concurrence », « demandeurs d'emploi », « sans-emploi »…). Ce sont les socialistes au pouvoir qui ont définitivement assis sa domination, en 1983-1984, au moment du tournant de la rigueur. Les mots du marché ont soudain envahi le langage des gouvernants, Mitterrand et Fabius en tête, encourageant les médias à les reprendre (« modernisation », « entreprise », « profit », « responsabilité »…). Ils étaient le signe de la nouvelle modernité socialiste et de la conversion du PS aux logiques du marché. On pourrait dire que le vocabulaire libéral a perdu alors ses complexes. Pour s'en convaincre, il suffit de repérer la date de naissance ou le glissement d'usage de certains mots, comme « flexibilité », qui, avant 1984, n'était employé que pour définir la qualité des suspensions automobiles ! Depuis, le flot n'a pas cessé, de « plan social » (1986) à « charge sociale » (1992), en passant par « ajustement structurel » (1990).

Ces locutions ne sont ni neutres ni innocentes. En masquant les réalités qu'elles ciblent, les drames humains qu'elles entraînent, elles proposent un regard exclusif sur les sociétés et leur avenir. Dans le tableau qui suit – loin d'être exhaustif ! –, on notera quelques expressions devenues si communes qu'on les emploie sans discernement. Elles ont une apparence : leur caractère purement technique. Mais il s'agit d'une novlangue destinée à euphémiser des réalités peu avouables, des décisions par nature impopulaires ou à disqualifier leur contestation.

Novlangue	Traduction
Assouplir, flexibiliser, fluidifier	Faciliter les licenciements
Avantages sociaux	Acquis sociaux (conquêtes sociales) mis en cause
Charges sociales	Cotisations patronales, causes de l'alourdissement du « coût du travail » et, partant, du « sous-emploi ». Objectif = les réduire.
Faire jouer la concurrence	Mettre fin au monopole des entreprises publiques au profit des entreprises privées

NOVLANGUE	TRADUCTION
Délocaliser	Fermer l'entreprise en France, l'installer dans un pays à faible coût salarial
Grogne sociale, prise en otages des usagers	Grèves (et exercice du droit de grève dans le secteur public) + manifestations
Ligne de production	Travail à la chaîne
Ouverture du capital, ajustement structurel	Privatisation
Sauvegarde de l'emploi, sauvegarde de la compétitivité de l'entreprise, restructuration de l'entreprise, plan social, dégraissage	Plan de licenciements collectifs
Réduire les coûts du travail	Augmenter les dividendes des actionnaires
Responsabiliser les assurés sociaux, les malades	Réduire les remboursements
Sans-emploi	Chômeur

On le voit : certaines locutions sont avancées pour atténuer la brutalité sociale (licenciement, chômage), la faire admettre comme une fatalité des lois naturelles du marché. D'autres portent plus clairement une vision idéologique de la société. Parler de « charges sociales » plutôt que de « cotisations sociales » insiste sur le poids qu'il faut alléger, le coût qu'il convient de comprimer : la protection sociale est réduite à un fardeau, obstacle à l'embauche. Implicitement, le mot renvoie à l'abus des prestations sociales, à la désinvolture générale des assurés sociaux, qu'il faut « responsabiliser ». Le malade devient responsable ou coupable de sa propre maladie, qui n'est plus perçue au travers de la solidarité sociale, mais exclusivement comme un coût financier qu'un individu fait supporter à la collectivité, vous ou moi. De même, évoquer les « avantages sociaux » plutôt que les « acquis sociaux » raye, d'un trait de plume, toute l'histoire de la conquête de droits par le mouvement social ; hier définitifs, ils sont devenus provisoires, a fortiori s'ils ne concernent qu'une catégorie de salariés. Les « avantages sociaux » se confondent avec une sorte de privilège, menacé au nom de la lutte contre les « archaïsmes » d'Ancien Régime et de la nécessaire « équité », c'est-à-dire d'une justice naturelle autoproclamée.

Le vocable « sans-emploi », lui, est ancien dans la sémantique gouvernementale. On en usait déjà dans les années 1950 pour désigner un « sans-travail », c'est-à-dire une personne sans activité rémunérée (une mère de famille élevant ses enfants, par exemple). Désormais, il identifie un chômeur. Autrement dit, l'individu n'est plus défini par un choix de vie, mais exclusivement selon sa position face à l'entreprise : soit il est salarié, soit il s'apprête à entrer ou vient de sortir de l'entreprise (étudiant/retraité), soit il est chômeur. Il doit même culpabiliser s'il ne parvient pas à s'y intégrer, comme l'indique le terme apparu en 1998 et traduit de l'anglais : « employabilité » (*employability*). Ce qui, jusqu'à présent, relevait de la responsabilité sociale (le droit au travail) est rejeté vers la seule responsabilité de l'individu. Certes, tu es chômeur : mais es-tu employable ? Si tu es au chômage, c'est que tu ne l'es pas ! Alors : quels moyens te donnes-tu pour le devenir ? Et, s'il existe des employables, c'est qu'il existe aussi des inemployables, des incompétents congénitaux, des incorrigibles paresseux, des parasites sociaux.

Le modèle du marché pénètre en profondeur la sémantique politique, médiatique et, finalement, quotidienne. Prenez le mot « compétitivité », devenu central à partir des années 1980. En 2004, Christian Blanc présente à l'Assemblée nationale un rapport sur les « pôles de compétitivité » intitulé *Pour un écosystème de la croissance*. Que dit-il ? Il faut « recréer un environnement économique fertile dans lequel se mette en place un système biologique, transversal et décentralisé ». Au-delà de la tendance technocratique du propos, ce qui est intéressant, c'est cette façon d'envisager la compétitivité comme un processus naturel et un organisme vivant : elle devient brusquement une loi de la nature, de la vie même, à laquelle, *de facto*, chacun est bien forcé de se soumettre !

La novlangue du marché se manifeste aussi dans cette façon de répandre dans le vocabulaire politique les anglicismes commerciaux, particulièrement en vogue dans la cyberéconomie. Pour être juste, l'anglicisation de la sémantique politique française est un phénomène fort ancien. La liste est longue des mots venus d'outre-Manche, à l'époque des Lumières ou sous la Révolution française, pour qualifier les institutions et le fonctionnement démocratiques : majorité, minorité, législature, amendement, inconstitutionnel, motion, jury, esprit public, etc. ; autant d'emprunts soigneusement occultés, pour ne rien devoir à la perfide Albion ! Il s'agissait alors de transposer des réalités d'un monde politique à un autre ; aujourd'hui, c'est le monde économique qui s'impose au monde politique.

Venu des milieux commerciaux, un mot nouveau a ainsi brusquement surgi courant 2008 dans la bouche des hommes politiques : « impacter » (de *to impact*, influencer, avoir un impact). Là, les clivages partisans ne jouent pas. Luc Chatel, secrétaire d'État à l'Industrie et à la Consommation, évoque le ralentissement de l'activité économique « qui a impacté les États-Unis […], qui a impacté le Japon, et qui impacte l'ensemble des constructeurs européens » (11 septembre 2008). Jean-Christophe Cambadélis parle de la crise qui « a impacté les partis socialistes » (23 avril 2009).

J'impacte, tu impactes, il impacte… Vous voyez, je suis moderne, puisque j'emploie des mots modernes. En fait, il y en a bien d'autres empruntés au milieu de l'entreprise et passés dans l'expression ordinaire : « gérer (une politique) » (déjà ancien !), « piloter (un projet) », attendre d'une mesure un « retour sur investissement », en exalter la « valeur ajoutée (pour le pays) », etc. L'homme politique, finalement, est-il encore maître de son langage ? Le verra-t-on bientôt employer les verbes qui fleurissent tous les jours dans le monde commercial et envahissent le Web, comme « challenger » (« challenge » avait déjà remplacé « défi »), « matcher » (disputer une compétition), « marketer » (valoriser, pour aller vite), et bien d'autres encore ?

Eurolangue

Systèmes de préférences généralisées, comitologie, procédure de filet, coût de la non-Europe, principe de subsidiarité, acquis communautaire, Europe à géométrie variable, régions ultrapériphériques… sans compter les multiples sigles, BEI, GOPE, REACH, RJE, RTE, TAIEX, etc. : du traité de Paris (1951) au traité de Lisbonne (2007), l'Europe a produit un jargon tel que, dès 1982, Bruxelles a dû publier des glossaires de la Communauté européenne dans toutes les langues. Ils se sont multipliés et, depuis vingt ans, les Européens ne sont pas avares en néologismes pour stigmatiser le charabia des eurocrates : eurolangue, eurobabillage, *Eurokauderwelsch* (eurobaragouin), *Eurospeak*, *Eurofog*, etc.

Simple jargon ? Ce serait s'en tenir à une vision superficielle, car les mots et expressions employés ne se réduisent pas à un vocabulaire technique partagé par une élite, à une sémantique magique pour initiés tenant à bonne distance la masse ignorante des Européens. Tout au contraire, le lexique, par la cohérence de sa composition et l'usage qui en est fait, également par son inflexion au cours du temps, s'affirme comme le support d'une novlangue qui, elle-même, forge un mode de pensée. Loin de s'enfermer dans les frontières bruxelloises, celle-ci se répand et s'impose aux journalistes, aux hommes politiques – de droite ou de gauche –, aux scientifiques, qui doivent s'y soumettre pour participer à la recherche européenne. L'eurolangue devient d'autant plus hégémonique que les lois de l'UE s'imposent aux législations nationales.

Le processus s'accélère au milieu des années 1980, avec l'émergence du marché unique européen et l'affirmation des « politiques actives ». Si certaines politiques sont « actives », c'est donc que d'autres sont « passives ». Ce jugement de valeur cache, en fait, une réorientation profonde de ce qu'a été, jusque-là, la politique européenne. Alors qu'on parle de moins en moins d'agriculture, des mots deviennent prépondérants, comme croissance, entreprises, marchés, compétitivité. Certains sont lentement frappés d'obsolescence : compromis, négociation, réglementation, travailleurs, universalisme, égalité, remplacés par consensus, dialogue, régulation, consommateurs, particularisme, équité.

Prenons l'exemple du travail. Le 22 novembre 2006, la Commission des communautés européennes publie un livre vert (couleur d'espérance !) intitulé *Moderniser le droit du travail pour relever les défis du XXIe siècle*. « Moderniser », voici bien un maître mot qui ne sent pas le retour à la lampe à huile. Vive le progrès ! Et vive la réforme ! Que faut-il réformer aujourd'hui ? Le droit du travail. A-t-on le choix ? Non, car il faut « relever les défis du XXIe siècle ». Le droit du travail est donc pris en sandwich entre deux impératifs : moderniser et relever les défis. Qu'en restera- t-il ?

À la quatrième page, on lit : « Les lignes directrices intégrées sur la croissance et l'emploi soulignent la nécessité d'adapter la législation du travail pour promouvoir la flexibilité en même temps que la sécurité dans l'emploi et réduire la segmentation du marché du travail » ; bref, faciliter les licenciements ou faciliter la circulation des salariés (plus aisément congédiés, mais retrouvant plus facilement un travail), chacun interprétera à sa façon. Le plus intéressant intervient quatre pages plus loin. On y évoque « le coût qu'implique le respect des règles relatives à la protection de l'emploi » et les « contraintes administratives liées à l'emploi de travailleurs réguliers ». « Coût », « contraintes » opposés à « travailleurs réguliers » (= contrat à durée indéterminée) : par les mots choisis, les rapporteurs perçoivent le droit du travail au seul prisme des employeurs.

Puis, page 10, ils posent plusieurs questions, et notamment celle-ci : « La réglementation existante – sous forme de lois et/ou de conventions collectives – freine-t-elle ou stimule-t-elle les entreprises et les travailleurs dans leurs efforts d'accroître la productivité et de s'adapter aux nouvelles technologies et aux changements liés à la concurrence internationale ? » Si la réponse est : « elle stimule », on se demande bien pourquoi tant d'intelligences se sont réunies pour moderniser le droit du travail, dont on pensait qu'il n'était pas en mesure de relever les défis du XXIe siècle (les « changements liés à la concurrence internationale ») ! La question ne serait-elle pas un peu jésuitique ? Et la bonne réponse n'y serait-elle pas contenue ? L'interrogation lie d'ailleurs curieusement le dessein du chef d'entreprise et celui du travailleur, ce qui, naguère, aurait fait hurler un marxiste ! On comprend bien que le but du premier soit toujours d'accroître la productivité. Mais le salarié ? Son objectif est-il d'être toujours plus productif, de sacrifier son énergie pour « s'adapter à la concurrence internationale » ? Bref, la question faussement ouverte, faussement équilibrée, suppose une réponse exclusive : oui, les réglementations actuelles constituent un frein.

Si d'aventure on en doutait encore, la question posée à la page suivante pourrait nous en convaincre : « Cela vaudrait-il la peine d'envisager de combiner un assouplissement de la législation de la protection de l'emploi à un système bien conçu de soutien aux chômeurs, sous forme de compensations pour perte de revenu (politiques passives du marché du travail), mais aussi de politiques actives du marché du travail ? » « Cela vaudrait-il la peine » : curieuse façon d'implorer la raison, de mimer la suggestion, de jouer le détachement, façon assez hypocrite de nier toute alternative à la proposition avancée. La langue de bois européenne s'exprime surtout dans l'opposition entre la clarté de la solution envisagée – l'assouplissement de la législation – et le flou de la compensation. « Un système bien conçu » est censé rassurer. Mais, outre le caractère vague du mot « système », qui exhale le parfum de l'usine à gaz (et qui indique la fragilité de ses fondements), on est frappé par la nécessité des rapporteurs d'introduire le mot « bien », qui n'ajoute pas grand-chose. Imagine-t-on qu'ils aient proposé un « système mal conçu » ? Ah, difficile d'être eurocrate lorsqu'on sait qu'on sera lu par des syndicalistes…

Parmi les nombreuses formules de l'eurolangue, l'une est éloquente sur le mode de pensée qu'elle véhicule : « capital humain » ou « stock de capital humain ». Pour les eurocrates, « capital humain » signifie l'ensemble des ressources physiques, morales, intellectuelles que le salarié doit valoriser sur le marché du travail pour mieux se vendre à l'employeur. Ces qualités sont acquises (compétences, expérience), mais aussi en devenir (formation). L'individu est donc considéré comme le chef d'une entreprise composée de son corps et de son esprit, un « manager » à la tête d'un capital qu'il doit faire fructifier. Mais, on le sait, certaines entreprises prospèrent et d'autres font faillite. À qui attribuer le clair ou le noir destin ? Au patron, évidemment. Du coup, la réussite du salarié ou son échec ne peut être imputé qu'à lui-même. Si tu es chômeur, c'est que tu as mal « géré » ton « capital » !

Pas de salut hors de l'entreprise. Les hommes sont réduits à un « facteur de production au service de l'emploi », autrement dit un réservoir de main-d'œuvre dans lequel on puise. Dans ce schéma, la retraite est presque une anomalie : le vieillissement de la population n'est regardé comme une bonne nouvelle que s'il permet l'« allongement de la vie productive ». Et, quand on parle d'« augmenter le taux de participation des travailleurs âgés », le doux euphémisme aux accents de démocratie participative signifie, en fait, qu'on souhaite reculer le plus loin possible l'âge d'accès à la retraite.

Ces dernières années, une autre expression a fait son entrée dans le vocabulaire européen et dans celui des hommes politiques français, socialistes notamment (Jospin en fut l'un des précurseurs) : la « formation tout au long de la vie ». Dans les textes de l'UE, elle voisine avec d'autres formules comme « temps de travail flexible sur toute la vie », « apprentissage tout au long de la vie » et « aptitude à tenir un emploi ». La première expression fleurait bon la formation continue, tant souhaitée par les syndicats réformistes. Sa proximité avec les autres locutions lui donne une signification très différente. Le salarié, dont l'emploi est constamment mis en cause, doit s'adapter sans cesse, être en recherche permanente d'une qualification toujours partielle et toujours inadaptée à son nouvel emploi ; irrémédiablement en décalage avec le « marché du travail ». Du coup, le « plein-emploi » dont parlent les eurocrates signifie que l'individu, soumis à la flexibilité, doit occuper un emploi quelles que soient sa qualification initiale (dévalorisation des compétences initiales/adaptation sans fin), la durée garantie d'emploi (flexibilité/flexisécurité) ou la rémunération reçue (les deux facteurs précédents induisant la fragilité du troisième).

L'habileté de la novlangue européenne est alors de manier un vocabulaire qui relève d'un code interne à forte signification pour les initiés et de le tempérer par des formules floues, souvent à connotation morale, rassurantes, généreuses, et versant volontiers dans la tautologie. Comme l'écrit la Commission européenne en 2001 dans *Politiques sociales et de l'emploi : un cadre pour investir dans la qualité* : « l'objectif [est] d'arriver à de meilleurs emplois » (on appréciera le haut niveau de précision du qualificatif), « il s'agit d'augmenter la qualité afin d'atteindre nos objectifs économiques et sociaux intermédiaires et finaux ». Qualité ? Quel mot plus positif, plus enthousiasmant, plus désintéressé... et plus creux, en vérité ?

Bref, eurolangue et langue du marché obéissent à la même logique et se conjuguent pour fournir une vision exclusive du monde qui nous entoure. À l'instar de la langue de bois marxiste et son avatar soviétique, on y décèle une prétention universelle. Mais la comparaison s'arrête là. Reste qu'elles dominent sans s'imposer par la force, pénètrent tous les relais d'opinion mais en respectant le jeu démocratique, se répandent insidieusement dans notre vocabulaire sans qu'on en prenne conscience. C'est ce qui fait leur force. Un tour rapide de la planète le confirme : à l'heure de la mondialisation, et même à celle de la « moralisation du capitalisme », la langue de bois, aussi, s'uniformise.

Conclusion

Peut-on éviter la langue de bois ?

> La raison se compose de vérités qu'il faut dire et de vérités qu'il faut taire.
>
> Rivarol
>
> La transparence est la vertu des belles âmes.
>
> Jean-Jacques Rousseau

En 1946, George Orwell, qui n'avait pas encore révélé Big Brother [1] au public mais s'en prenait déjà à la novlangue de la société politique britannique, avançait six règles élémentaires pour éviter la langue de bois :

1. N'utilisez jamais une métaphore, comparaison ou autre figure de rhétorique que vous avez l'habitude de voir ;
2. N'utilisez jamais un long mot quand un court convient ;
3. S'il est possible de supprimer un mot, supprimez-le toujours ;

1. Le roman paraît en 1948.

4. N'utilisez jamais le passif si vous pouvez utiliser l'actif ;
5. N'utilisez jamais une expression étrangère, un terme scientifique ou un mot de jargon si vous pouvez penser à un équivalent courant ;
6. Violez n'importe laquelle de ces règles plutôt que de dire quoi que ce soit de franchement barbare [1].

Conseils vertueux, peu difficiles à suivre, et pourtant scrupuleusement contournés depuis que l'auteur de *1984* les énonça. Alors, une question se pose : pourquoi la langue de bois est-elle à ce point ancrée dans le discours politique qu'elle résiste imperturbablement au temps, malgré les critiques, malgré les défiances ?

Bien sûr, dans le cas d'un régime totalitaire ou, plus largement, d'une dictature, qui doit faire admettre comme une évidence la voie unique, idéologique ou politique, elle est une arme implacable de contrôle des esprits et, finalement, de pouvoir au service du groupe dominant. Dans un monde de certitudes, qui nie tout débat et tout conflit, où aucune marge de réflexion alternative ne peut être tolérée, la langue de bois est là pour cadenasser les cerveaux et décourager les fortes têtes qui aspirent à desserrer le carcan. Mais pourquoi accompagne-t-elle aussi la parole politique dans un régime pluraliste où existe une opinion publique, où s'expriment les oppositions, où les médias sont libres, où l'on cultive la transparence comme une vertu cardinale de la démocratie au risque de provoquer l'indignation, la colère ou le renoncement du citoyen ? Eh bien, parce qu'au fond elle apparaît à l'homme politique comme l'armure la plus efficace contre l'imprudence qui déclenche la tempête

---

1. George Orwell, art. cité.

dans l'opinion, contre l'impair qui suscite l'indignation bruyante de l'adversaire, la désapprobation de la presse, l'ire de son propre camp, la réprimande de ceux qui lui faisaient confiance, leader de parti, chef de gouvernement ou président de la République, contre le faux pas qui ruine, provisoirement et souvent définitivement, l'ascension des responsables publics les plus prometteurs.

« Si tu veux durer, fais très attention à ce que tu dis ! » Cette ardente recommandation pourrait être celle du vieux routier de la République au novice en politique qui s'apprête à prononcer des paroles dont on sait d'avance que, grâce aux médias, elles bénéficieront du plus large écho dans l'opinion. Un avertissement d'expérience, car l'histoire est jonchée de ces maladresses funestes qui collent à la peau de leurs auteurs, de ces phrases qui, lancées sous le coup de l'émotion, de l'agacement, de l'enthousiasme, rompent net le charme jusqu'ici opéré pour nourrir le reproche et demain, peut-être, mener tout droit à la damnation politique.

Qu'on se rappelle les mots hasardeux d'Émile Ollivier, prononcés le 13 juillet 1870, au terme d'un long discours, et comme dans un souffle, alors que le chef du gouvernement de Napoléon III est venu justifier devant les députés la prochaine déclaration de guerre de la France à l'Allemagne : « Oui, de ce jour commence pour les ministres, mes collègues, et pour moi une grande responsabilité. Nous l'acceptons d'un cœur léger ! » « D'un cœur léger » ? Le mot est intolérable et, brusquement, monte la clameur d'indignation sur les bancs de l'opposition. Les cris fusent : « Vous avez le cœur léger et le sang des nations va couler ! » Ollivier pourrait laisser passer l'orage, jouer la surdité ou bomber le torse. Au contraire, ébranlé, sonné même, il insiste et bredouille un plaidoyer *pro domo* : « Oui, d'un cœur léger, [...] et ne croyez pas que je veuille dire avec joie. [...] Je veux dire d'un cœur que le remords n'alourdit pas, d'un cœur confiant, parce que la guerre que nous ferons, nous la subissons. »

Sa défense maladroite renforce la charge de ses adversaires pour qui le républicain, qui a trahi les siens en se ralliant à l'Empire, vient aujourd'hui, avec le plus odieux cynisme, de trahir son idéal pacifique ! Sans doute aurait-on fini par oublier la formule, peut-être lui aurait-on même fait crédit d'une saillie patriotique si l'aventure allemande ne s'était soldée par l'effroyable désastre de Sedan qui entraîne l'Empire avec lui. Désormais, pour la France républicaine, Émile Ollivier est celui qui provoqua la guerre « d'un cœur léger ». Sa carrière est finie ; jamais il ne se relèvera d'une petite phrase perfidement exploitée par ses ennemis chaque fois qu'il veut prendre la parole. En 1911, au soir de sa vie (il a quatre-vingt-six ans et meurt deux ans plus tard), Ollivier publie même un ouvrage pour se justifier une dernière fois : *Philosophie d'une guerre, 1870*. De manière un peu pathétique, il y dénonce une sorte de complot contre lui et s'en prend même aux « historiens français, tous plus ou moins aveuglément sectaires », qui accablent son action. Dans cette histoire, le dernier mot revient à Henri Bergson, qui, prononçant l'éloge d'Émile Ollivier, auquel il succède au fauteuil de l'Académie française, en 1914, fait allusion aux effets ravageurs du « cœur léger » : « Le ricochet fatal du mot inoffensif, dit-il alors, atteint le seul homme qui avait toujours voulu la paix. »

La langue de bois ne serait-elle pas l'aveu de la peur et de l'impuissance politique ? Un responsable public n'a pas le droit de se tromper, de douter, de dire « je ne sais pas ». L'opinion est si prompte à succomber aux charmes des solutions simplistes, du « y'a qu'à » et du « faut que » des démagogues. Le démagogue, lui, n'hésite pas ; il sait. C'est pourquoi on ne pardonne pas au pouvoir lorsqu'il concède que, face à une situation qui suscite l'anxiété collective, il est désarmé. En disant, le 14 juillet 1993, « dans la lutte contre le chômage, on a tout essayé », Mitterrand s'est profondément disqualifié aux yeux des Français. En déclarant, le 10 septembre 1999, au lendemain de l'annonce de 7 500 licenciements chez Michelin (qui affichait des profits record), « il ne faut pas tout attendre de l'État », le Premier ministre Lionel Jospin a sans doute posé la première pierre de son échec à l'élection présidentielle de 2002. Un homme politique ne se remet pas d'un tel aveu d'impuissance.

Tout le monde est responsable de la langue de bois en démocratie : ceux qui en usent, bien sûr, mais aussi ceux qui, à leur manière, l'encouragent, les médias et l'opinion publique. Il revient aux journalistes de poser les bonnes questions et de ne pas se contenter des réponses que lui fournit l'homme politique lorsqu'il sait qu'il est en train de mentir ou de louvoyer. « Loin d'être l'antithèse des pouvoirs, la presse en est plutôt la copie », disait Jean-François Revel avec férocité. Depuis les débuts de la République, hommes politiques et journalistes entretiennent un contrat tacite, les premiers fournissant aux seconds des informations et des confidences qui les éclairent, orientent leurs articles, les valorisent auprès des lecteurs, à condition de ne pas révéler leur source. Rompre le contrat équivaudrait à trahir et conduirait au bannissement. À vrai dire, cette situation n'est pas une exclusivité française. André Pratte, journaliste au quotidien québécois *La Presse*, a même consacré un livre à ce sujet, paru en 1997 sous le titre révélateur *Le Syndrome de Pinocchio*. Il y explique par le menu les relations ambiguës entretenues entre les « politiciens » et les journalistes, et prend l'exemple d'une réunion de parlementaires dans un grand hôtel. À la sortie, le reporter se précipite vers leur chef, qui déclare que tout va bien, que les élus sont unis comme jamais, « bla bla bla ». Et puis, le micro fermé, en *off*, on passe aux choses sérieuses. Face au journaliste qui l'interroge : « Mais, pour de vrai, là, qu'est-ce qui se passe ? », le responsable politique avoue : « Il y a de plus en plus de députés qui pensent qu'il est temps de faire un changement. » Et André Pratte d'ajouter : « Le représentant du peuple ne s'offusquera pas plus de la question que le journaliste de la réponse, l'un et l'autre acceptant le principe selon lequel ce qui se dit devant la caméra n'est que de la bouillie pour les électeurs [1]. »

Trompée, l'opinion ? Sans doute. Mais elle n'est pas totalement exempte de reproches. Elle aussi a un avis sur tout, comme nous le rappellent chaque jour les sondages, et son esprit critique à l'égard de la parole politique s'exerce différemment selon son degré de proximité ou d'éloignement avec celui qui s'exprime. Un militant ou sympathisant de gauche décélera plus volontiers la langue de bois dans la bouche d'un député UMP que dans celle d'un élu socialiste ; et réciproquement. La langue de bois, c'est toujours celle des autres... Et puis,

---

[1]. André Pratte, *Le Syndrome de Pinocchio. Essai sur le mensonge politique*, Boréal, 1997, p. 62.

au royaume des idées simples, la formule stéréotypée est reine dès lors qu'elle rejoint la pensée commune. Il a raison puisqu'il pense comme moi... Il suffit d'écouter les émissions de radio dans lesquelles « les auditeurs ont la parole » ou de se promener sur les forums du Web pour mesurer l'hégémonie sociale du lieu commun.

À la décharge du citoyen ordinaire, il faut dire que la langue de bois est devenue de plus en plus subtile et que, dans ce domaine, on a souvent tendance à confondre le contenant avec le contenu. Je m'explique. La langue de bois ne relève pas seulement des mots, mais aussi du comportement, c'est-à-dire de la manière dont ils sont prononcés. Il ne suffit pas de débarrasser le discours des formules jargonnantes, des lourdeurs technocratiques, des tournures ronflantes pour que, par magie, la langue de bois s'efface. Les hommes politiques d'aujourd'hui ont appris à cultiver le naturel, la spontanéité, la complicité, à parler avec des mots simples, ceux du quotidien, s'appropriant même les termes ou expressions à la mode. Les plus doués sont les chouchous des plateaux de télévision. Pour autant, disent-ils davantage la vérité qu'hier ? Pas sûr... En revanche, l'apparence de sincérité, la chaleur qu'ils expriment, la sympathie qu'ils suscitent rendent plus difficilement décelable une langue de bois bien réelle.

Aujourd'hui enfants de la télévision, les hommes politiques de demain seront les enfants d'Internet, de l'interactivité et de la communauté. La démocratie électronique est-elle un frein ou un encouragement à la langue de bois ? À voir la manière dont tout « dérapage verbal » d'un responsable politique, à commencer par le président de la République lui-même (« Casse-toi, pôv' con ! »), saisi en images par un anonyme, circule à une vertigineuse vitesse sur le Web ; à considérer les montages vidéo qui, sur les sites de partage, épinglent la langue de bois politique, on pencherait volontiers pour la première hypothèse : oui, l'esprit critique de la Toile est un instrument contre le mensonge et le langage convenu de ceux qui nous gouvernent.

Cependant, on peut se demander si, une fois passé l'instant de trouble face à des technologies neuves, souples et rapides, l'homme politique n'aura pas tendance à resserrer encore le contrôle sur sa propre parole, pour éviter tout désagrément. À vrai dire, le processus paraît déjà engagé. Par ailleurs, Internet est devenu un enjeu de communication de premier plan pour les responsables publics. Mais leurs blogs personnels et leurs simili-échanges avec les internautes ne doivent pas faire illusion, pas plus que le ton décontracté, jeune, cool qu'ils emploient. Ce sont eux qui mènent le jeu, filtrent la conversation et disent ce qu'ils croient utile de dire, mais aussi d'entendre ; rien de plus. Et là, pas de médiateur audacieux, pas de journaliste intrépide et informé pour leur lancer : « Monsieur [ou madame], vous êtes en train de pratiquer la langue de bois ! »

Universelle, la langue de bois est elle-même devenue un lieu commun pour stigmatiser ou encenser tout discours. Claude Nougaro l'a même chantée : « La langue de bois, la langue de bois/Pour dire qu'on triche avec les mots/Pour dire qu'on ment et de surcroît/Qu'on insulte aussi les ormeaux [1]. » Aujourd'hui, pas une émission

---

1. Claude Nougaro, album *Embarquement immédiat*, 2000.

politique, pas une soirée électorale où l'invité ne prononce une fois, deux fois, dix fois la formule magique : « Il faut en finir avec la langue de bois. » Poncif précédant, en général, des propos qui, justement, la caractérisent. Parler « sans langue de bois » est devenu la vertu suprême de tout discours, et pas seulement en matière politique. Une émission en a même fait son emblème, sur Direct 8 : *Langue de bois s'abstenir.* Sur Google, en juin 2009, l'expression faisait l'objet de plus de 500 000 occurrences. On l'accommode à toutes les sauces : « le football sans langue de bois », « amour et sexualité : arrêtez la langue de bois ! », « un annonceur sans langue de bois », « le rachat de crédits sans langue de bois », « langue de bois, les rockers aussi », « Laurent Ruquier sans langue de bois dans *Téléloisirs* »…

Alors, c'est dit : les hommes politiques nous mentent quotidiennement en pratiquant la langue de bois ; mais nous, dans la vie courante, nous sommes toujours sincères, nous disons toujours ce que nous pensons… Vous sentez bien une pointe d'ironie dans ce propos, car vous savez combien les formules stéréotypées, les paroles convenues, les demi-vérités peuplent la vie de tous les jours. Vous savez bien que, lorsque vous croisez un collègue de travail et que vous lui demandez « Comment vas-tu ? », la plupart du temps vous n'écoutez même pas la réponse. Vous n'ignorez pas qu'en lançant « on s'appelle et on dîne » à un lointain ami dont la présence ne vous est pas franchement indispensable vous faites mine de complicité, en sachant bien que ni lui ni vous ne décrochera son téléphone pour fixer le jour et l'heure de la rencontre tant attendue ! Et puis, pourquoi ne pas avouer que, lorsque vous donnez congé à quelqu'un en lui disant « je ne veux pas vous retarder », vous pensez très fort : « bon, maintenant, il faut que tu débarrasses le plancher, je t'ai assez vu » ?

Du « coquet studio » de la petite annonce qui dissimule une cage à lapin sous les toits, au sixième étage sans ascenseur, glacé l'hiver, torride l'été, au « il est gentil, il a l'intelligence du cœur », qui signifie « il est laid, pas très futé, mais, après tout, il ne me dérange pas trop », le quotidien est nourri de langue de bois et de politiquement correct, souvent baptisés savoir-vivre, politesse ou respect des autres. Heureusement, sinon la vie serait un enfer et le monde la négation de toute civilisation. Toute vérité n'est pas bonne à dire...

Oui, peu ou prou, tout le monde pratique la langue de bois, l'homme politique comme le patron ou le financier, l'intellectuel comme l'ouvrier, le jeune comme le vieux, le puissant comme le citoyen le plus humble, au travail, entre amis et connaissances, et même dans le cercle familial. Elle est une composante de l'échange ordinaire qui caractérise les relations sociales.

Tout le monde pratique la langue de bois, donc moi aussi. J'espère seulement qu'en écrivant ce livre j'ai pu m'extraire le mieux possible d'un travers si communément partagé. Ce n'est pas certain. C'est pourquoi je ferai mien le sage conseil que George Orwell, il y a soixante ans, donnait à son lecteur : « Relisez cet essai et, à coup sûr, vous constaterez que j'ai maintes fois commis les fautes contre lesquelles je m'élève [1]. »

---

1. George Orwell, art. cité.

Sources principales

IMPRIMÉS : OUVRAGES ET BROCHURES

1789-1917

ALLARD Paul et BERGER Marcel, *Les Secrets de la censure pendant la guerre*, Paris, 1932.
BRUNET Charles, *Le Père Duchesne d'Hébert*, Paris, 1859.
BRUNO G., *Francinet. Livre de lecture courante*, Paris, 1876, rééd. 1885.
—, *Le Tour de la France par deux enfants. Devoir et patrie*, Paris, 1885, rééd. 1905.
BUCHEZ P.-J.-B. et ROUX P.-C., *Histoire parlementaire de la Révolution française*, Paris, 1876.
CASSAGNAC Paul de, *Aux électeurs*, Paris, 1902.
CHANTREAU Pierre-Nicolas, *Dictionnaire national et anecdotique*, Paris, 1790.
DESMOULINS Camille, *Le Vieux Cordelier*, Paris, 1987.
Discours fait et prononcé par le citoyen Monvel, dans la section de la Montagne, le jour de la fête de la Raison, Paris, 1793.
DRUMONT Édouard, *La Dernière Bataille. Nouvelle étude psychologique et sociale*, Paris, 1890.
FLAUBERT Gustave, *Madame Bovary. Mœurs de province*, Paris, 1857.

FLEURY Charles-Louis, *Institution oratoire de Quintilien*, Paris, 1832.
FRARY Raoul, *Manuel du démagogue*, Paris, 1884.
GUESDE Jules, *Essai de catéchisme*, Bruxelles, 1878.
—, *Quatre ans de lutte de classes à la Chambre, 1893-1898*, Paris, 1901.
LA HARPE Jean-François de, *Du fanatisme de la langue révolutionnaire ou de la persécution par les barbares du dix-huitième siècle, contre la religion chrétienne et ses ministres*, Paris, 1797.
LAVISSE Ernest, *Questions d'enseignement national*, Paris, 1885.
—, *Histoire de France, cours élémentaire*, Paris, 1913.
LE BON Gustave, *Psychologie des foules*, Paris, 1895.
Lettres bougrement patriotiques de la la mère Duchêne suivi du Journal des femmes, février-avril 1791 (présentées par Ouzi ELYADA), Paris, 1989.
MEISEL August Heinrich, *Cours de style diplomatique*, t. I, Paris, 1826.
QUINET Edgar, *La République, conditions de la régénération de la France*, Paris, 1872.
QUINTILIEN, *De l'institution oratoire*, Paris, 1975-1980.
LORRAIN M. F., *Le Problème de la France contemporaine*, Paris, 1879.
LUCIEN-GRAUX Dr, *Les Fausses Nouvelles de la Grande Guerre*, 2 t., Paris, 1918.
OSSIP-LOURIÉ, *Le Langage et la verbomanie. Essai de psychologie morbide*, Paris, 1912.
La Propagande socialiste de 1835 à 1848, 2 vol., Paris, s.d.
Recueil d'hymnes républicaines qui ont paru à l'occasion de la fête de l'Être suprême, Paris, 1794.
RIVAROL, *Esprit de Rivarol*, Paris, 1788.
ROUX Jacques, *Discours sur le jugement de Louis-le-dernier, sur la poursuite des agioteurs, des accapareurs et des traîtres*, Paris, 1792.
SAINT-JUST, *Pages choisies*, Paris, 1947.
STAËL Germaine de, *Des circonstances actuelles qui peuvent terminer la Révolution et des principes qui doivent fonder la République en France*, Paris, 1906 (1798).
SWIFT Jonathan (attribué à), *L'Art du mensonge politique*, Paris, 2007 (écrit en 1733).
TAINE Hippolyte, *Les Origines de la France contemporaine*, t. VII, *La Révolution. Le gouvernement révolutionnaire*, Paris, 1901.
TALLEYRAND, *Album perdu*, Paris, 1829.

TAYAC Paul, *Observations, pensées, maximes politiques*, Paris, 1875.
TIMON, *Livre des orateurs*, Paris, 1835.
VIAL Louis, *Le Juif roi : comment le détrôner*, Paris, 1899.
VILLIET-MARCILLAT, *Œuvres*, Riom, 1858.

De 1917 à nos jours

L'Année politique (depuis 1944).
ARAGON Louis, *Persécuté persécuteur*, Paris, 1931.
AVRIL Nicole et ELKABBACH Jean-Pierre, *Taisez-vous, Elkabbach !*, Paris, 1982.
BALLADUR Édouard, *Dictionnaire de la réforme*, Paris, 1992.
BARBUSSE Henri, *Staline*, Paris, 1935.
« Bobards 39-45 », *Le Crapouillot*, n° 7, 1950.
BOULGAKOV Mikhaïl, *Cœur de chien*, Paris, 1999 (1re éd. 1926).
BREJNEV Leonid, *Notre but : la paix et le socialisme*, Moscou, 1975.
—, *À propos du projet de constitution de l'URSS*, Moscou, 1977.
—, *Notre but : la paix et le socialisme*, Moscou, 1978.
COGNIOT Georges, *Petit guide sincère de l'Union soviétique*, Paris, 1954.
—, *Qu'est-ce que le communisme ?*, Paris, 1964.
Comment protégez-vous votre santé ? Information sur la santé en RDA, Berlin, 2e éd. 1976.
Comment travaille-t-on dans une entreprise d'État ?, Berlin, 1976.
COURTIEU Paul et HOUDREMONT Jean, « La paupérisation absolue de la classe ouvrière », *Cahiers du communisme*, avril 1955.
DE GAULLE Charles, *Discours et messages*, t. III à V, Paris, 1970.
Les Droits et les libertés du citoyen en URSS. La démocratie soviétique, Moscou, 1977.
DUHAMEL Alain, *Derrière le miroir. Les hommes politiques à la télévision*, Paris, 2001.
EMMANUELLI Henri et FABIUS Laurent, *Communiquer*, Paris, 1987.
Face à la crise, quelle riposte ? Pour le socialisme, quelle voie, Programme d'action présenté par *Rouge*, supplément 247, 1974.
Le Front unique, École élémentaire du PCF, Paris, 1958.
GIDE André, *Retour d'URSS*, Paris, 1936.
GISCARD D'ESTAING Valéry, *Démocratie française*, Paris, 1976.
GOEBBELS Joseph, *Combat pour Berlin*, Paris, 1966 (1re éd. 1931).

GORBATCHEV Mikhaïl, *Rapport du CC du PCUS au XXVIIe congrès du parti*, Moscou, 1986.

—, *Réponses de Mikhaïl Gorbatchev aux questions du* Washington Post *et de* Newsweek, Moscou, 1988.

GRENIER Fernand, *La Marche radieuse*, Paris, 1951.

HENRIOT Philippe, *Éditoriaux prononcés à la radio par Philippe Henriot*, 1, s.l., du 7 au 13 février 1944.

HERRIOT Édouard, *Orient*, Paris, 1934.

Histoire du parti communiste de l'Union soviétique, Moscou, 1961.

Histoire du parti communiste français, Paris, 1964.

HITLER Adolf, *Mein Kampf*, Munich, 1925.

Jacques Chirac maintenant, 1-2, Paris, 1981.

JOSPIN Lionel, *L'Invention du possible*, Paris, 1991.

JUPPÉ Alain, *La Tentation de Venise*, Paris, 1983

Kim Jong-il, Pyongyang, 1997.

Kim Jong-il. Biographie sommaire, Pyongyang, 1998.

KRAVCHENKO Viktor, *J'ai choisi la liberté. La vie publique et privée d'un haut fonctionnaire soviétique*, Paris, 1947.

LAGUILLER Arlette, *Une travailleuse révolutionnaire dans la campagne présidentielle*, Paris, 1974.

LELTCHOUK V., POLIAKOV Y. et PROTOPOPOV A., *Histoire de la société soviétique*, Moscou, 1972.

MAO ZEDONG, *Citations du président Mao Zedong*, 1964.

MARCHAIS Georges, *Qu'est-ce que le parti communiste français ?*, Paris, 1970.

—, *Parlons franchement*, Paris, 1977.

Le Maréchal et sa doctrine, Vichy, 1943.

MARTINET Gilles, *Les Cinq Communismes, russe, yougoslave, chinois, tchèque, cubain*, Paris, 1971.

MENDÈS FRANCE Pierre, *La Politique et la vérité, juin 1955-septembre 1958*, Paris, 1958.

—, *Dire la vérité. Causeries du samedi*, Paris, 2007 (1re éd. 1955).

La Modernisation à la chinoise, Pékin, 1980.

MONOD Martine, *Deux ou trois choses que je sais de l'Union soviétique*, Paris, 1973.

Nous voulons continuer à vivre en paix. Que faire ?, Berlin, 1977.

OGOURTSOV Sergueï, *Le Vrai Visage du néo-trotskisme*, Moscou, 1973.

OLLIVIER Émile, *Philosophie d'une guerre*, 1870, Paris, 1911.

ORWELL George, « Politics and the English Language », *Horizon*, Londres, avril 1946.

—, *1984*, Paris, 1950.

PÉTAIN Philippe, *Paroles aux Français. Messages et écrits, 1934-1941*, Lyon, 1941.

—, *Quatre années de pouvoir*, Paris, 1949.

Qui êtes-vous Pierre Laval ? Paris, 1942.

RAUSCHNING Hermann, *Hitler m'a dit*, Paris, 1945.

Remettre les choses à leur place. Exercices de soviétologie comparée, Moscou, 1977.

ROCARD Michel, *Parler vrai*, Paris, 1979.

SVETLOV A., *À un carrefour stratégique*, Moscou, 1976.

TCHAKOTINE Serge, *Le Viol des foules par la propagande politique*, Paris, 1952 (1re éd. 1939).

THOREZ Maurice, *Œuvres*, Paris, 1950-1951.

—, « La situation économique de la France (mystifications et réalités) », *Cahiers du communisme*, mars 1955.

—, *Sur la démocratie*, Paris, 1962.

TROTSKI Léon, *L'Agonie du capitalisme et les tâches de la IVe Internationale*, Paris, 1973.

Une politique au service du peuple, Berlin, 1976.

L'URSS. 60 ans de développement scientifique, Moscou, 1977.

ZAMIANINE M.V., *Le Léninisme, drapeau révolutionnaire de notre époque*, Moscou, 1977.

ZAMIATINE Evguéni, *Nous autres*, Paris, 1971 (1re éd. 1920).

IMPRIMÉS, JOURNAUX

Journaux sources de références :

L'Écho de Paris, Le Gaulois, L'Humanité, Le Journal, Le Matin, Le Petit Journal, Le Petit Parisien : août-novembre 1914 et avril-mai 1917 – *L'Humanité*, 1920-2009 – *Le Monde*, 1944-2009 – *Le Figaro*, 1958-2009 – *Libération*, 1981-2009.

Journaux exploités ponctuellement :

L'Ami du peuple – Annales patriotiques – L'Appel – L'Atelier – Au pilori – Bulletin de la Grande Armée – Les Cahiers du communisme – Les Cahiers du bolchevisme – Le Canard enchaîné – La Cause du peuple – Combat – Le Courrier des départements – Courrier international – Le Cri du travailleur – La Croix – Les Dernières Nouvelles d'Alsace – L'Écho ouvrier – Les Échos – L'Égalité – L'Express – Le Figaro littéraire – France nouvelle – L'Intransigeant – Je suis partout – Jeunesse – Le Journal de la République française – Journal officiel de la République française – Les Lettres françaises – La Liberté – La Libre Parole – Marianne (contemporain) *– National-Hebdo – Le Nouvel Observateur – L'Œuvre – L'Orateur du peuple – Paris-Presse L'Intransigeant – Le Père Duchesne – Le Point – Présent – Le Socialiste – Sud-Ouest – Le Triboulet – Le Temps* (suisse) *– La Victoire.*

SOURCES AUDIOVISUELLES

Journaux télévisés (déclarations et interviews)

ORTF, *13 h* : 05/07/67, 03/03/68, 18/07/73 – ORTF, *20 h* : 13/04/55, 30/11/55, 15/10/57, 16/02/59, 02/10/61, 15/05/62, 03/07/63, 22/01/64, 11/11/65, 14/12/65, 05/07/67, 31/12/67, 16/05/70, 21/09/72, 25/01/73, 27/02/73, 12/03/73, 01/05/73, 07/02/74, 18/05/74, 19/05/74, 29/05/74, 17/06/74 – ORTF, *nuit* : 21/09/72, 12/06/74 – ORTF, *régions* (A. Peyrefitte) : 15/11/63 (Lille), 29/11/63 (Marseille), 06/12/63 (Toulouse), 10/01/64 (Lyon), 04/02/64 (Rennes) – TF1, *13 h :* 03/10/77, 20/10/78, 11/01/80, 19/08/80, 29/04/86 – TF1, *20 h* : 14/03/78, 02/04/80, 21/09/80, 19/10/80, 08/11/80, 20/01/81, 11/03/81, 20/11/06, 20/01/07, 14/03/07, 22/07/08 – TF1, *nuit* : 18/04/75, 03/10/80 – A2 et France 2, *13 h* : 20/03/78, 03/03/81, 26/03/81, 06/09/83, 22/06/84, 16/11/85, 29/04/86, 08/05/86, 09/05/86, 11/05/86, 13/05/86, 16/05/86, 21/08/86, 15/09/87, 09/03/88, 11/03/88, 18/03/88, 12/12/89, 15/03/90, 17/03/90, 23/08/90, 15/01/91, 19/01/91, 29/01/91, 22/02/91, 20/06/91, 22/06/91, 09/07/91, 11/12/94, 21/06/95, 12/12/95, 15/12/

95, 23/06/05, 26/10/05 – A2 et France 2, *20 h* : 25/07/74, 22/04/ 76, 21/06/76, 25-26/08/76, 05/12/76, 23/01/79, 17/09/80, 21/10/ 80, 27/10/80, 03/02/81, 02/03/81, 09/06/82, 19/12/84, 30/04/86, 08/05/86, 09/05/86, 11/05/86, 14/05/88, 23/11/89, 11/12/89, 05/ 03/90, 15/03/90, 18/03/90, 19/03/90, 21/03/90, 11/05/90, 02/08/ 90, 04/08/90, 17/08/90, 18/08/90, 21/08/90, 22/08/90, 16/09/90, 23/10/90, 24/10/90, 05/01/91, 07/01/91, 20/01/91, 26/01/91, 29/ 01/91, 28/02/91, 20/06/91, 21/06/91, 09/07/91, 21/09/91, 23/09/ 91, 06/10/91, 15/12/91, 29/01/92, 31/03/93, 21/11/93, 28/06/94, 05/09/94, 16/09/94, 20/10/94, 26/10/94, 04/11/94, 10/01/95, 02/ 05/95, 20/12/95, 04/01/96, 12/09/96, 16/09/96, 16/10/96, 17/03/ 97, 16/05/97, 23/11/97, 01/05/98, 14/12/00, 19/03/99, 23/10/02, 07/05/03, 20/06/05, 22/06/05, 29/06/05, 26/10/05, 31/10/05, 25/ 03/06, 10/04/06, 31/05/06, 10/02/09, 25/02/09 – A2 et France 2, *dernière ou nuit* : 21/10/80, 12/05/86, 16/03/90, 29/04/86, 12/05/ 86, 28/04/88, 02/05/95 – France 3, *12/13* : 10/04/06 – FR3 et France 3, *19/20* : 02/08/90, 07/11/95, 15/11/95, 29/11/95, 03/12/ 95, 05/12/95, 06/12/95, 12/12/95, 22/12/95, 02/12/98, 05/12/95, 07/12/95, 06/02/05, 31/10/05, 03/12/05, 25/02/09 – FR3 et France 3, *Soir 3* : 01/03/80, 01/04/80, 17/05/80, 30/10/83, 25/09/ 85, 30/04/86, 11/05/86, 02/07/86, 02/08/90, 15/01/90, 12/10/90, 20/06/91, 08/07/91, 27/09/92, 26/01/93, 16/11/95, 24/11/95, 26/ 06/06 – La Cinq, *12 h 30* : 05/12/89.

Allocutions télévisées et vœux présidentiels

Jacques Chirac, 31/12/95, 31/12/96, 31/12/97, 31/12/04, 31/03/ 06 – Charles de Gaulle, 26/10/62, 31/12/64, 17/12/65, 31/12/65 – Valéry Giscard d'Estaing, 31/12/74, 25/05/76, 31/12/77, 11/03/78, 31/12/80 – Alain Juppé, 07/11/95 – Pierre Mauroy, 13/06/82 – François Mitterrand, 23/03/83, 31/12/83, 31/12/84, 31/12/86, 31/ 12/87, 16/01/91 – Georges Pompidou, 31/12/73.

Interviews télévisées hors JT

Leonid Brejnev, 30/10/71 (ORTF) – Jacques Chirac, 20/04/74 (A2), 20/06/91 (F2), 30/01/95 (C+), 12/12/96 (TF1), 14/07/98

(F2), 14/07/99 (F3), 21/09/00 (F3), 14/12/00 (TF1), 26/06/06 (F2) – Charles de Gaulle (avec Michel Droit), 13-15/12/65, 07/06/68 – Valéry Giscard d'Estaing, 25/11/74 (A2), 04/12/75 (A2) – Jack Lang, 05/11/06 (TF1), 13/11/06 (i-Télé), 31/01/07 (LCI) – François Mitterrand, 02/01/83 (TF1), 09/12/86 (F2), 10/12/89 (FR3) – Georges Pompidou (ORTF), 01/08/62, 27/05/65, 26/09/66, 20/12/73 – Vladimir Poutine, 11/02/2003 (TF1) – Michel Rocard, 03/12/89 (TF1), 28/06/90 (TF1) – Nicolas Sarkozy, 30/06/08 (F3).

Émissions politiques

À armes égales (ORTF) : Jacques Chirac/Georges Marchais, 20/09/71 – *Cartes sur table* (A2) : Jean Bedel Bokassa, 23/11/77 ; Georges Marchais, 18/05/77, 23/04/79, 13/10/80 ; François Mitterrand, 16/03/81 ; Michel Rocard, 25/02/80, 21/11/80 – *L'Enjeu* (TF1) : François Mitterrand, 15/09/83 – *L'Événement* (TF1) : François Mitterrand, 26/01/78 – *La France en direct* (A2) : Nicolas Sarkozy, 30/01/95 – *Le Grand Débat* (TF1) : Valéry Giscard d'Estaing, 10/03/81 – *J'ai une question à vous poser* (TF1) : Nicolas Sarkozy, 05/02/07 ; Ségolène Royal, 20/02/07 – *L'Heure de vérité* (A2) : Édouard Balladur, 14/02/94 ; François Bayrou, 09/01/94 ; Pierre Bérégovoy, 17/11/93 ; Jean-Pierre Chevènement, 17/11/91 ; Jacques Chirac, 25/03/87 ; Jacques Delors, 20/05/82 ; Valéry Giscard d'Estaing, 24/09/90 ; Laurent Fabius, 04/09/85, 08/01/86 ; Lionel Jospin, 28/01/93, 14/11/93 ; Bernard Kouchner, 24/01/93 ; Jack Lang, 09/12/82, 03/06/85, 14/01/91 ; Jean-Marie Le Pen, 13/02/84, 06/05/87, 27/01/88, 22/05/89, 09/05/90 ; François Léotard, 28/05/86, 19/09/94 ; Alain Madelin, 27/02/94 ; Pierre Mauroy, 16/02/83 ; François Mitterrand, 25/10/93 ; Ségolène Royal, 26/06/94, 11/12/94 ; Nicolas Sarkozy, 26/01/92, 06/06/93, 31/01/98 – *Politiquement parlant* (Direct 8) : Frédéric Lefebvre, 12/01/09 – *Les Quatre Vérités* (Télématin, A2-F2) : Abdul Razak Al Hashami, 23/08/90 ; Jean-François Copé, 03/04/06 ; Jack Lang, 20/12/01, 21/05/03 ; Olivier Robichon, militant PS (21/03/90) – *Questions à domicile* (TF1) : François Léotard, 27/06/85 – *Questions d'info* (LCP) : Jack Lang, 26/09/07 – *Une heure avec le chef de l'État* : Valéry Giscard d'Estaing, 19/04/79, 27/11/79 – *7/7* (TF1) : Martine Aubry, 08/05/94 ; Édouard Balladur, 11/09/94 ;

Jean-Pierre Chevènement, 15/05/94 ; Jacques Chirac, 06/11/94 ; Laurent Fabius, 19/01/92 ; Jack Lang, 25/09/94 ; Georges Marchais, 23/03/92 ; François Mitterrand, 16/03/86, 25/03/90 ; Nicolas Sarkozy, 06/06/93 – *100 minutes pour convaincre* (F2) : Nicolas Sarkozy, 20/11/03 – *À vous de juger* (F2) : Nicolas Sarkozy, 08/03/07, 24/04/07.

Campagnes télévisées, soirées électorales

Campagne télévisée : UNR (J. Soustelle), 01/11/58 ; Jacques Chirac, 24/04/81 ; Valéry Giscard d'Estaing, 21/04/81 ; Arlette Laguiller, 1974-2007, François Mitterrand, 05/05/81, Nicolas Sarkozy, 02/03/78 – *Soirée, élection présidentielle* : 05/05/74 (ORTF), 26/04/81 (A2), 10/05/81 (A2), 08/05/88 (A2), 23/04/95 (F2), 07/05/95 (F2), 21/04/02 (F2), 06/05/07 (TF1), 06/05/07 (F2) – *Soirée, élections législatives* : 24/06/68 (ORTF), 04/03/73 (ORTF), 12/03/78 (TF1), 12/03/78 (A2), 21/06/81 (A2), 16/03/86 (A2), 05/06/88 (A2), 28/03/93 (A2), 25/05/97 (F2), 01/06/02 – *Soirée, élections européennes* : 13/06/04 (F2), 07/06/09 (F2) – *Soirée, élections municipales* : 20/03/77 (A2), 19/03/89 (A2), 18/03/01 (F2).

Émissions télévisées diverses

L'Afrique convoitée, « Le Zaïre Mobutu » (TF1), 06/11/77 – *Apostrophes* (A2), Pierre Mendès France, 23/01/76 – *La Boîte à sel* (ORTF), 04/05/58 – *Le Cercle de minuit* (A2), Jack Lang, 21/09/95 – *Ciné Parade* (FR3), Jack Lang, 03/03/82 – *Cinq colonnes à la une* (ORTF), Mobutu, 07/10/60 – *Complément d'enquête* (F2), Nicolas Sarkozy, 16/10/02 – *Dix ans après la guerre d'Algérie* (ORTF), 23/05/72, 30/05/72, 04/06/72 – *Géopolis* (A2), Mobutu, 30/10/94 – *Le Grand journal* (C +), Xavier Bertrand, 26/11/07, David Martinon, 05/12/07, Frédéric Lefebvre, 08/05/09 – *La Marche du siècle* (FR3), Jacques Chirac, 16/12/92, Michel Rocard, 06/10/93, Nicolas Sarkozy, 06/04/94 – *Musiques au cœur* (A2), Jack Lang, 22/01/92 – *Objectifs* (ORTF), général Massu, 15 janvier 1971 – *On n'est pas couché* (F2), Jack Lang, 31/05/08 – *Spéciale immigration* (FR3), Nicolas Sarkozy, 10/07/91 – *Stars à la barre* (A2), Nicolas Sarkozy, 14/

11/89 – *Tribune libre*, « UDR Jeunes » (Nicolas Sarkozy), 21/05/75 – *T'empêches tout le monde de dormir* (M6), Laurent Wauquiez, 04/12/07.

Radio

France-Inter, *Le Franc-Parler*, Laurent Wauquiez, 03/12/07 – Europe 1, Frédéric Lefebvre (int. Jean-Pierre Elkabbach), 01/12/08 – Europe 1, Nicolas Sarkozy, 04/05/07 – France Inter, Nicolas Sarkozy, 02/05/07 – France-Info, *L'Invité*, Frédéric Lefebvre, 26/02/09 – RTL, Nicolas Sarkozy, 03/05/07.

Cinéma

Good Bye, Lenin !, Wolfgang Becker, 2003, 121 min
L'Homme de fer, Andrzej Wajda, 1981, 147 min

Bibliographie

LANGUE DE BOIS : GÉNÉRALITÉS

Discours, éloquence et idéologies politiques

BANKS David (dir.), *Aspects linguistiques du texte de propagande*, Paris, 2006.

BOIX Christian (dir.), *Argumentation, manipulation, persuasion. Actes du colloque de Pau (2005)*, Paris, 2007.

BONNAFOUS Simone, CHIRON Pierre, DUCARD Dominique et LÉVY Carlos (dir.), *Argumentation et discours politique. Antiquité grecque et latine, Révolution française, monde républicain*, Rennes, 2003.

BOUCHET Thomas, LEGETT Matthew, VERDO Geneviève et VIGREUX Jean (dir.), *L'Insulte (en) politique : Europe et Amérique latine du XIXe siècle à nos jours*, Dijon, 2005.

BRETON Philippe, *La Parole manipulée*, Paris, 2000.

BROMBERG Marcel et GHIGLIONE Rodolphe, *Discours politique et télévision*, Paris, 1998.

CHARAUDEAU Patrick, *Le Discours politique. Les masques du pouvoir*, Paris, 2005.

D'ALMEIDA Fabrice (dir.), *L'Éloquence politique en France et en Italie, de 1870 à nos jours*, Rome, 2001.

— et RIOSA Alceo (dir.), *Parola e mediazione. L'eloquenza politica nella società contemporanea. Francia e Italia a confronto*, Milan, 2004.

DELPORTE Christian, *La France dans les yeux. Une histoire de la communication politique, de 1930 à nos jours*, Paris, 2007.

GUILBERT Thierry, *Le Discours idéologique ou la force de l'évidence*, Paris, 2007.

HIRSCHMAN Albert O., *Deux siècles de rhétorique réactionnaire*, Paris, 2008.

KERBRAT-ORECCHIONI Catherine, « Discours politique et manipulation : du bon usage des contenus implicites », *in* KERBRAT-ORECCHIONI Catherine et MOUILLAUD Maurice (dir.), *Le Discours politique*, Lyon, 1984, p. 213-227.

MAYAFFRE Damon, « Dire son identité politique. Étude du discours politique au XXe siècle », *Cahiers de la Méditerranée*, vol. 66, 2003.

MEYER Michel (dir.), *Histoire de la rhétorique, des Grecs à nos jours*, Paris, 1999.

MORIN Edgar, *Arguments*, Paris, 1961.

NIANXI Xia, « Logique et slogans en politique », *Diogène*, 221, 2008-1, p. 146-155.

PERELMAN Chaïm, *L'Empire rhétorique*, Paris, 1997.

PROST Antoine, « Les mots », *in* REMOND René (dir.), *Pour une histoire politique*, Paris, 1988.

REBOUL Olivier, *Langage et idéologie*, Paris, 1980.

TOURNIER Maurice, *Des mots en politique. Propos d'étymologie sociale*, vol. 2, Paris, 1997.

Mensonge et politique

ARENDT Hannah, *Du mensonge à la violence. Essais de politique contemporaine*, Paris, 1972.

DUBASQUE François, SIMON Pierre et TRUEL Thierry (dir.), *Le Mensonge en politique*, Bordeaux, 2008.

DURANDIN Guy, *Les Mensonges en propagande et en publicité*, Paris, 1982.

KAHN Jean-François, *Essai d'une philosophie du mensonge*, Paris, 1989.

LENAIN Pierre, *Le Mensonge politique*, Paris, 1988.

PRATTE André, *Le Syndrome de Pinocchio. Essai sur le mensonge en politique*, Montréal, 1997.

SCHWARTZENBERG Roger-Gérard, *La Politique mensonge*, Paris, 1998.

Principes de la langue de bois

CHOSSON Martine, *Parlez-vous la langue de bois ? Petit traité de manipulation à l'usage des innocents*, Paris, 2007.

CLODONG Olivier et CLODONG Nicolas, *Politiques et langue de bois !*, Paris, 2007.

GRJEBINE André et ZIMRA Georges, « De la langue de bois au *politiquement correct* : un dialogue », *Géopolitique. Revue de l'Institut international de géopolitique*, 89, 2005, p. 52-57.

HAUSMANN Franz Josef, « Langue de bois. Etude sur la naissance d'un néologisme », *in* BARRERA-VIDAL Albert, KLEIN Hans-Wilhelm, KLEINEIDAM Hartmut et RAUPACH Manfred (dir.), *Französische Sprachlehre und bon usage. Festschrift für Hans-Wilhelm Klein zum 75. Geburtstag*, Munich, 1986, p. 91-102.

HUYGUE François-Bernard, *La Langue de coton*, Paris, 1991.

LEMAIRE Jacques (dir.), *La Langue de bois*, Bruxelles, 2001.

LINYER Geoffroy, *Dictionnaire de la langue de bois en politique*, Paris, 1995.

PINEIRA Carmen et TOURNIER Maurice, « De quel bois se chauffe-t-on ? Origines et contextes actuels de l'expression langue de bois », *Mots*, 21-1, 1989, p. 5-19.

THOM Françoise, *La Langue de bois*, Paris, 1987.

TOURNIER Maurice, « Critique de la critique : langue de bois et parler vrai », *Mots*, 13-1, 1986, p. 191-194.

Novlangues contemporaines

ANTOINE Gérald, « De la "langue de bois" au "politiquement correct" », *La Licorne*, 59, 2001, p. 121-132.

BIHR Alain, *La Novlangue néolibérale, la rhétorique du fétichisme capitaliste*, Lausanne, 2007.

BLOOM Allan, *L'Âme désarmée. Essai sur le déclin de la culture générale*, Paris, 1987.

DUPUIS-DERI Francis, « Le totalitarisme *"politically correctness"*. Mythe ou réalité ? », *Argument*, 4-1, 2001, p. 6-25.

FASSIN Éric, « *"Political correctness"* en version originale et en version française. Un malentendu révélateur », *Vingtième siècle. Revue d'histoire*, 43-1, 1994, p. 30-42.

FELDSTEIN Richard, *Political Correctness*, Minneapolis, 1997.

FURET François, « L'Amérique de Clinton II », *Le Débat*, 94, mars-avril 1997.

GOBIN Corinne, « Gouverner par les mots : des stratégies lexicales au service du consensus… contre le social ? », *Éducation et sociétés*, 13-1, 2004, p. 85-101.

GOFFIN Roger, « L'eurolecte : oui, jargon communautaire : non », *Meta*, 39-4, 1994, p. 636-642.

GRANJON Marie-Christine, « Le regard en biais. Attitudes françaises et multiculturalisme américain, 1990-1993 », *Vingtième siècle. Revue d'histoire*, 43-1, 1994, p. 18-29.

HAZAN Éric, *LQR, la propagande du quotidien*, Paris, 2006.

LEBOUC Georges, *Parlez-vous le politiquement correct ?*, Paris, 2007.

LEMIEUX Pierre, « Etes-vous *politically correct* ? », *Bulletin de l'Association québécoise d'histoire politique*, vol. 2, 1-2, automne 1993, p. 33-41.

« Nouveaux mots du pouvoir. Fragments d'un abécédaire », *Quaderni*, 63, printemps 2007.

MCCLOSKEY Donald, *Knowledge and Persuasion in Economics ?*, Cambridge, 1994.

MARIS Bernard, *Petits principes de langue de bois économique*, Paris, 2008.

SEMPRUN Jorge, *Défense et illustration de la novlangue française*, Paris, 2005.

UVIROVA Jitka, « Le "politiquement correct", la langue de bois – des langues "étrangères" à traduire ? », *in* MICA S. et ZAMEC R. (dir.), *Grandeur et décadence de la parole au XXIe siècle*, Romanica Olomucensia XVIII, Olomouc, 2007, p. 305-315.

VOLKOFF Vladimir, *Manuel de politiquement correct*, Paris, 2001.

WILSON John K., *The Myth of Political Correctness*, Durham, 1995.

LA LANGUE DE BOIS, DICTATURE ET TOTALITARISME

Union soviétique

BERELOWITCH Wladimir, « Les manuels d'histoire dans la Russie d'aujourd'hui : entre les vérités plurielles et le nouveau mensonge national », *Eurozine* (http://www.eurozine.com), 2003.

BESANÇON Alain, *Les Origines intellectuelles du léninisme*, Paris, 1977.

—, *Présent soviétique et passé russe*, Paris, 1980.

BOURMEYSTER Alexandre, « Perestroïka et nouvelles formes d'écriture du discours soviétique », *Mots*, 21-1, 1989, p. 32-49.

BROSSAT Alain, « *"Pauvre Lénine"* ou l'humour populaire soviétique », *Mots*, 1994, 40-1, p. 113-122.

COUMEL Laurent, « Les appuis rhétoriques du pouvoir soviétique. Étude de quelques discours de Nikita Khrouchtchev (1958-1960) », *Hypothèses*, 2002-1, p. 261-271.

KEHAYAN Jean, *Le Tabouret de Piotr*, Paris, 1980.

MARTINEZ Louis, « La langue de bois soviétique », *Commentaire*, 16, hiver 1981-1982, p. 506-515.

MOULIN Gérard, *UBURSS*, Paris, 1980.

NIVAT Anne, *Quand les médias russes ont pris la parole. De la glasnost à la liberté d'expression, 1985-1995*, Paris, 1997.

REGAMEY Amandine, « *"Prolétaires de tous les pays, excusez-moi !"* Histoires drôles et contestation de l'ordre politique en ex-URSS », *Hermès*, 2001-29, p. 43-52.

SERIOT Patrick, *Analyse du discours politique soviétique*, Paris, 1985.

—, « La langue de bois et son double », *Langage et société*, 35, mars 1986, p. 7-32.

SERMAN Ilia, « L'humour sous surveillance politique », *Transitions*, 2000-2, p. 75-96.

VISANI Federica, « Le slogan politique dans l'*anekdot*. Réactions linguistiques à la manipulation communicative », *Samizdat*, 2004-2, p. 89-95.

WERTH Nicolas, *Les Procès de Moscou*, Bruxelles, 2006.

Les autres pays communistes

BEDNARCZUK Leszek, *La Langue de bois en Pologne*, Aix-en-Provence, 1989.

DESPOT Slobodan, « La victoire est pure comme une larme. L'aphorisme politique en Yougoslavie, une subversion de la langue de bois », *Mots*, 1989, 21-1, p. 67-82.

DUKIC Suzana, « Un aspect de la propagande titiste : le culte de Tito dans le quotidien *Politika* (1945 à 1980) », *Balkanologie*, III-1, juillet 1999, p. 67-87.

NIEWIAROWSKA Agata, « Le langage d'État en Pologne », *Mots*, 11-1, 1985, p. 191-204.

SERIOT Patrick, « Langue et langue de bois en Pologne », *Mots*, 13-1, 1986, p. 181-189.

ZAREMBA Charles, « Le diable a une langue de bois. À propos des travaux récents en Pologne », *Mots*, 21-1, 1989, p. 109-118.

Nazisme

AYCOBERRY, « Des ennemis, un ennemi : l'amalgame hitlérien », *Raisons politiques*, 5, février 2002, p. 81-93.

BYTMERK Randall L., *Bending Spines : The Propaganda of Nazi Germany and the German Democratic Republic*, East Lansing, Michigan, 2004.

—, *Landmark Speeches of National Socialism*, College Station, Texas, 2008.

DOMARUS Max, *Hitler : Speeches and Proclamations*, 4 vol., Wauconda, 1990-2004.

—, *The Essential Hitler. Speeches and Commentary*, Wauconda, 2007.

DURANDIN Guy, « Le double langage dans l'hitlérisme », *Historiens et géographes*, 336, juin-juillet 1992.

FAYE Jean-Pierre, *Langages totalitaires*, Paris, 1972.

FRIEDLANDER Saul, *Les Années d'extermination. L'Allemagne nazie et les Juifs, 1939-1945*, Paris, 2008.

GROSSER Alfred (dir.), *Dix leçons sur le nazisme*, Paris, 1976.

KEYSERS Ralph, *Cinq mots forts de la propagande nazie*, Paris, 2008.

—, « Banalisation par la propagande nazie du terme *Terror* et de ses dérivés dans la presse quotidienne en 1934 », *Nouveaux cahiers d'allemand*, 20-4, 2002, p. 401-418.

KLEMPERER Victor, *LTI, la langue du IIIe Reich*, Paris, 1996 (1re éd. 1975).

MANOSCHEK Walter, « "Il n'y a qu'une seule solution pour les juifs : l'extermination". L'image des juifs dans les lettres des soldats allemands (1939-1944) », *Revue d'histoire de la Shoah*, 87, juillet-décembre 2007.
REICHEL Peter, *La Fascination du nazisme*, Paris, 1997.

Dictature et guerre en Afrique

ALI BOUACHA Adbelmajid, « La généralisation dans le discours. Langues officielles et discours de bois », *Langages*, 26-105, 1992, p. 100-113.
Broadcasting Genocide : Censorship, Propaganda and State-Sponsored Violence in Rwanda 1990-1994, Londres, 1996.
CHRÉTIEN Jean-Pierre (dir.), *Rwanda. Les médias du génocide*, Paris, 1995.
KAKAMA Mussia, *Les Transformations du vocabulaire politique au Zaïre de 1971 à 1975 : essai d'analyse sociolinguistique*, thèse de doctorat, Louvain, 2 vol., 1982.
—, « "Authenticité", un système lexical dans le discours politique au Zaïre », *Mots*, 1983, 6-1, p. 31-58.
M'BOUKOU Serge, « Mobutu, roi du Zaïre. Essai de socio-anthropologie politique à partir d'une figure dictatoriale », *Le Portique*, e-portique, mai 2007.
PAYETTE Dominique, *La Dérive sanglante du Rwanda*, Montréal, 1994.
WHITE Bob W., « L'incroyable machine d'authenticité : l'animation politique et l'usage public de la culture dans le Zaïre de Mobutu », *Anthropologie et sociétés*, 30-2, 2006, p. 43-63.

FRANCE : RÉVOLUTION ET RÉPUBLIQUE

Révolution française et Empire

ANGENOT Marc, « Masses aveulies et militants virils », *Politix*, 14, 1991, p. 79-86.
—, *La Propagande socialiste. Six essais d'analyse du discours*, Montréal, 1996.

BERTAUD Jean-Paul, *La Presse et le pouvoir de Louis XIII à Napoléon I*er*, Paris, 2000.
—, « Napoléon journaliste : les bulletins de la gloire », *Le Temps des médias*, 4, printemps 2005, p. 10-21.
BIARD Michel, *Parlez-vous sans-culotte ? Dictionnaire du* Père Duchesne *(1790-1794)*, Paris, 2009.
BRASART Patrick, « Petites phrases et grands discours (sur quelques problèmes de l'écoute du genre délibératif sous la Révolution française) », *Mots*, 40-1, 1994, p. 106-112.
FREY Max, *Les Transformations du vocabulaire français à l'époque de la Révolution*, Paris, 1925.
GENGEMBRE Gérard et GOLDZINK Jean, « Terreur dans la langue. La question de la langue révolutionnaire d'Edme Petit à Madame de Staël », *Mots*, 21-1, 1989, p. 20-31.
GUILHAUMOU Jacques, *L'Avènement des porte-parole de la République (1789-1792). Essai de synthèse sur les langages de la Révolution française*, Lille, 1989.
—, *La Langue politique et la Révolution française*, Paris, 1989.
—, « La langue politique et la Révolution française », *Langage et société*, 113, septembre 2005, p. 63-92.
— et al. (dir.), *Dictionnaire des usages sociopolitiques du français (1770-1815)*, Paris, 1985-2006.
NEGREL Éric et SERMAIN Jean-Paul (dir.), *Une expérience rhétorique : l'éloquence de la Révolution*, Oxford, 2002.
PETITEAU Natalie, « Insultes et hostilités politiques sous le Consulat et l'Empire », *in* Bouchet Thomas *et al.* (dir.), *L'Insulte (en) politique*, Dijon, 2005, p. 209-216.
STEUCKART Agnès, « L'abus des mots, des Lumières à la Révolution », *in* SIOUFFI Gilles et STEUCKART Agnès (dir.), *La Norme lexicale*, Dipralang, Montpellier, 2002, p. 177-196.
—, « Les ennemis selon *L'Ami du peuple*, ou la catégorisation identitaire par contraste », *Mots*, 69, juillet 2002, p. 7-22.
—, « L'anglicisme politique dans la seconde moitié du XVIIIe siècle. De la glose d'accueil à l'occultation », *Mots*, 82-4, 2006, p. 9-22.
TAMINE Joëlle, « Les métaphores chez Robespierre et Saint-Just », *Langue française*, 15-1, 1972, p. 47-55.
TOURNIER Maurice, « Le mot "Peuple" en 1848 : désignant social ou instrument politique ? », *Romantisme*, 5-9, 1975, p. 6-20.

IIIe et IVe Républiques

Ainsi parlait la France. Les heures chaudes de l'Assemblée nationale, Paris, 1978.

AMAURY Philippe, *Les Deux Premières expériences d'un « ministère de l'Information » en France*, Paris, 1969.

AUDOIN-ROUZEAU Stéphane, « "Bourrage de crâne" et information en France en 1914-1918 », *in* BECKER Jean-Jacques et AUDOIN-ROUZEAU Stéphane (dir.), *Les Sociétés européennes et la guerre de 1914-1918*, Nanterre, 1990, p. 163-174.

BARRAL Pierre, *Les Fondateurs de la Troisième République*, Paris, 1968.

BECKER Jean-Jacques, *Les Français dans la Grande Guerre*, Paris, 1980.

BOULANGER Jacques, « Les allocutions radiodiffusées du président Mendès France. Essai d'analyse de contenu », *Revue française de science politique*, 6-4, 1956, p. 851-867.

BOUSSEL Patrice, *L'Affaire Dreyfus et la presse*, Paris, 1960.

CAZALS Rémi, *Les Mots de 14-18*, Toulouse, 2003.

DUBOIS Jean, *Le Vocabulaire politique et social en France de 1869 à 1872*, Paris, 1962.

FAVIER Pierre et MARTIN-ROLAND Michel, *La Décennie Mitterrand*, vol. 1, *Les Ruptures*, Paris, 1990.

GUISLIN Jean-Marc, « Parlementarisme et violence rhétorique dans les années 1870 », *Revue du Nord*, LXXX, 326-327, juillet-décembre 1998.

Les Grands Discours parlementaires de la Troisième République, de Victor Hugo à Clemenceau, Paris, 2004.

Les Grands Discours parlementaires de la Troisième République, de Clemenceau à Blum, Paris, 2004.

Les Grands Discours parlementaires de la Cinquième République, Paris, 2006.

HOFFMANN Stanley, *Le Mouvement Poujade*, Paris, 1956.

LAFON Alexandre et PAPPOLA Fabrice, « Bourrage de crânes et expérience combattante », *in* CAZALS Rémi, PICARD Emmanuel et ROLLAND Denis (dir.), *La Grande Guerre, pratiques et expériences*, Toulouse, p. 311-320.

PROST Antoine, *Le Vocabulaire des proclamations électorales de 1881, 1885 et 1889*, Paris, 1974.

ROUSSELIER Nicolas, *Le Parlement de l'éloquence*, Paris, 1997.

TOURNIER Maurice, « Les mots fascistes, du populisme à la dénazification », *Mots*, 55-1, 1998, p. 153-168.

Ve *République*

ARTUFEL Claire et DUROUX Marlène, *Nicolas Sarkozy et la communication*, Paris, 2006.

BOYER Henri, « "La *rigueur* pour *moderniser* la France !" dans la *solidarité*. Contribution socio-pragmatique à l'étude des mots-slogans du septennat (1981-1988) », *Mots*, 17-1, 1988, p. 219-229.

—, « Ouverture et rassemblement. Deux mots-slogans en 1988 », *Mots*, 22-1, 1990, p. 5-19.

BRAUNS Patrick, « *Modernisation*, l'"occupation" d'un mot clé par le parti socialiste », *Mots*, 22-1, 1990, p. 32-42.

CALVET Louis-Jean et VERONIS Jean, *Les Mots de Nicolas Sarkozy*, Paris, 2008.

COTTERET Jean-Marie, *La Magie du discours. Précis de rhétorique audiovisuelle*, Paris, 2000.

— et MOREAU René, *Recherches sur le vocabulaire du général de Gaulle. Analyse des allocutions radiodiffusées, 1958-1965*, Paris, 1969.

—, EMERI Claude, GERSTLE Jacques et MOREAU René, *Giscard d'Estaing-Mitterrand : 54 774 mots pour convaincre*, Paris, 1976.

— et MERMET Gérard, *La Bataille des images*, Paris, 1986.

CUMINAL Isabelle, SOUCHARD Maryse, WAHNICH Stéphane et WATHIER Virginie, *Le Pen, les mots. Analyse d'un discours d'extrême droite*, Paris, 1997.

DELPORTE Christian, « Michel Debré et les médias », *in* BERSTEIN Serge, MILZA Pierre et SIRINELLI Jean-François (dir.), *Michel Debré, Premier ministre (1959-1962)*, Paris, 2005, p. 279-295.

FAUX Emmanuel, LEGRAND Thomas et PEREZ Gilles, *Plumes de l'ombre. Les nègres des hommes politiques*, Paris, 1991.

GERSTLE Jacques, *Le Langage des socialistes*, Paris, 1979.

GROUPE DE SAINT-CLOUD, *Présidentielle. Regards sur les discours télévisés*, Paris, 1995.

LECŒUR Erwan (dir.), *Dictionnaire de l'extrême droite*, Paris, 2007.
LUONG Xuan et MAYAFFRE Damon, « Les discours de Jacques Chirac (1995-2002) », *Histoire & mesure*, 18-3/4, 2003, p. 289-311.
MARTIN Laurent, *Jack Lang, une vie entre culture et politique*, Paris, 2008.
MAYAFFRE Damon, *Jacques Chirac. Le président de la parole. Étude du discours présidentiel, 1958-2002*, Paris, 2004.
OLIVE Maurice, « "Le Pen, le peuple". Autopsie d'un discours partisan », *Mots*, 43-1, 1995, p. 129-134.
REVEL Jean-François, *Le Style du Général. Essai sur Charles de Gaulle (mai 1958 – juin 1959)*, Paris, 1959.
TAGUIEFF Pierre-André, « L'identité nationale saisie par les logiques de racisation. Aspects, figures et problèmes du racisme différentialiste », *Mots*, 12-1, 1986, p. 91-128.
UVIROVA Jikta, « Les mots en campagne : la présidentielle 2007 », *Acta universitatis Palackianae olomucensis, Romanica Olomucensia*, XIX, Olomouc, 2007, p. 193-198.

Le cas du parti communiste français

BENOIT Robert, « Le lexique communiste (1932-1946). Description d'une évolution », *Mots*, 1981, 3-1, p. 65-78.
COURTOIS Stéphane et LAZAR Marc, *Histoire du parti communiste français*, Paris, 1995.
KRIEGEL Annie, *Communisme au miroir français* (ch. 4 : « Langage et stratégie »), Paris, 1974.
LABBÉ Dominique, *Le Discours communiste*, Paris, 1977.
MAYAFFRE Damon, *Le Poids des mots. Le discours de gauche et de droite dans l'entre-deux-guerres, M. Thorez, L. Blum, P.-Ét. Flandin et A. Tardieu (1928-1939)*, Paris, 2000.
—, « Temps lexical ou temps politique ? », *Lexicometrica*, numéro spécial, mars 2000.
—, « 1789-1917 : l'ambivalence du discours révolutionnaire des communistes français des années 1930 », *Mots*, 69, juillet 2002.
PESCHANSKI Denis, *Et pourtant ils tournent. Vocabulaire et stratégie du PCF 1934-1936*, Paris, 1988.
VERDES-LEROUX, *La Foi des vaincus. Les « révolutionnaires » français de 1945 à 2005*, Paris, 2005.

Index

Adler, Laure, 240
Aounit, Mouloud, 325
Aragon, Louis, 103, 108
Arhab, Rachid, 309
Aussaresses, Paul, 169
Aziz, Tarek, 176

Bachelot, Roselyne, 261
Balasko, Josiane, 322
Balladur, Édouard, 220, 222, 229, 230, 287
Barayagwisa, Jean-Bosco, 192
Barbusse, Henri, 108
Barre, Raymond, 230, 233, 274, 278
Barrès, Maurice, 153, 154, 156, 157
Barroso, Manuel, 86
Barrot, Jacques, 309
Bayard (Pierre Terrail Le Vieux, seigneur de Bayard), 49
Baylet, Jean-Michel, 230

Bayrou, François, 319
Beauvoir, Simone de, 170, 300
Bèche, Guy, 230
Becker, Wolfgang, 117
Bellet, Paul (alias Paul Tayac), 40
Ben Ali, Zine el-Abidine, 198-204
Benedetti, Jean de, 208
Ben Laden, Oussama, 176
Bérégovoy, Pierre, 225, 256, 257
Berthaut, Henri, 159
Bertrand, Xavier, 280
Besancenot, Olivier, 318
Besançon, Alain, 11
Blanc, Christian, 336
Bloom, Allan, 328, 329
Blum, Léon, 103, 165, 294
Bokassa, Jean-Bedel, 181-187
Bonald, Louis de, 35
Bonaparte, Louis-Napoléon, 44, 347
Bonnal, Henri, 157

Borloo, Jean-Louis, 319
Boulanger, Georges, 37, 38
Boulgakov, Mikhaïl, 120, 121
Boupacha, Djamila, 170, 171
Bourguiba, Habib, 198, 200, 202
Bourienne, Louis-Antoine, 153
Bourret, Jean-Claude, 253
Bousquet, Jean, 230
Bracke, Alexandre, dit Desrousseaux, 58
Brasillach, Robert, 165, 166
Brejnev, Leonid, 8, 9, 74-79, 85, 119, 120
Breem, Danièle, 284
Bruel, Patrick, 249
Bruno, G. (Augustine Tuillerie), 47, 48
Bush, George Walker, 176-179
Bush, George Hebert Walker, 232, 329

Cabet, Étienne, 57
Cambadélis, Jean-Christophe, 337
Carignon, Alain, 230, 265-269
Carter, Jimmy, 232
Casanova, Laurent, 99
Casta, Ange, 170
Castro, Fidel, 88-90
Ceaucescu, Nicolae, 190
Chaban-Delmas, Jacques, 262, 285, 302
Chabot, Arlette, 316
Chanteur, Jean, 265
Chantreau, Pierre-Nicolas, 19-21
Chapier, Henry, 240
Chartier, Jérôme, 280

Chatel, Luc, 337
Cheney, Dick, 178
Chevènement, Jean-Pierre, 214, 298
Chevrillon, Olivier, 13
Chirac, Claude, 217
Chirac, Jacques, 168, 213-217, 227, 230, 234, 246, 248, 256, 257, 263, 277, 286, 287, 290, 292, 298, 307-311, 319
Claude, Hervé, 265-269
Clemenceau, Georges, 43
Cogniot, Georges, 110
Copé, Jean-François, 289-292
Cotteret, Jean-Marie, 219
Courtade, Pierre, 109, 110
Courtieu, Paul, 100
Cresson, Édith, 308, 311

D'Souza, Dinesh, 329
Dacko, David, 182, 183
Daix, Pierre, 111
Danilov, Alexandre, 87
Danton, Georges, 26
Dati, Rachida, 261
Davout, Louis-Nicolas, 150
Decaux, Alain, 227
Delanoë, Bertrand, 244, 272, 282, 283
Dell, Michael, 84
Deng Xiaoping, 93
Denisot, Michel, 324
Destailles, Pierre, 210
Devedjian, Patrick, 287
Dewèvre, Brigitte, 301
Dimitrov, Georgi Mikhaïlov, 105

Dominique, Pierre, 301
Dray, Julien, 257
Dreyfus, Alfred, 43, 51
Droit, Michel, 239
Drumont, Édouard, 52-54
Duclos, Jacques, 96, 107
Duhamel, Alain, 181-184
Dumas, Roland, 174
Dumayet, Pierre, 170
Duquesnoy, Ernest, 22
Durafour, Michel, 227, 249
Durand, Pierre, 110

Elkabbach, Jean-Pierre, 181-184, 319
Eltsine, Boris, 83
Eluard, Paul, 96
Emmanuelli, Henri, 283
Engels, Friedrich, 69, 89, 96
Engulu, Léon, 190
Esterhazy, Charles Ferdinand Walsin, 43
Evdokimov, Paul, 71

Fabius, Laurent, 14, 214, 218, 219, 226, 241, 243, 283, 332
Fajon, Étienne, 109
Faure, Edgar, 212, 213
Fénelon, 50
Field, Michel, 217
Filippov, Alexandre, 87
Fillon, François, 246, 325
Finkielkraut, Alain, 329, 331
Flaubert, Gustave, 41, 221
Fleischer, Ari, 178
Fogiel, Marc-Olivier, 322, 323

Fouquier-Tinville, Antoine Quentin Fouquier de Tinville, dit, 28
François-Poncet, Jean, 214
Frary, Raoul, 38, 39
Frêche, Georges, 230
Fréron, Bernard, 75
Frérot, Charles, 95
Freud, Sigmund, 135-140
Furet, François, 329

Galtier-Boissière, Jean, 154
Gaulle, Charles de, 163, 165, 167-169, 181, 182, 205, 208, 224, 230, 232, 235-240, 285, 303-305
Ghesquière, Henri, 58
Gide, André, 61, 62, 165
Giraud, Henri, 163
Giroud, Françoise, 227, 295
Giscard d'Estaing, Valéry, 7-9, 101, 174, 182, 214, 219, 221, 222, 225, 227, 229, 230, 233, 246, 247, 263, 277, 278, 282, 284, 286, 302, 321, 332
Gläser, Ernst, 134
Glauber, Elsa, 143
Goebbels, Joseph, 131-133, 135, 136, 138, 139, 147
Goering, Hermann, 135, 139
Gorbatchev, Mikhaïl, 79, 80, 82, 83
Gorgias, 17
Gorki, Maxime, 60
Gremetz, Maxime, 114
Grenier, Fernand, 109, 111
Grosser, Alfred, 129

INDEX

Guéna, Yves, 259
Guesde, Jules, 54-57

Habyarimana, Juvénal, 193
Halimi, Gisèle, 170
Hébert, Jacques, 283, 284
Hébert, Jacques-René, 23, 25
Henri IV, 46
Hervé, Gustave, 153, 154, 157
Hinterman, Memona, 173, 174
Hitler, Adolf, 130-135, 139, 144-147
Hollande, François, 321
Houdremont, Jean, 100
Hussein, Saddam, 171, 173-176, 178

Iakovlev, Alexandre, 80
Ighialriz, Louisette, 169
Ilf, Ilya, 121

Jacquet, Augustin, 53
Jaruzelski, Wojciech, 115, 124
Jaurès, Jean, 43, 54
Jospin, Lionel, 230, 233, 243, 244, 283, 342, 349
Joxe, Pierre, 195
Julliard, Jacques, 295
Juppé, Alain, 228, 263, 264, 307

Kästner, Erich, 134
Kamenev, Lev, 71, 72
Kantano, Habimana, 197
Kasparov, Gary, 84
Kayibanda, Grégoire, 194
Kennedy, John, 232

Kennedy, Robert, 232
Khrouchtchev, Nikita, 63, 97, 110, 112, 125
Kiejman, Georges, 221
Kim Il-sung, 94, 190, 191
Kim Jong-il, 94
Klemperer, Victor, 135, 138, 139, 142, 143
Klemperer, Otto, 135
Kouchner, Bernard, 227, 319
Kravchenko, Victor, 15
Kravtchenko, Leonid, 82
Kriegel, Annie, 329

Laborde, Françoise, 290-293
Lagarde, Christine, 279-282
Laguiller, Arlette, 302, 303
La Harpe, Jean-François de, 33, 34
Lang, Jack, 240-246, 310
Lavisse, Ernest, 45
Le Bon, Gustave, 28, 50, 51
Le Bris, Michel, 300
Le Dantec, Jean-Pierre, 300
Le Roy Ladurie, Emmanuel, 12
Lefebvre, Frédéric, 257, 258, 281
Lefèvre, André, 155
Lénine, 69, 71, 80, 81, 89, 96, 101, 102, 105, 106, 122, 300
Léotard, François, 219, 256, 298
Le Pen, Jean-Marie, 246-254, 299, 301, 308, 325
Leroy, Pierre, 301
Lévy, Myriam, 260
Lin Biao, 92
Lorrain, M.F., 40

Louis XV, 46
Louis XVI, 32

Madelin, Alain, 228, 229, 246, 269, 270
Mann, Heinrich, 134
Mao Zedong, 91, 92, 190, 300
Marat, Jean-Paul, 22
Marchais, Georges, 9, 100, 112-116, 216, 219, 229, 233, 248, 299, 319
Margueritte, Victor, 154
Mariani, Thierry, 325
Marie-Antoinette, 24
Martinet, Gilles, 12
Marx, Karl, 54-56, 63, 69, 89, 96, 99, 105, 106, 110, 300
Masseret, Jean-Pierre, 168
Massu, Jacques, 170
Mathiez, Albert, 31
Maupassant, Guy de, 221
Mauroy, Pierre, 230, 259, 262, 272-274, 276
Mechmache, Mohamed, 322
Mégret, Bruno, 247, 248
Mendès France, Pierre, 100, 225, 241, 294, 295
Merlin de Thionville, Antoine, 26
Mermet, Gérard, 219
Messmer, Pierre, 249, 285
Milosz, Czeslaw, 12
Mittag, Günter, 118
Mitterrand, François, 9, 175, 219, 226, 229, 230, 233, 234, 239, 241, 244, 246, 256, 257, 261, 262, 271-275, 282-285, 296, 297, 302, 306, 310, 332, 349
Mobutu, Joseph-Désiré, 186-192
Monod, Martine, 111
Montesquieu, 136
Moreau, Yves, 115
Morin, Edgar, 12
Mougeotte, Étienne, 86
Mourousi, Yves, 259
Mratchkovski, Sergueï, 71
Mugesera, Léon, 196

Nahimana, Ferdinand, 192
Napoléon Ier, 149-153, 185
Ngeze, Hassan, 192
Nivelle, Georges Robert, 158, 160
Nkurunziza, Ananie, 197
Ntezimana, Vincent, 193
Noir, Michel, 309
Nougaro, Claude, 352

Ockrent, Christine, 307
Ollivier, Émile, 347, 348
Orwell, George, 11, 12, 60, 61, 68, 88, 172, 345, 346, 354
Ossip-Lourié, 41

Parisot, Laurence, 321
Pasqua, Charles, 285, 306
Pearson, Lester, 304
Pécresse, Valérie, 261
Pellerin, Pierre, 265-267
Péronnet, Paul, 97
Pétain, Philippe, 158, 161, 162
Petit, Edme, 33
Petrov, Yevgeny, 121
Peyrefitte, Alain, 205-209

INDEX

Pillay, Navanathem, 192
Pinay, Antoine, 210
Piquet, Florence, 174
Poivre d'Arvor, Patrick, 85
Politkovskaïa, Anna, 84
Pompidou, Georges, 186, 205, 222, 230, 285, 321
Ponchelet, François, 175
Poniatowski, Michel, 214, 286
Ponomarev, Boris, 62, 63
Pontecorvo, Gillo, 170
Poujade, Pierre, 301, 302
Poutine, Vladimir, 83-87
Powell, Colin, 178
Pratte, André, 350
Protagoras, 17
Puech, Jean, 220
Pujadas, David, 315, 316
Pulvar, Audrey, 317, 318

Quayle, Dan, 232
Quilès, Paul, 263
Quintilien, 26

Rabelais, François, 23
Raffarin, Jean-Pierre, 234, 312
Rauschning, Hermann, 132
Raynaud, Philippe, 329
Razzak Al Hachimi, Abdul, 174
Reagan, Ronald, 232, 329
Reichel, Peter, 141
Rémy, Jacqueline, 13
Revel, Jean-François, 236, 237, 330, 349
Riche, Paul, 166
Rivarol, Antoine de, 345

Robespierre, Maximilien de, 28-33
Rocard, Michel, 176, 214, 219, 227, 273, 283-285, 295-297, 306, 307, 319
Roosevelt, Franklin D., 232
Rousseau, Jean-Jacques, 106, 345
Rousset, David, 111
Roux, Jacques, 31, 32
Roy, Claude, 13
Royal, Ségolène, 226, 230, 245, 258, 319
Ruggieri, Ève, 241
Rumsfeld, Ronald, 178
Ruquier, Laurent, 324, 353

Saadi, Yacef, 170, 171
Sainderichin, Pierre, 303
Saint-Just, Louis-Antoine de, 27
Sannier, Henri, 309
Sarkozy, Nicolas, 223, 224, 229, 246, 258, 293, 298, 311-319, 321, 322
Sartre, Jean-Paul, 300
Séguin, Philippe, 309
Séguy, Georges, 277
Sérillon, Claude, 244
Sériot, Patrick, 11, 12
Servan-Schreiber, Jean-Jacques, 295
Servan-Schreiber, Jean-Louis, 250, 251
Servin, Marcel, 99
Sindikubwabo, 196
Soisson, Jean-Pierre, 214, 227, 259
Solo, Bruno, 322

Soustelle, Jacques, 224
Souvarine, Boris, 102
Staël, Germaine de, 35
Staline, Joseph, 60, 61, 64, 67, 69-74, 82, 88, 91, 92, 95-97, 102, 105, 106, 108, 110, 120, 122, 124
Stasi, Bernard, 246
Stoléru, Lionel, 227, 252-254
Suyin, Han, 240

Taine, Hippolyte, 28, 29
Talleyrand, 7
Tapie, Bernard, 299
Thom, Françoise, 11
Thorez, Maurice, 96, 99, 100, 102-106, 108, 115, 314
Timon, 43, 44
Tito, Josip Broz, 109
Toubon, Jacques, 220
Treint, Albert, 103
Trotski, Léon, 68, 102, 300

Vernant, Jean-Pierre, 16
Vial, Louis, 53

Villepin, Dominique de, 257, 289, 291, 291, 321
Villiers, Philippe de, 319
Villiet-Marcillat, 30
Vincent de Paul, saint, 50
Voltaire, 33, 35, 105
Vychinski, Andreï Ianouarevitch, 71

Wauquiez, Laurent, 281, 282, 322, 323
Weber, Henri, 14
Werth, Nicolas, 70
Woerth, Éric, 280
Wurtz, Francis, 114

Yade, Rama, 261
Ybarnegaray, Jean, 158

Zamiatine, Evguéni, 59, 60
Zinoviev, Grigori, 71, 72
Zochtchenko, Mikhaïl, 120
Zola, Émile, 258
Zucconi, Vittorio, 329

Table

Avant-propos	7
1. La Terreur et les mots	19
2. La république des verbomanes ?	37
3. Sovietlangue	59
4. Maurice, Georges et les autres	95
5. Mieux vaut en rire ?	117
6. Nazilangue, l'autre langue totalitaire	129
7. Les bourreurs de crânes, de Napoléon à Bush	149
8. Afrique : paroles de chefs	181
9. Leçons de langue de bois républicaine	205
10. Quelques virtuoses en représentation	235
11. N'avoue jamais…	265
12. Promis, j'arrête la langue de bois	289
13. Novlangues ? Pas mortes !	321
Conclusion : Peut-on éviter la langue de bois ?	345
Sources principales	355
Bibliographie	365
Index	376

Mise en page par Meta-systems
59100 Roubaix

N° d'édition : L.01EHQN000522.B002
Dépôt légal : février 2011
Imprimé en Espagne par Novoprint (Barcelone)